JN084392

学習指導要領対応（令和版）

生徒指導・キャリア教育

吉田 浩之 著

YOSHIDA HIROYUKI

北樹出版

本書の構成と内容

　本書は，大学の教員養成学部及び教職大学院における講義テキストとして作成しています。また，学習指導要領，文部科学省通知，法律など，生徒指導・キャリア教育関連の最新の情報や資料を取り上げ，学校現場や教育委員会で教職に携わる方にも役立つ内容で構成しています。

　本書の概要を「生徒指導」と「キャリア教育」ごとに紹介します。「生徒指導」の第1章から第6章では，学習指導要領を中心に文部科学省が発出する通知や資料に基づく生徒指導の基本事項について取り上げています。

　第1章「生徒指導の定義」では，文部科学省資料の生徒指導の定義に基づき，「生徒指導とは」を示しています。第2章「生徒指導の充実」では，学習指導要領及びその解説の「生徒指導の充実」の内容を整理し実践に向けた要点を示しています。第3章「生徒指導の基本概念と実践に役立つ観点」では，社会的自己実現と自己指導能力について解説した上で，それらに基づく生徒指導の実践に役立つ観点を紹介しています。第4章「自己指導能力を育成するアプローチ」では，生徒指導の事例を取り上げながら，児童生徒の自己指導能力を育成する具体的な方法を紹介しています。第5章「生徒指導の方法」では，生徒指導の方法として活用する指導と援助のスキルと実践方法を紹介しています。第6章「児童生徒理解の深化」では，学習指導要領解説の内容に基づく面談の留意点や面談で活用するシートを紹介しています。

　「生徒指導」の第7章から第10章では，不登校・いじめ・暴力行為・児童虐待の最新情報と対応などについて取り上げています。第7章「不登校」では，不登校に関する初めての法律である「教育機会確保法」及び関連する通知などを通して，近年の動向や今日的な不登校支援の在り方を取り上げています。第8章「いじめの理解」と第9章「いじめへの対応」では，「いじめ」に特化した法律である「いじめ防止対策推進法」とその基本方針に基づき，学校や教職員に求められる理解や対応を取り上げています。第10章「暴力行為，暴言，体罰・懲戒，児童虐待」では，暴力行為や児童虐待の最新動向，学校において生じる可能性のある刑罰法に該当する行為を取り上げています。

　次に「キャリア教育」の概要について紹介します。第11章から第13章では，学習指導要領を中心に文部科学省が発出する通知や資料に基づくキャリア教育の基本事項について取り上げています。

　第11章「キャリア教育・進路指導の定義」では，文部科学省資料に基づき，学校教育における「キャリア教育とは」「進路指導とは」を示しています。第12章「キャリア教育の充実」では，学習指導要領及びその解説の「キャリア教育の充実」の内容を整理し，実践に向けた要点を示しています。第13章「特別活動におけるキャリア教育」では，学習

指導要領及びその解説の「一人一人のキャリア形成と自己実現」の内容を整理し，キャリア教育を展開していくための基本事項を示しています。

　「キャリア教育」の第14章から第16章では，キャリア教育の学習指導案や「キャリア・パスポート」の教材など，授業実践に役立つ内容について取り上げています。第14章「キャリア・パスポートの活用」では，キャリア・パスポートを活用し授業が実施できるように，文部科学省の例示資料の紹介と解説をしています。第15章「キャリア教育の学習指導案」では，キャリア教育の授業を構想できるように，学級活動・ホームルーム活動における学習指導案の基本項目と具体例を示しています。第16章「キャリア教育の教材」では，教育，スポーツ，芸術，ビジネスなど，多方面で注目を集め，キャリア教育の教材として学校現場で活用されている目標を記述するワークシートとその活用方法を紹介しています。

　以上で紹介した内容で構成する本書の刊行にあたり，これまでの研究及び教育実践に対して，原田教育研究所代表取締役社長の原田隆史氏，京都工芸繊維大学教授の来田宣幸氏には，ご教示やご支援を賜りました。心より厚く御礼申し上げます。また，本書の編集において，北樹出版の福田千晶氏には，大変お世話になりました。心より感謝申し上げます。

吉田　浩之

◆◇◆ 目　　次 ◇◆◇

学習指導要領対応（令和版）

生徒指導・キャリア教育

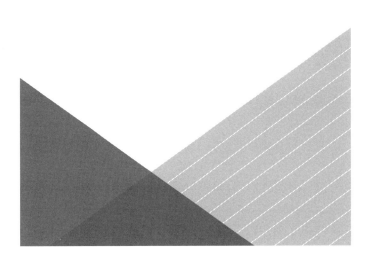

生徒指導の定義

> 「生徒指導とは」と質問された場合に，どのような回答をするでしょうか。教員であっても，その答えを正確に答えられるわけではありません。生徒指導の一部分を示す内容であったり，生徒指導のようで別の教育がねらいとする内容であったり，外れてはいないが正答でもない内容であったりすることがあります。
> 　本章では，生徒指導の定義や意義を示す文部科学省の資料を取り上げます。それを基に「生徒指導とは」について明確にします。

 1 ｜ 生徒指導とは？

　以前，教員研修会の参加者に対して，「生徒指導とは何ですか」，「生徒指導において特に重要なねらいは何ですか」という質問について回答を求めました。次の①から⑮は，その回答例と筆者が追加した内容になります。自分の考えに近い内容の番号はあるでしょうか。

① 教員と児童生徒との関わりを通して，児童生徒の抱える困りごとの解決をサポートするものです。
② 児童生徒の声を傾聴することが軸という考えがあります。しかし，生徒指導では，基本的には全体に対して教えるべきところは教えるというスタンスが上位になります。
③ 児童生徒が直面した課題に対して，児童生徒とのコミュニケーションによって，自らの判断・選択をよりよく引き出す働きかけが生徒指導の中心になります。
④ 生活・学習全般にわたり細かい事項まで指導・点検します。学校として決めたルールを守る指導が大切になります。校則違反や悪いことは見逃さず，服装違反も徹底して指導します。そのような指導をするには，現実的には教員として児童生徒から一目置かれる存在である必要があります。
⑤ 児童生徒のために常識を教えます。身だしなみ，礼儀，身のまわりの整理整頓など具体的に指導します。
⑥ 問題行動への指導が中心ではありません。普段から児童生徒の個性を伸ばすことが中心になります。
⑦ 積極的な生徒指導と消極的な生徒指導があります。学校現場では，問題行動を対象にした消極的な生徒指導や一斉授業が成立するような生徒指導が中心になります。
⑧ 問題行動への対応が生徒指導の中心にならざるを得ません。それに対応することができる教員の存在は大きく，担任教員よりも，その教員を中心に生徒指導は行います。
⑨ 将来，自分で生活する上で必要な行動・態度や見方・考え方などを身に付けるために指導・援助をすることです。
⑩ 児童生徒が「経済的・社会的に自立し自分の給料で飯が食える大人になる」ための資質・能力を育成することです。
⑪ 一人一人の社会的・職業的自立に向け，必要な基盤となる能力や態度を育てることを通して，社会の中で自分の役割を果たしながら，自分らしい生き方を実現していくことを促す教育のことです。

⑫ 学級・ホームルームは生徒指導の中核的な場です。そこで，ルールやマナーだけでなく，「在り方，生き方」を教えていくことになります。
⑬ 集団や社会の形成者としての見方・考え方を働かせ，様々な集団活動に自主的，実践的に取り組み，互いのよさや可能性を発揮しながら集団や自己の生活上の課題を解決することです。
⑭ 人格の完成を目指し，平和で民主的な国家及び社会の形成者として必要な資質を備えた心身ともに健康な国民の育成を期して行うものです。
⑮ 人間としての生き方を考え，主体的な判断の下に行動し，自立した一人の人間として他者とともによりよく生きるための基盤となる人格的特性を養うことです。

①から⑮をみると，「生徒指導の一部を示す内容」「生徒指導のようで別の教育がねらいとする内容」などがみられます。また，「正反対と思われるような内容」もあります。

①②③は，生徒指導の方法である指導と援助に関する内容です。①はカウンセリングに関する内容，②は指導，③は援助に関する内容です。

④⑤は，実態として生徒指導が担っている内容の一部を示しています。⑥⑦⑧は，積極的な生徒指導と消極的な生徒指導に関する内容です。問題行動等への対応は，生徒指導が担う特徴的な役割ですが，児童生徒の個性伸長・社会性育成や社会的自己実現に向けた資質・能力の育成などに力を入れる生徒指導（積極的な生徒指導）と対比して，消極的な生徒指導と称される場合があります。

⑨⑩⑪は，キャリア教育に関する内容です。⑪は，キャリア教育の定義に重なる内容です。⑫⑬は，特別活動及び学級活動・ホームルーム活動に関する内容です。⑬は，特別活動の目標に重なる内容です。

⑭は，教育基本法で示す教育目的の内容です。すべての教育活動の目的となります。⑮は，道徳教育の目標に重なる内容です。

このように①から⑮は，外れてはいないようで正答のど真ん中でもない回答になります。「生徒指導とは」を明確にするためには，文部科学省が示す「生徒指導とは」を確認する必要があります。

 ## 2 文部科学省資料における生徒指導

次の（1）から（5）は，「生徒指導とは」を示す文部科学省の資料です。それぞれが文部科学省の代表的な資料でありながら，まったく同じ文言で記されているわけではありませんので，共通の内容を読みとり理解する必要があります。

（1）生徒指導資料第1集「生徒指導の手引き」（文部省，1965）

1963年から文部科学省（当時は文部省）は，生徒指導講座を開催し，1964年には生徒指導研究推進校の指定を行い，1965年には，生徒指導の理解と普及のために，生徒指導資

料第1集を刊行しています。その「まえがき」には，生徒指導の目的などについて，次のように示しています。

> 生徒指導は，すべての生徒のそれぞれの人格のよりよき発達を目指すとともに，学校生活が生徒のひとりひとりにとっても，また学級や学年，さらに学校全体にとっても，有意義に，興味深く，そして充実したものになるようにすることを目標とするもの。

（2）「生徒指導資料第 20 集」（文部省，1988）

「生徒指導資料第 20 集――生活体験や人間関係を豊かなものとする生徒指導――中学校・高等学校編」では，当時の課題を踏まえ，「従来ともすれば問題行動の防止や非行対策といった消極的受け身的に傾きがちであった生徒指導から，生徒指導の原点に立ちかえって生徒一人一人の望ましい人格の育成を図るという観点に立って，もっと積極的能動的な生徒指導を展開することが現在求められている。」と人格育成や積極的な生徒指導を強調しながら，「生徒指導とは」について，次のように示しています。

> 生徒指導とは，生徒一人一人の個性の伸長を図りながら，同時に社会的な資質や能力・態度を育成し，さらに将来において社会的に自己実現ができるような資質・態度を形成していくための指導・援助であり，個々の生徒の自己指導能力の育成を目指すものである。

（3）生徒指導資料第1集（改訂版）（国立教育政策研究所，2009）

「生徒指導資料第1集（改訂版）――生徒指導上の諸問題の推移とこれからの生徒指導――中学校・高等学校編」（国立教育政策研究所・生徒指導研究センター）には，生徒指導について，次のように示しています。

> 生徒指導とは，一人一人の児童生徒の個性の伸長を図りながら，同時に社会的な資質や能力・態度を育成し，さらに将来において社会的に自己実現ができるような資質・態度を形成していくための指導・援助である。

（4）「生徒指導提要」（文部科学省，2010）

「生徒指導提要」は，生徒指導の基本書とされていますが，その「第1章 生徒指導の意義と原理」の「第2節 教育課程における生徒指導の位置付け」には，生徒指導について，次のように示しています。上記（2）と重なる内容がみられます。

> 生徒指導とは，一人一人の児童生徒の個性の伸長を図りながら，同時に社会的な資質や能力・態度を育成し，さらに将来において社会的に自己実現ができるような資質・態度を形成していくための指導・援助であり，個々の児童生徒の自己指導能力の育成を目指すものである。

また，同第1章の「第1節 生徒指導の意義と課題」では，ねらいや意義などについて，次のように示しています。

> 　生徒指導とは，一人一人の児童生徒の人格を尊重し，個性の伸長を図りながら，社会的資質や行動力を高めることを目指して行われる教育活動のことです。すなわち，生徒指導は，すべての児童生徒のそれぞれの人格のよりよき発達を目指すとともに，学校生活がすべての児童生徒にとって有意義で興味深く，充実したものになることを目指しています。生徒指導は学校の教育目標を達成する上で重要な機能を果たすものであり，学習指導と並んで学校教育において重要な意義を持つものと言えます。
>
> 　各学校においては，生徒指導が，教育課程の内外において一人一人の児童生徒の健全な成長を促し，児童生徒自ら現在及び将来における自己実現を図っていくための自己指導能力の育成を目指すという生徒指導の積極的な意義を踏まえ，学校の教育活動全体を通じ，その一層の充実を図っていくことが必要です。

（5）学習指導要領解説・総則編「生徒指導の充実」（文部科学省，2018）

　学習指導要領解説・総則編の「生徒指導の充実」（小・中：第3章第4節，高：第6章第1節）では，生徒指導の意義やねらいについて，次のように示しています。上記（4）の「第1節」と重なる内容がみられます。

> 　学校教育において，生徒指導は学習指導と並んで重要な意義をもつものであり，また，両者は相互に深く関わっている。各学校においては，生徒指導が，一人一人の児童生徒の健全な成長を促し，児童生徒自ら現在及び将来における自己実現を図っていくための自己指導能力の育成を目指すという生徒指導の積極的な意義を踏まえ，学校の教育活動全体を通じ，学習指導と関連付けながら，その一層の充実を図っていくことが必要である。

3　「生徒指導とは」のまとめ

　上記2の文部科学省の資料をみると，「生徒指導とは」について次のことを読み取ることができます。1つめは，目的です。端的には，「社会的自己実現を図っていくための自己指導能力の育成」を目的とし，「社会的自己実現に向けて」という方向性を持って自己指導能力を育成するということです。

　また，文部科学省の資料には，生徒指導では「個性の伸長」，「社会的な資質や能力・態度・行動力の育成」についても図るように記しています。それらについては，「社会的自己実現」の「社会的」の中に「社会的な資質や能力・態度・行動力の育成」を，また「自己実現」の中に「個性の伸長」を包括するように捉え，社会的自己実現を図っていく中で育成していくようにみていくことができます。

　2つめは，「指導・援助」の機能を特徴としていることです。なお，生徒指導の実践において，「指導・援助」は方法として活用されます。

　以上を踏まえ，「方向性」，「目的」，「方法」の視点で整理すると，次のとおりです。

> 　生徒指導とは，社会的自己実現に向けて（方向性），個々の児童生徒の自己指導能力を育成すること（目的）であり，方法として指導・援助を活用することを特徴としている。

　なお，「社会的自己実現」については第3章で取り上げます。「自己指導能力」については第3，4章で，「指導・援助」については第5章で取り上げます。

【引用・参考文献】

文部省　1965　生徒指導資料第1集　生徒指導の手引き

文部省　1988　生徒指導資料第20集　生徒指導研究資料第14集　生活体験や人間関係を豊かなものとする生徒指導——いきいきとした学校づくりの推進を通じて——　中学校・高等学校編　大蔵省印刷局

国立教育政策研究所生徒指導研究センター　2009　生徒指導資料第1集（改訂版）——生徒指導上の諸問題の推移とこれからの生徒指導——　中学校・高等学校編　ぎょうせい

文部科学省　2010　生徒指導提要　教育図書

文部科学省　2018　小学校学習指導要領（平成29年告示）解説総則編　東洋館出版社

文部科学省　2018　中学校学習指導要領（平成29年告示）解説総則編　東山書房

文部科学省　2019　高等学校学習指導要領（平成30年告示）解説総則編　東洋館出版社

川端成實　2019　先輩　生徒指導って何ですか？　月刊生徒指導　第49巻第4号，34-36

生徒指導の充実
——学習指導要領総則——

> 　学習指導要領は，法令に基づき各学校における教科・特別活動などの目標や内容について，必要かつ合理的な事項を大綱的に示した教育課程の全国的な基準として，文部科学大臣が定めたものです。そして，学習指導要領の総則には「生徒指導の充実」について明記されています。
> 　本章では，学習指導要領及びその解説で示す「生徒指導の充実」の規定を確認します。また，その内容に基づき，「生徒指導の充実」に向けた取り組みの要点を明確にします。

 1　学習指導要領総則の「生徒指導の充実」の内容

　学習指導要領は，法令に基づき各学校における教科・特別活動などの目標や内容などについて，必要かつ合理的な事項を大綱的に示した教育課程の全国的な基準として，文部科学大臣が定めたものです。その学習指導要領総則の「生徒指導の充実」では，次のように示しています。なお，小学校，中学校，高等学校では，児童と生徒の表記以外は同様の内容です。

> 　児童（生徒）が，自己の存在感を実感しながら，よりよい人間関係を形成し，有意義で充実した学校生活を送る中で，現在及び将来における自己実現を図っていくことができるよう，児童（生徒）理解を深め，学習指導と関連付けながら，生徒指導の充実を図ること。

※小学校第1章総則第4の1（2），中学校第1章総則第4の1（2），高等学校第1章総則第5款の1（2）

 **2　学習指導要領解説・総則編の
「生徒指導の充実」の内容**

　学習指導要領解説・総則編（小・中：第3章第4節，高：第6章第1節）では，「生徒指導の充実」について解説し，あわせて取り組むべき内容を明記しています。ここでは，その理解を深めるために，小学校，中学校，高等学校の各解説の内容について要点を整理してみます。
　小学校と中学校は7段落構成で，内容はほぼ同じです。高等学校は9段落で示しています。7段落構成の中学校の内容を基準に小学校と高等学校の内容を示すと，次の（1）から（4）のとおりです。なお，中学校と内容が異なる箇所には下線を引き，（　　）の中

に小学校と高等学校の内容を記しています。また，児童生徒と記載しているところが，小学校では児童，中学校と高等学校では生徒となります。学級・ホームルームは，小学校と中学校では学級，高等学校ではホームルームとなります。

（1）生徒指導のねらい，意義（解説の1，2段落の内容）

　小・中・高等学校の1，2段落の内容について取り上げます。主に生徒指導のねらいや意義について示しています。また，生徒指導の機会や機能，方法についても示しています。1，2段落の内容について要点を整理すると，表2-1のとおりです。また，1，2段落の内容は，表2-1に続いて示すとおりです。

表2-1　生徒指導のねらい，意義など

生徒指導			
目的・積極的な意義	一人一人の児童生徒の人格を尊重し，個性の伸長を図りながら，社会的資質や行動力を高め，一人一人の生徒の健全な成長を促し，自ら現在及び将来における自己実現を図っていくための自己指導能力の育成を目指す	機会	学校教育活動全体，学習活動と関連付けて
		機能	学校の教育目標を達成するために重要な機能，特定の領域における教育活動ではない
		方法	指導，援助
留意点　消極的な面（単なる問題行動への対応）だけにとどまらないこと			

（1段落の内容）

> 　生徒指導は，学校の教育目標を達成するために重要な機能の一つであり，一人一人の児童生徒の人格を尊重し，個性の伸長を図りながら，社会的資質や行動力を高めるように指導，援助するものである。すなわち，生徒指導は，全ての児童生徒のそれぞれの人格のよりよき発達を目指すとともに，学校生活が全ての児童生徒にとって有意義で興味深く，充実したものになるようにすることを目指すものであり，単なる児童生徒の問題行動への対応という消極的な面だけにとどまるものではない。

（2段落の内容）

> 　学校教育において，生徒指導は学習指導と並んで重要な意義をもつものであり，また，両者は相互に深く関わっている。各学校においては，生徒指導が，一人一人の児童生徒の健全な成長を促し，児童生徒自ら現在及び将来における自己実現を図っていくための自己指導能力の育成を目指すという生徒指導の積極的な意義を踏まえ，学校の教育活動全体を通じ，学習指導と関連付けながら，その一層の充実を図っていくことが必要である。

※小学校第3章第4節1（2），中学校第3章第4節1（2），高等学校第6章第1節2

（2）生徒指導を進める基盤（解説の3，4段落の内容）

　小・中・高等学校の3，4段落の内容について取り上げます。主に生徒指導を進める基盤について示しています。その基盤については「児童生徒理解の深化」と「教師と児童生徒の信頼関係の構築」の2つを示し，それぞれについての要点を示しています。3，4段落の内容について要点を整理すると，表2-2のとおりです。また，3，4段落の内容は，表2-2に続いて示すとおりです。

表 2-2　生徒指導を進める基盤

児童生徒理解の深化	教師と児童生徒との信頼関係の構築
・　児童生徒は違った能力・適性，興味・関心等をもつ ・　児童生徒の生育環境，将来の夢や進路希望等は異なる	・　日ごろの人間的な触れ合い ・　児童生徒とともに歩む教師の姿勢
↓したがって	・　授業等における児童生徒の充実感・成就感を生み出す指導
多面的・総合的に理解していくことが重要 ・　担任による日ごろの人間的な触れ合いに基づくきめ細かい観察，面接 ・　広い視野から行う（学年教師，教科担任等，部活動顧問，養護教諭など） ・　不安や悩みに目を向け，内面に対する共感的理解をもって	・　児童生徒の特性や状況に応じた的確な指導 ・　不正や反社会的行動に対する毅然とした教師の態度 　　　　↓その信頼関係をもとに 児童生徒の自己開示は高まり， 児童生徒理解は一層深化する

（3段落の内容）

> 　生徒指導を進めていく上で，その基盤となるのは児童生徒一人一人についての児童生徒理解の深化を図ることである。一人一人の児童生徒はそれぞれ違った能力・適性，興味・関心等をもっている。また，児童生徒の生育環境も将来の夢や進路希望等（小学校：希望等）も異なる。それ故，生徒理解においては，児童生徒を多面的・総合的に理解していくことが重要であり，学級・ホームルーム担任の教師の日ごろの人間的な触れ合いに基づくきめ細かい観察や面接などに加えて，学年の教師，教科担任（小学校：専科担当教師），部活動等の顧問教師（小学校：記載なし），養護教諭などによるものを含めて，広い視野から児童生徒理解を行うことが大切である。また，思春期にあって生活環境の急激な変化を受けている（小学校：記載なし，高等学校：青年期にある）児童生徒一人一人の不安や悩みに目を向け，児童生徒の内面に対する共感的理解をもって児童生徒理解を深めることが大切である。

（4段落の内容）

> 　児童生徒理解の深化とともに，教師と児童生徒との信頼関係を築くことも生徒指導を進める基盤である。教師と児童生徒の信頼関係は，日ごろの人間的な触れ合いと児童生徒と共に歩む教師の姿勢，授業等における児童生徒の充実感・成就感を生み出す指導，児童生徒の特性や状況に応じた的確な指導と不正や反社会的行動に対する毅然とした教師の態度などを通じて形成されていくものである。その信頼関係をもとに，児童生徒の自己開示も高まり，教師の児童生徒理解も一層深まっていくのである。

※小学校第3章第4節1（2），中学校第3章第4節1（2），高等学校第6章第1節2

（3）生徒指導の充実の基盤（解説の5，6段の内容）

　小・中学校の5，6段落の内容（高等学校では5，6，7，8段落の内容）について取り上げます。まず，「生徒指導の充実の基盤」について示しています。その基盤となる自己実現を図ることができる望ましい集団の形成には，「自己存在感の実感」「共感的人間関係の育成」「自己決定の機会の設定」の3点が，きわめて重要としています。次に，「教育課程編成上の配慮」として，学級活動・ホームルーム活動と学習指導の充実が大切であるとしています。5，6段落の内容について要点を整理すると，表2-3のとおりです。また，5，6段落の内容は，表2-3に続いて示すとおりです。

表 2-3　生徒指導の充実の基盤と教育課程編成上の配慮

生徒指導の充実の基盤
一人一人が自己の存在感を実感しながら，共感的な人間関係を育み，自己決定の場を豊かにもち，自己実現を図っていける望ましい集団の実現 ・自他の個性を尊重し，互いの身になって考え，相手のよさを見付けようと努める集団の実現 ・互いに協力し合い，主体的によりよい人間関係を形成していこうとする集団の実現 ↓↑ 　好ましい人間関係を基礎に豊かな集団生活が営まれる学級・ホームルーム・学校教育環境の形成

教育課程編成上の配慮
学校の教育活動全体を通じて生徒指導の機能が発揮できるようにすること ○　特別活動における学級活動・ホームルーム活動 ・集団や社会の一員としてよりよい生活を築くための自主的，実践的な学習の場 ・自己・人間としての在り方生き方について自覚を深め，自己を生かす能力を養う場 ・生徒指導のための中核的な時間 ○　授　業 ・分かる喜びや学ぶ意義を実感できない授業は苦痛 → 劣等意識を助長し情緒不安定をもたらす 様々な問題行動を生じさせる原因 ↓ 日頃の学習指導の一層の充実 　一人一人の特性を十分把握，他教師の助言や協力を得て指導技術の向上，指導方法や指導体制などの工夫改善

（５段落の内容）

> 　また，学校教育は，集団での活動や生活を基本とするものであり，学級や学校での児童生徒相互の人間関係の在り方は，児童生徒の健全な成長と深く関わっている。児童生徒一人一人が自己の存在感を実感しながら，共感的な人間関係を育み，自己決定の場を豊かにもち，自己実現を図っていける望ましい集団の実現は極めて重要である。すなわち，自他の個性を尊重し，互いの身になって考え，相手のよさを見付けようと努める集団，互いに協力し合い，主体的によりよい人間関係を形成していこうとする集団，言い換えれば，好ましい人間関係を基礎に豊かな集団生活が営まれる学級・ホームルームや学校の教育的環境を形成することは，生徒指導の充実の基盤であり，かつ生徒指導の重要な目標の一つでもある。（※）
> 教育機能としての生徒指導は，教育課程の特定の領域における指導ではなく，教育課程の全領域において行わなければならないものである。特別活動における学級活動・ホームルーム活動などは，集団や社会の一員としてよりよい生活を築くための自主的，実践的な学習の場であるとともに，人間としての生き方（小学校：自己の生き方，高等学校：人間としての在り方生き方）について自覚を深め，自己を生かす能力を養う場であり，生徒指導のための中核的な時間となると考えられるが，あくまでも学校の教育活動全体を通じて生徒指導の機能が発揮できるようにすることが大切であり，教育課程の編成に当たっては，この点に十分配慮する必要がある。

（※）に以下の高等学校の内容がはいる

> 　単位制による課程をはじめとして，教育課程における選択の幅の大きい高等学校にあっては，日常の授業の集団とホームルーム集団とが一致しない場合も多いだけに，このことはとりわけ重要である。以上のことを基盤として，高等学校における生徒指導では，複雑化し，目まぐるしい変化が続く社会において，人としての調和のとれた発達を図りながら，自らの行動を選択し，決定していくことのできる主体を育成するとともに，集団や社会の一員としてよりよい生活を築こうとする自主的，実践的な態度を身に付けさせ，将来の社会生活の中で自己実現を果たすことができる能力や態度の育成を目指さなければならない。そのため，生徒指導において，ガイダンスの機能の充実が求められるのである。

（6段落の内容）

> さらに，分かる（高等学校：わかる）喜びや学ぶ意義を実感できない授業は児童生徒にとって苦痛であり，児童生徒の劣等感を助長し，情緒の不安定をもたらし，様々な問題行動を生じさせる原因となることも考えられる。教師は，児童生徒一人一人の特性を十分把握した上で，他の教師の助言や協力を得て，指導技術の向上，指導方法や指導体制などの工夫改善を図り，日ごろの学習指導を一層充実させることが大切である。

※小学校第3章第4節1（2），中学校第3章第4節1（2），高等学校第6章第1節2

（4）開かれた生徒指導の推進 （解説の7段落の内容）

　小・中学校の7段落の内容（高等学校では9段落の内容）について取り上げます。主に開かれた生徒指導の推進について示しています。7段落の内容について要点を整理すると，表2-4のとおりです。また，7段落の内容は，表2-4に続いて示すとおりです。

表2-4　開かれた生徒指導の推進

学校内で	○ 全教職員の共通理解，学校としての協力体制・指導体制の構築
学校外と	○ 家庭や地域社会及び関係機関等との密な連携・協力 ・児童生徒理解，児童生徒に対する指導の在り方等の共通理解 　（保護者との間で学校だよりや学級・学年通信等やＰＴＡの会報，保護者会などにより相互の交流を通して） ・交流と連携の深化 　（地域懇談会や関係機関などとの懇談会を通して）

（7段落の内容）

> 　生徒指導を進めるに当たっては，全教職員の共通理解を図り，学校としての協力体制・指導体制を築くとともに，家庭や地域社会及び関係機関等との連携・協力を密にし，児童生徒の健全育成を広い視野から考える開かれた生徒指導の推進を図ることが重要である。そのためには，保護者との間で学校だよりや学級・学年通信等，あるいはＰＴＡの会報，保護者会などにより相互の交流を通して，児童生徒理解，児童生徒に対する指導の在り方等について共通理解をしておく必要がある。また，地域懇談会や関係機関等との懇談会などを通して交流と連携を深めるなど，日ごろから生徒指導の充実に取り組むことが必要である。

※小学校第3章第4節1（2），中学校第3章第4節1（2），高等学校第6章第1節2

3 「生徒指導の充実」のチェックリスト

　上記の2では，学習指導要領解説・総則編の「生徒指導の充実」の要点を整理しましたが，それらの内容を総合的に7つの項目にまとめ，チェックリストで示すと，表2-5の（1）から（7）になります。「生徒指導の充実」の内容の全体像と要点を端的に把握することができます。

表 2-5 「生徒指導の充実」のチェックリスト

（1）生徒指導とは
- □ 学校の教育目標を達成するために重要な機能の一つである。
- □ 一人一人の児童生徒の人格を尊重し，個性の伸長を図りながら，社会的資質や行動力を高めるように指導，援助するものである。
- □ 全ての児童生徒のそれぞれの人格のよりよき発達を目指すとともに，学校生活がすべての児童生徒にとって有意義で興味深く，充実したものになるようにすることを目指すものである。
- □ 単なる児童生徒の問題行動への対応という消極的な面だけにとどまるものではない。
- □ 生徒指導の積極的な意義は，一人一人の児童生徒の健全な成長を促し，児童生徒自ら現在及び将来における自己実現を図っていくための自己指導能力の育成を目指すというものである。

（2）生徒指導と学習指導
- □ 学校教育において，生徒指導は学習指導と並んで重要な意義をもつものであり，両者は相互に深く関わっている。
- □ 学校の教育活動全体を通じ，学習指導と関連付けながら，生徒指導の積極的な意義の一層の充実を図っていくことが必要である。

（3）生徒指導を進める基盤（児童生徒理解の深化）
- □ 児童生徒一人一人についての児童生徒理解の深化を図ることである。
- □ 児童生徒理解においては，児童生徒を多面的・総合的に理解していくことが重要である。
- □ 学級担任の教師の日ごろの人間的な触れ合いに基づくきめ細かい観察や面接などに加えて，学年の教師，教科担任，部活動等の顧問教師，養護教諭などによるものを含めて，広い視野から児童生徒理解を行うことが大切である。
- □ 思春期にあって生活環境の急激な変化を受けている児童生徒一人一人の不安や悩みに目を向け，児童生徒の内面に対する共感的理解をもって児童生徒理解を深めることが大切である。

（4）生徒指導を進める基盤（教師と生徒との信頼関係）
- □ 教師と児童生徒との信頼関係を築くことである。
- □ 教師と児童生徒の信頼関係は，日ごろの人間的な触れ合いと児童生徒と共に歩む教師の姿勢，授業などにおける児童生徒の充実感・成就感を生み出す指導，児童生徒の特性や状況に応じた的確な指導と不正や反社会的行動に対する毅然とした教師の態度などを通じて形成されていくものである。
- □ 信頼関係をもとに，児童生徒の自己開示も高まり，教師の児童生徒理解も一層深まっていくのである。

（5）生徒指導の充実の基盤
- □ 好ましい人間関係を基礎に豊かな集団生活が営まれる学級や学校の教育的環境を形成（自他の個性を尊重し，互いの身になって考え，相手のよさを見付けようと努める集団，互いに協力し合い，主体的によりよい人間関係を形成していこうとする集団）することである。かつ生徒指導の重要な目標の一つでもある。
- □ 児童生徒一人一人が自己の存在感を実感しながら，共感的な人間関係を育み，自己決定の場を豊かにもち，自己実現を図っていける望ましい集団の実現は極めて重要である。

（6）教育機能としての生徒指導
- □ 教育課程の特定の領域における指導ではなく，教育課程の全領域において行わなければならないものである。学校の教育活動全体を通じて生徒指導の機能が発揮できるようにすることが大切である。
- □ 特別活動における学級活動などは，集団や社会の一員としてよりよい生活を築くための自主的，実践的な学習の場であるとともに，人間としての生き方について自覚を深め，自己を生かす能力を養う場であり，生徒指導のための中核的な時間となると考えられる。
- □ 分かる喜びや学ぶ意義を実感できない授業は児童生徒にとって苦痛であり，児童生徒の劣等意識を助長し，情緒の不安定をもたらし，様々な問題行動を生じさせる原因となることも考えられる。
- □ 教師は，児童生徒一人一人の特性を十分把握した上で，他の教師の助言や協力を得て，指導技術の向上，指導方法や指導体制などの工夫改善を図り，日ごろの学習指導を一層充実させることが大切である。

（7）開かれた生徒指導の推進

□ 全教職員の共通理解を図り，学校としての協力体制・指導体制を築くことが重要である。

□ 家庭や地域社会及び関係機関等との連携・協力を密にし，児童生徒の健全育成を広い視野から考え推進することが重要である。

□ 保護者との間で学校だよりや学級・学年通信等，ＰＴＡの会報，保護者会などにより相互の交流を通して，児童生徒理解，児童生徒に対する指導の在り方等について共通理解をしておく必要がある。

□ 地域懇談会や関係機関等との懇談会などを通して交流と連携を深めるなど，日ごろから生徒指導の充実に取り組むことが必要である。

【引用・参考文献】

文部科学省　2018　小学校学習指導要領（平成 29 年告示）　東洋館出版社

文部科学省　2018　中学校学習指導要領（平成 29 年告示）　東山書房

文部科学省　2018　高等学校学習指導要領（平成 30 年告示）　東山書房

文部科学省　2018　小学校学習指導要領（平成 29 年告示）解説総則編　東洋館出版社

文部科学省　2018　中学校学習指導要領（平成 29 年告示）解説総則編　東山書房

文部科学省　2019　高等学校学習指導要領（平成 30 年告示）解説総則編　東洋館出版社

合田哲雄　2019　学習指導要領の読み方・活かし方——学習指導要領を「使いこなす」ための 8 章——　教育開発研究所

Chapter 3
生徒指導の基本概念と実践に役立つ観点

生徒指導では，児童生徒の社会的自己実現に向けた自己指導能力の育成を目指します。「社会的自己実現」と「自己指導能力」は，生徒指導の基本概念であり，それらの理解を深めることは，生徒指導の理解を深めることになります。

本章では，文部科学省の資料をとおして「社会的自己実現」と「自己指導能力」の理解を深めます。また，それら2つの概念に基づく生徒指導の実践に役立つ観点を取り上げます。

 ## 1　社会的自己実現とは

第1章の再掲になりますが，生徒指導は，「社会的自己実現に向けて個々の児童生徒の自己指導能力を育成すること」を目的としています。生徒指導において「社会的自己実現」と「自己指導能力」は，基本となる概念です。

（1）自己実現の概念

広辞苑（第7版）では，自己実現について，「自分の中にひそむ可能性を自分で見つけ，十分に発揮していくこと」と端的に示しています。また，自己実現の研究で有名なアメリカの心理学者マズローは，欲求階層説を提唱し，欠乏欲求である「生理，安全，所属，愛情，自尊（承認）」と最高次の成長欲求である「自己実現」の各欲求を階層的に捉え，低次の欲求が充足して初めて高次の欲求が活性化するとしています。そして，自己実現欲求は人間にとって最高段階の欲求であり，人間の最高の目標は「自己実現」であると考え，個人が自分のよさを最大限に発揮して生きていくことの重要性を説いています。

なお，生徒指導提要（第1章第1節）では，自己実現が社会的視点を含む概念であることを強調し，「自己実現とは単に自分の欲求や要求を実現することにとどまらず，集団や社会の一員として認められていくことを前提とした概念」と示しています。

（2）社会的自己実現の概念

このように自己実現は，自分に目を向けた個人的側面の実現を対象にしながらも，集団や社会などの社会的側面による承認を前提とした概念です。個人と社会との相互作用を考慮しつつ，自己を最大限に生かすことを考えることが大切であり，利己に偏る性質のもの

ではありません。

　個人は尊厳が尊重される存在ですが，社会的な存在でもあります。社会的な存在である限り，その個人の自己実現は，社会の基準や価値観などとの関連において行われるものとして，社会的な自己実現という実態が想定されます。社会的自己実現に向けては，個性を生かした自己実現を目指しながら，社会的な資質・能力・態度を十分に育成していく必要があり，大きくは個人的側面と社会的側面についてそれぞれ可能な限り，しかも調和的に成長・発達を目指すことになります。

 ## 2 自己指導能力とは

（1）文部科学省資料で示す自己指導能力

「生徒指導資料第20集」（文部省，1988）及び「生徒指導資料第21集」（文部省，1990）では，自己指導能力とその育成について，次のように示しています。

> 　自己指導力には，自己をありのままに認め（自己受容），自己に対する洞察を深めること（自己理解），これらの基盤に自ら追求しつつある目標を確立し，明確化していくこと，そしてこの目標達成のため，自発的，自立的に自己の行動を決断し，実行することなどが含まれる。そして，これらの力は，生徒が日常の生活で直面する様々な問題や課題への取り組みにおいて，どのような選択が適切であるかを自分で判断して実行し，またそれらの行動に対して責任をきちんととるという経験を積み重ねることによって十分に育成される。

　以上の内容から自己指導能力について要点を整理すると，図3-1のとおりです。

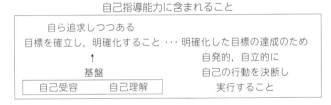

図3-1　自己指導能力及びその育成

　上記の文部省資料の作成に携わった当時の教科調査官である高橋哲夫氏は，自己指導能力について，次のように示しています。端的には，「自己指導能力は自己指導の能力で，自己指導は self orientation」であり，「自らの方向づけの能力」であるとしています。

> 　自己指導能力とは自己指導の能力であり，自己指導は self orientation の和訳であることからも，ある目標に向かっての方向づけの能力でもある。したがって，具体的な問題への取組を通じて自己指導能力を養うためには，まず目標を明確にし，次にはその目標への接近の仕方，たとえば，下位目標を設定して，徐々にステップを踏んでいくことなどを身につけることが大切となる。(髙橋, 2009)

　また，生徒指導提要（第1章第1節）では，自己指導能力を育成する機会と計画について，次のように示しています。

> 　自己指導能力をはぐくんでいくのは，学習指導の場を含む，学校生活のあらゆる場や機会です。授業や休み時間，放課後，部活動や地域における体験活動の場においても，生徒指導を行うことが必要です。その際，問題行動など目前の問題に対応するだけにとどめることがないようにする必要があります。発達の段階に応じた自己指導能力の育成を図るには，各学校段階や各学年段階，また年齢と共に形成されてくる精神性や社会性の程度を考慮し，どの児童生徒にも一定水準の共通した能力が形成されるような計画的な生徒指導が求められます。

　自己指導能力を育成する機会は，児童生徒のあらゆる機会が対象になります。また，児童生徒の発達の段階に応じた精神性や社会性の状況に目を向け，計画的に自己指導能力を育成する生徒指導が求められています。

（2）自己指導能力の整理

　これまでに示したように，自己指導能力の育成は，社会的自己実現に向かう方向性を有します。そして，自己指導能力は，社会的自己実現に向けた自らの方向づけの諸能力であり，その中には，自分自身の目標を明確にすることや，その目標を達成することに必要となる能力が含まれます。また，当面する課題や問題の解決を目指し，その都度，自発的，自立的に自己の行動を判断・選択・実行する力も自己指導能力に含まれます。

 3　自己指導能力を育成するための実践に役立つ観点

　本章の2で取り上げたように，自己指導能力には目標を明確にすることが含まれ，自己指導能力は自らの方向づけの諸能力とされます。実際，目標を設定することによって，自分が進む方向が明確になり，自らを方向付けることになります。目標を設定し目標を明確にすることは，自己指導能力の育成の基本となる方法として活用できます。ここでは，目標設定の観点と枠組みの例を紹介します。それは，図3-2に示すとおりです。

　図3-2は，生徒指導の基本概念に基づく4つの観点の枠組み（以下，4観点の枠組み）です。縦軸に「有形的な観点」と「無形的な観点」を位置付けます。また，横軸に「個人的側面の観点」と「社会的側面の観点」を位置付けます。その組み合わせにより構成される（ア）（イ）（ウ）（エ）のそれぞれに目標を設定し，目標を明確にするようにします。

```
                        有形的な観点

              （ウ）主に社会的    （ア）主に個人的
                  主に有形的        主に有形的
                  を対象            を対象
   社会的側面 ──────────────┼────────────── 個人的側面
    の観点    （エ）主に社会的    （イ）主に個人的    の観点
                  主に無形的        主に無形的
                  を対象            を対象

                        無形的な観点
```

図 3-2　生徒指導実践の４観点の枠組み

（1）有形的な観点と無形的な観点（縦軸の観点）

　目標を立てる観点について，「有形的な観点」と「無形的な観点」に大別しています。まず，「有形的な観点」についてです。目標には，形として捉えやすい・見えやすい有形的な内容や対象を盛り込み，目標を具体的にすることが目標達成のための行動や取り組みの実効性を高めます。そこで，主として形として捉えやすい対象に目を向け，目標設定に「有形的な観点」を活用します。なお，「有形的な観点」の対象には，たとえば，「行動，時間，記録，情報，役割，取り組み，人，成績，順位，表彰，評価，金，物」などが想定されます。

　次に，「無形的な観点」についてです。上述した有形と分けて整理する語に無形があります。また，学校教育では，形として捉えやすい・見えやすい有形的な側面とともに，形として捉えにくい・見えにくい無形的な側面にも目を向け，児童生徒の成長を図っています。今回の改訂学習指導要領をみても，育成を目指す児童生徒の資質・能力（到達目標）について，すべての各教科・特別活動等に共通する観点として，「知識，技能」，「思考力・判断力・表現力等」，「学びに向かう力，人間性等」が設定されています。それらの観点を「有形的な観点」と「無形的な観点」で大きく整理すると，「知識，技能」は前者に，「思考力・判断力・表現力等」と「学びに向かう力，人間性等」は後者に含まれるとみることができます。

　本章の２で示すように，自己指導能力の基盤には洞察を深めることが含まれ，また自己指導能力が育成されるには選択・判断が必要とされています。さらに，発達段階に応じて自己指導能力の育成を図るには，児童生徒に形成されていく精神性に目を向けた計画的な生徒指導を求めています。そのような洞察，選択・判断，精神性など，形として捉えにくい・見えにくい資質・能力・状況などの「無形的な観点」を活用し目標を立てることも，自己指導能力の育成には必要になります。

　そこで，主として形として捉えにくい対象に目を向け，目標設定に「無形的な観点」を活用します。なお，「無形的な観点」には，たとえば，「気持ち，考え方，価値観，感情，誇り，関心，意欲，性格，資質，能力，雰囲気，理想像」などが想定されます。

（2）個人的側面の観点と社会的側面の観点（横軸の観点）

　生徒指導では，児童生徒の社会的自己実現に向けた自己指導能力の育成を目指すため，自己指導能力の育成は社会的自己実現に向かうように図られることになります。したがって，自己指導能力の育成を図る目標設定においても，社会的自己実現につながるように目標を立てることは，中心に位置付けられることになります。

　本章の２で示すように，社会的自己実現に向けては，社会的側面と個人的側面のそれぞれについて可能な限り，しかも調和的な成長・発達を目指すことになります。そこで，「個人的側面」と「社会的側面」を目標設定の観点に位置づけます。「社会的側面の観点」は，主として自分と社会，集団，他者などとの関連に目を向け，目標設定に活用します。また，「個人的側面の観点」は，主として自分自身のことや自己実現に目を向け，目標設定に活用します。

（3）４観点の枠組みと実践方法

　縦軸と横軸の４観点の組み合わせによって，座標軸上に４つの対象（（ア）（イ）（ウ）（エ））が示されることになります。図3-2の右上（ア）は「個人的側面の観点」と「有形的な観点」による対象となります。同様に，右下（イ）は「個人的側面の観点」と「無形的な観点」による対象，左上（ウ）は「社会的側面の観点」と「有形的な観点」による対象，左下（エ）は「社会的側面の観点」と「無形的な観点」による対象となります。

　社会的自己実現と自己指導能力の概念に基づく４観点の枠組みを活用する目標設定は，社会的自己実現に向けた自己指導能力の育成を図る実践になります。具体的には，図3-2の４観点の枠組みにより示される（ア）（イ）（ウ）（エ）に目標を立てます。

　また，４観点の枠組みについては，目標設定以外の活用方法もあります。児童生徒に対して，（ア）（イ）（ウ）（エ）のそれぞれに関連する意欲づけや動機づけを行い，（ア）（イ）（ウ）（エ）に関連する学び・気づきや行動を促すことは，社会的自己実現に向けた自己指導能力の育成につながる働きかけとなります。それらについては，第４章で具体例を取り上げます。

（4）自らを方向づける２つのアプローチ

　目標を設定すると進む方向が明確になり，自らを方向付けることになります。また，顕在的，あるいは潜在的に有する考え方や価値観なども，その人の判断や行動選択の基準となり内在する指針として作用し，行動を内面から方向付けます。その人に内在する考え方や価値観などの育成も，自己指導能力の育成には大切です。したがって，目標設定や内在する指針に目を向け，児童生徒一人一人の自らを方向付ける力の育成を図ることは，自己指導能力を育成する基本的なアプローチになります。それらについても，第４章で取り上げます。

【引用・参考文献】

文部省　1988　生徒指導資料第 20 集　生徒指導研究資料第 14 集　生活体験や人間関係を豊かなものとする生徒指導——いきいきとした学校づくりの推進を通じて　中学校・高等学校編——　大蔵省印刷局

上田吉一　1988　人間の完成——マズロー心理学研究——　誠信書房

文部省　1990　生徒指導資料第 21 集　生徒指導研究資料第 15 集　学校における教育相談の考え方・進め方　中学校・高等学校編　大蔵省印刷局

高橋哲夫　2009　生徒指導の研究　教育出版

吉田浩之　2009　部活動と生徒指導　学事出版

文部科学省　2010　生徒指導提要　教育図書

文部科学省　2018　小学校学習指導要領（平成 29 年告示）解説 総則編　東洋館出版社

文部科学省　2018　中学校学習指導要領（平成 29 年告示）解説 総則編　東山書房

文部科学省　2019　高等学校学習指導要領（平成 30 年告示）解説 総則編　東洋館出版社

文部科学省　2018　小学校学習指導要領（平成 29 年告示）解説 特別活動編　東洋館出版社

文部科学省　2018　中学校学習指導要領（平成 29 年告示）解説 特別活動編　東山書房

岩波書店　2018　広辞苑（第 7 版）

自己指導能力を育成するアプローチ
——目標設定と内在指針——

　目標を設定することにより，自分が進む方向が明確になり，自分を方向付けることになります。また，考え方や価値観はその人の判断や行動選択の基準となり，行動を内面から方向づけます。そのため，目標設定やその人の内在基準の育成は自己指導能力を育成する基本的な方法となります。

　本章では，第3章で取り上げた「個人的側面」，「社会的側面」，「有形的」，「無形的」による生徒指導の実践で活用する「4観点の枠組み」を基に作成した目標設定シートを活用し，目標を書き出し文章化する方法を取り上げます。また，生徒指導の実践例をとおして，児童生徒に内在する基準を育成する方法について考えます。

 ## 1 ｜ 目標設定と自己指導能力の育成

　第3章で取り上げたように，「個人的側面」と「社会的側面」，「有形的」と「無形的」の4つの観点を組み合わせ，縦軸と横軸で表示すると，図4-1のように（ア）（イ）（ウ）（エ）の4つの対象を示すことができます。この4つの対象において目標を明確にすることは，社会的自己実現に向けた自己指導能力の育成を図る具体的な生徒指導実践の方法になります。

　たとえば，図4-1で右上（ア）は，「個人的・有形的」を対象とします。そこに該当する目標は，「自分を対象にする形として捉えやすい内容」になります。また，右下（イ）は「個人的・無形的」を対象とします。たとえば，そこに該当する目標は，「自分を対象にする形として捉えにくい内容」になります。

　同様に，左上（ウ）は「社会的・有形的」を対象とします。そこに該当する目標は，自分が取り組む「自分以外を対象にする形として捉えやすい内容」になります。ま

	有形的な観点	
	（ウ）主に社会的 主に有形的 を対象	（ア）主に個人的 主に有形的 を対象
社会的側面 の観点			個人的側面 の観点
	（エ）主に社会的 主に無形的 を対象	（イ）主に個人的 主に無形的 を対象
	無形的な観点	

図4-1　生徒指導実践の4観点の枠組み（再掲）

た，左下（エ）は「社会的・無形的」を対象とします。そこに該当する目標は，自分が取り組む「自分以外を対象にする形として捉えにくい内容」になります。4観点の枠組みによる目標設定は，次節の事例で具体的に説明します。

2 「4観点の枠組み」による目標設定シート

（1）和田毅投手の公共広告機構のCM

2006年7月，プロ野球福岡ソフトバンクホークスの和田毅投手が登場する公共広告機構のCMを目にしました。心に響くCMでした。そのCMで流れていたテロップは，次の3つです。

> 「ワクチンが足りないために，世界で1日6千人の幼い命が失われている。その事実を知って，僕はワクチンを贈るために自分のルールをつくりました。」
> 「投球1球でワクチン10本，勝利投手になれば20本。」
> 「あなたのルールで始めてみませんか。」

和田投手は，公共広告機構のワクチンキャンペーンをみて，世界の発展途上国では，生まれてきた子供たちがワクチンを受けられないために一夜にして命を落とす現実を知り，ワクチン支援活動に深い関心を持つことになり，自分が野球を続ける限りできることとして，ワクチン支援活動への協力を行うことにしたということです。和田投手は，2005年度からワクチン支援活動への協力を行っています。福岡ソフトバンクホークスのホームページをみると，2019年2月23日には，次のような掲載があります。

> 和田毅投手が毎年行っている「世界の子どもにワクチンを　日本委員会」を通じてワクチンを寄贈する活動。2005年シーズンから試合で1球を投じるごとにポリオワクチンを10本，勝利した試合は1球ごとに20本，完投勝利はそれを30本など「僕のルール」を設定して寄付する活動を続けています。
> 　昨シーズンは1軍登板なしに終わりましたが，自身の背番号にちなみ21,000本。さらにチームが日本一を達成したことで10,000本を追加し，計31,000本（金額にして2,204,000円）を寄贈しました。なお，和田投手のこれまでの支援の合計は，ワクチン約53万人分，金額にして約3,100万円となりました。

※福岡ソフトバンクホークスHPより引用
<https://www.softbankhawks.co.jp/news/detail/00002174.html>

（2）目標設定シートの記入イメージ

和田投手の活動からは多くのことを学ぶことができます。ここでは，「自分が和田投手であったら」と仮定して，特に「プロ野球選手であること」と「ワクチン支援」に目を向けて，想定できそうな目標を4観点の枠組みを活用した目標設定シートにあげてみました。その例は，資料4-1のとおりです。

なお，目標設定シートでは，4観点の枠組みの横軸の個人的側面の観点を「自分」と簡便に示し，同様に社会的側面の観点を「自分以外」としています。設定者・記入者のところは，自分の氏名を記入します。記入日は，記入した期日になります。対象のところは，

設定者・記入者名　□□□□（この場合は，和田投手になったつもりで）
記入日　2021 年　2 月○○日
対　象（プロ野球，ワクチン支援）

		有形的		
目標の明確化	自分以外	⑦ 監督が，優勝監督になるようにする。 ⑧ 多くの幼い子供の命が，32,000 本以上のワクチン寄付で救われるようにする。 ⑨ 少しでも多くの日本人が，発展途上国の子供たちのワクチン不足の現状を知るようにメディアや雑誌等で発信する。 ⑩ 発展途上国の子供たちが，将来の夢を明るい気持ちで持てるようにする。 ⑪ 身近にいるプロ野球選手が，社会貢献に意欲や関心を高めるようにする。 ⑫ 日本の青少年が，ボランティア・国際支援に関心を向けるようにする。	① 私は，年間 10 勝以上をする。 ② 私は，先発した試合は 6 回イニング以上を投げる。 ③ 私は，先発すれば 120 球数を投げることができるスタミナをつける。 ④ 私は，心身ともに健康で粘り強くなる。 ⑤ 私は，社会のために尽くすことを自らの励みにするプロ野球選手のモデルになる。 ⑥ 私は，期待やプレッシャーを強みにできるような人間力を高める。	自分
		無形的		

目標の文章化	重点目標の具体化 　私は，③球数を多く投げることができるスタミナをつけ，④心身の粘り強さを高め，①年間 10 勝利をあげ（9 月 5 日達成），⑦チームの優勝（9 月 12 日達成）に貢献するとともに，⑧ 32,000 本以上のワクチンを寄付し（3 月），多くの幼い子供の命を救うことに貢献し，⑩できる限り多くの発展途上国の子供たちが将来の夢を明るい気持ちで持つことができるように努めながら，⑫日本の青少年の多くの人がボランティア・国際支援に関心を向けるようにする。 ※ 例として，この場合は，①〜⑫の目標内容から網羅的に 7 つを選択し文章にまとめ，重点目標例を作成した。

目標を立てる対象や主となるキーワードを記入します。

　①から⑫のように，4 つの対象（図の右上，右下，左上，左下）ごとに目標を書き出します。どの対象から書き出しても構いません。最終的には，4 つの対象（図の右上，右下，左上，左下）ごとに複数の目標を記述した中で，その各対象の中で最も優先したい目標を一番上に記述します。たとえば，右上でいえば①の目標，左上であれば⑦の目標になります。

　なお，次の 3 つは，記述上のポイントです。1 つめは，「自分」と「自分以外」についてです。「自分」（右上，右下）のところは，最初の言葉を「私」にします。「自分以外」（左上，左下）のところは，最初の言葉を「自分以外」にします。

　2 つめは，「有形的」と「無形的」についてです。「有形的」（右上，左上）のところについては，できる限り数値や具体的な行動内容などを盛り込み，後々に達成できたかどうかについて客観的に評価が容易な文章にします。「捉えられる・捉えやすい」「見える・見

えやすい」を対象にするため，たとえば，「行動，時間，記録，情報，役割，取り組み，人，成績，順位，表彰，評価，金，物」などを盛り込むことが考えられます。

　また，「無形的」（右下，左下）のところについては，「捉えられない・捉えにくい」「見えない・見えにくい」を対象にするため，たとえば，「気持ち，考え方，価値観，感情，誇り，関心，意欲，性格，資質，能力，雰囲気，理想像」などを盛り込むことが考えられます。目標としては後々に達成できたかどうかについて客観的に評価することは難しい面がありますが，取り組み内容，他者からの見立て，以前との比較による個人内評価の記録・記述などによって，成長や課題を明確にできるようにします。

　3つめは，重点目標の具体化（目標の文章化）についてです。書き出した①から⑫の中から，自分なりに主とする内容を選択し，それをつなげて文章にします（目標の文章化）。資料4-1の場合では，右上，右下，左上，左下の各対象からそれぞれ7つ（①③，④，⑦⑧，⑩⑫）を網羅的に選択し文章にまとめています。書き出した目標を選択する方法は自由です。たとえば，書き出した目標内容の中で比較的容易に達成できそうな内容だけを選択し文章化する場合もあります。また，何かに特化する場合もあります。たとえば，①②③⑦を選択し文章化すれば，試合や競技に重点を置いた目標になります。

❀ 3 目標設定シートの実際例

　資料4-2は，中学3年生で陸上競技部に所属する女子生徒による個人の目標設定の実際例です。目標設定シートに示す①から⑫は，年度始めに地区大会（県大会出場の予選会）に向けて目標を設定した内容です。その下に示す重点目標の設定（目標の文章化例）は，シート様式を利用し12個の目標を書き出した後に，その中からより重点を置く内容を選択し，重点目標として文章にしたものです。

　4観点の枠組みを活用すると，目標を4つに分類して示すことになります。①②③は，「自分」と「有形的」を対象に立てた目標になります。④⑤⑥は，「自分」と「無形的」を対象に立てた目標になります。同様に，⑦⑧⑨は，「自分以外」と「有形的」を対象に立てた目標，⑩⑪⑫は，「自分以外」と「無形的」を対象に立てた目標になります。

❀ 4 「内在指針」からのアプローチ

（1）「内在指針」

　「自らの目指す先」を明確にすれば，自らは方向付けられます。上記の3で取り上げた目標設定のように，到達したい目じるし（目標）を具体的に設定することによって，現時点からの行き先が明確になり，自らは方向付けられます。

資料 4-2　目標設定シートの実際例（陸上競技部中学生Aさん）

設定者・記入者名	中学生Aさん
記入日	201x年　4月○○日
対　象	（部活動，陸上競技，地区大会）

<table>
<tr><td rowspan="5">目標の明確化</td><td colspan="3" align="center">有形的</td></tr>
<tr><td rowspan="4">自分以外</td><td>
⑦ 祖父母が，私の競技をみて笑顔が増えるようにする。
⑧ 同種目に取り組む後輩のBさんが，自己ベスト記録（15秒4以上）を出させるように支援する。
⑨ チームの県大会出場者数が，前年度の24名を上回るようにする。

⑩ 家族や応援してくださる方々が，取り組みや競技をみて感心するようにする。
⑪ 後輩が，「努力は報われる」「やればできる」と感じるようにする。
⑫ 校内の他の部活動の生徒が，陸上競技部の取り組みを理想にしたいと思うようにする。
</td><td rowspan="3">

① 私は，100mハードル走で14秒4のタイムで優勝する。
② 私は，100mハードル走の専門的知識を収集・勉強して，自分で練習計画を作成できるようにする。
③ 私は，4×100mリレー走で第2走者を担い49秒9の大会新記録で優勝する。

④ 私は，陰ながら練習できる自主性を高める。
⑤ 私は，練習日誌を毎日丁寧に書く粘り強さを身に付ける。
⑥ 私は，部活動での学びを学校生活につなげようとする考え方と態度を定着させる。

</td></tr>
<tr><td rowspan="2" align="right">自分</td></tr>
<tr></tr>
<tr><td colspan="3" align="center">無形的</td></tr>
</table>

目標の文章化	重点目標の具体化 　私は，陰ながら練習できる自主性を高め，100mハードル走で14秒4のタイムで優勝し（5月26日），チームの県大会出場者数が前年度の24名を上回るようにする（5月27日）とともに，校内の他の部活動の生徒が，陸上競技部の取り組みを理想にしたいと思うようにする。 ※①〜⑫から重点内容を選択し，それらをつないで文章化するが，選択する番号は記入者の判断による。この場合は，①④⑨⑫をつないで文章化した。

　一方，自らの内に顕在的，あるいは潜在的に有する活用の頻度が高い考え方，見方，価値観，思い，教訓などは，何かに直面したときに，自らの判断や行動選択の基準となり，自らの方向性を内面から指し示します。すなわち，自らに内在する指針として機能し，行動を内面から方向付けます。その人に内在する考え方や価値観などの育成も，自己指導能力の育成には大切です。目標設定や内在する指針に目を向け，自らを方向付ける力の育成を図ることは，自己指導能力を育成する基本的なアプローチになります。

（2）「目標設定」と「内在指針」へのアプローチ

　4観点の枠組みに基づき目標設定し，その達成を目指し取り組むことを繰り返す中で，4観点の枠組み，あるいはその枠組みにより設定した目標に含まれる内容が，自らの思考や意識に位置付けられていきます。それが定着するほど，また，価値のある実感が高まるほど4観点の枠組み，あるいはその枠組みにより設定した目標に含まれる内容を判断や行動選択の基準として活用する頻度は増えます。同時にそのような基準に基づいて目標を設

定しようとする思考や意識が強化されます。「目標設定」と「内在指針」は往還し，相互に効果を及ぼし合いながら，自らの方向付けに作用します。そのことが機能するように促すことは，自己指導能力育成の実効性を高めます。

　なお，生徒指導で活用する目標設定以外にも内在指針を育成する機会は，道徳教育や体験活動等を含め，学校教育活動全般の中に豊富に存在します。当然のことながら，保護者の教えをはじめ，成長過程で出会う様々な人との関わり合いなども，内在指針の育成を含め自己指導能力の育成に作用しています。そのような多様で豊富な機会がある中で，生徒指導の機会には意図的に４観点の枠組みを活用し，児童生徒一人一人の社会的自己実現に向けた自己指導能力の育成を図っていきたいところです。

 ## 5　問題行動に対する生徒指導の実践例
（４観点の枠組みの活用）

　問題行動を行った児童生徒に対する生徒指導の進め方は実態や状況などによりますが，問題行動に関連する事実関係の明確化や関係者間での確認・共有化などを経た後に，本格的に問題解決にとりかかります。その際に，当該児童生徒の自己指導能力の育成を目指し，４観点の枠組みを活用する場合の実際例を取り上げます。

（1）当該生徒の目標例

　問題行動の生徒指導事例を紹介します。限定的な情報になりますが，本屋でマンガ本を万引きし，それが２回目であった中学生の事例です。本事案に関連する事実関係の明確化の後に，担任教員が今後に向けて当該生徒とやりとりした結果，当面の目標内容として，当該生徒が発言した内容，あるいは紙に書いた内容について，４観点の枠組みで整理しました。その内容は，資料4-3のとおりです。

　本事例において，担任教員は４観点の枠組みを念頭に置き，当該生徒とやりとりし働きかけをしました。その結果，①から⑯の今後に向けた当面の目標内容・課題内容が明確になりました。当該生徒が独自に有していた課題を含め，当該生徒なりに明確にした内容ということになります。①から⑯は，４観点の枠組みに対応している点からみると，当該生徒は，社会的自己実現に向けた自己指導能力を育成する方向に進んでいることがうかがえます。

　また，①から⑯への取り組みを通して，当該生徒が「自分・有形的」，「自分・無形的」，「自分以外・有形的」，「自分以外・無形的」に目を向け，物事を見たり考えたりすることになります。さらに，４観点の枠組み，あるいはその枠組みにより設定した目標に含まれる内容の価値を実感することによって，それらが内在化に向かう可能性が高まります。

　資料4-3をみると，多様で具体的な価値を含む①から⑯の目標内容を明確にしています。たとえば，⑤から⑧（自分・無形的）では，基本的生活習慣，勤勉，真面目，責任感，

資料 4-3　万引きした生徒が明確にした当面の目標内容例

有形的な観点

（ウ）	⑨ クラスメイトが「学級の授業雰囲気がよくなった」と評価できるように，マイナス行動をする生徒に，自分から注意をする。	① 私は，万引き代金の立替額を6か月以内に親に返す。また，本屋に少なくとも6か月間は出入りしない。 （ア）
	⑩ 学級全体の家庭学習総時間が，前月に比べプラス30時間以上になるように，係活動を通じて貢献する。	② 私は，毎日，家庭での就寝・起床時刻，家庭学習時間（60分以上），1日の振り返り等を日誌に記述し，担任の先生に提出する。
	⑪ 親が「家の手伝いをしてくれてありがとう」と言う回数が，これまでより増えるようにする。	③ 私は，次回定期テストで，数学の得点を前回のプラス10点にする。
自分以外をねらいの対象	⑫ 月1回の親子地区行事が活発になるように，小学生をサポートする役割を担って参加する。	④ 私は，部活動に毎回，遅刻せずに参加し，全メニューを消化する。 自分をねらいの対象
	⑬ 母親が自分の日頃の様子をみて安心するようにする。	⑤ 私は，日誌を書き続け，毎日の生活の振り返りをしながら，規則正しい生活習慣を身に付ける。
	⑭ 部活動の他の部員の取り組み意欲が高まるようにする。	⑥ 私は，部活動に休まず参加し，練習や用具準備・片付けにも手抜きをせずに取り組み，やりきる精神力を高める。
	⑮ クラスの授業の雰囲気がよくなるように，授業中に迷惑をかけないようにする。	⑦ 私は，清掃活動で自分から拭き掃除を担当し，まじめに働く意識や役割を果たす責任感を高める。
（エ）	⑯ 学級担任と部活動の先生が，自分の成長を喜んでくれるようにする。	⑧ 私は，本屋の方々に，その後の自分の成長を手紙で定期的に伝えることを通じて，教訓を生かす心構えを強くしていく。 （イ）

無形的な観点

継続，自己成長，粘り強さなどがうかがえます。また，⑨から⑫（自分以外・有形的）では，正義，感謝，思いやり，積極性，支援，貢献，所属意識，協働などです。4観点の枠組みを活用することで，そのような多様な価値を引き出す効果が期待できます。また，①から⑯に取り組むことを通して，多様な価値が内在化されていく可能性が高まります。

（2）4観点の目標を明確にする必要性

　資料4-3の（ア）は「自分・有形的」を対象にする内容です。具体的に自らを主とした目標が記されています。①の問題行動に直接的に関連する内容を明確に記すことは不可欠です。それに加えて，②③④の学習面や生活面に関する発達促進的な目標も大切で，そのような取り組みによる成長が，結果として問題行動の予防に大きく作用します。

　一方，（ア）に該当する「自分・有形的」に記された行動のみの達成では，社会的資質・能力の成長や内面的成長を図ることが不十分と思われます。（イ）（エ）により内面の

成長・充実や他者理解の深化を図ること，そして，（ウ）による他への貢献を通して有用感を得る経験などが，その後の行動選択力に大きく関係します。自分に関する行動改善で終わることがないように，（ア）に加えて（イ）（ウ）（エ）にも目標を記すような指導・援助が求められます。4観点の枠組みはそれに役立ちます。

【引用・参考文献】

吉田浩之　2006　目標設定のポイント（1）目的の吟味・明確化　月刊生徒指導　第37巻第1号，48-51

吉田浩之　2007　目標設定のポイント（2）目標設定にかかわる基本項目　月刊生徒指導　第37巻第3号，68-71

吉田浩之　2007　4観点で取り組みを考える　月刊生徒指導　第37巻第8号，60-63

吉田浩之　2009　部活動と生徒指導　学事出版

吉田浩之　2014　部活動における教育活動の具体化　月刊生徒指導　第44巻第2号，23-27

吉田浩之・来田宣幸　2015　部活動で生徒指導を進める視点　体育科教育　第63巻第1号，32-35

吉田浩之　2016　運動部活動の指導を振り返る複眼的な視点　友添秀則編　運動部活動の理論と実践　大修館書店　200-207

吉田浩之　2017　部活動における生徒理解の方法：目標設定の機会を通して　月刊生徒指導　第47巻第7号，34-37

Chapter
5

生徒指導の方法
——指導・援助——

生徒指導の実践においては，指導と援助を方法として活用します。生徒指導の実践力を高めるためには，必然的に指導と援助の知識やスキルを身につける必要があります。

本章では，指導と援助で活用する基本的なスキルを取り上げます。また，生徒指導の事例を通して，指導と援助のスキルの実践的な活用方法について考えます。

 ## 1 | 生徒指導の方法（指導，援助）

生徒指導では指導と援助を方法として活用し，児童生徒の自己指導能力の育成を目指します。学習指導要領解説・総則編と生徒指導提要では，指導と援助について，次のように示しています。

> 生徒指導は，学校の教育目標を達成するために重要な機能の一つであり，一人一人の児童生徒の人格を尊重し，個性の伸長を図りながら，社会的資質や行動力を高めるように指導，援助するものである。（下線は筆者による）

※学習指導要領解説・総則編「生徒指導の充実」（小中：第3章第4節，高：第6章第1節）

> 生徒指導は，一人一人の児童生徒の個性の伸長を図りながら，同時に社会的な資質や能力・態度を育成し，さらに将来において社会的に自己実現ができるような資質・態度を形成していくための指導・援助であり，個々の児童生徒の自己指導能力の育成を目指すものです。（下線は筆者による）

※生徒指導提要（第1章第2節）

教員から児童生徒へ働きかけの視点から

指導	援助
主として教える働きかけに力を入れる。	主として引き出す働きかけに力を入れる。

児童生徒

両者は補完的関係。両者を活用し，
自己指導能力の育成を目指す。

図 5-1　指導と援助の要点

　教員から児童生徒への働きかけの視点でいえば，指導は，教員が児童生徒に必要な知識・能力や行動などが身につくように「教える」働きかけに力点を置きます。援助は，教員が選択権は児童生徒にあるという立場で児童生徒をサポートし，児童生徒に必要な自ら解決する能力や行動などを「引き出す」働きかけに力点を置きます。両者は補完的関係にあり，状況に応じてそれぞれに力点を置きます。要点を整理すると図5-1のとおりです。

2 | 指導で活用する働きかけのスキル

　指導では，教員が児童生徒に必要なことを「教える」働きかけに力点を置きます。そして，「教える」働きかけを通して，必要な知識・能力や行動などが身に付くように目指します。特に，問題行動を起こした児童生徒の事後対応や再発防止に対しては，事例や諸状況に応じた知識・能力や考え方，さらに当面の行動などが身に付くように指導することが重要視されます。

　そのような指導において活用する働きかけのスキルとして，ソーシャルスキルを身に付ける基本的原理の活用が役に立ちます。その基本項目と展開は，「説明」→「手本」→「試行」→「評価」→「定着」です。なお，実態に応じて「説明」と「手本」，あるいは「試行」と「評価」をあわせて行います。教員主導により児童生徒に必要なことを教えて身につくようにするには，それらの働きかけは有効です。その展開ごとの要点は，（1）から（4）のとおりです。

（1）定　　着

　以下の（2）から（4）で取り上げる「説明」と「手本」，「試行」，「評価」をとおして，児童生徒に必要な取り組み・行動や考え方などが定着し，いつでも，どこでも，繰り返し，再現できるように目指します。たとえば，問題行動を起こした児童生徒が，教員による「説明」，「手本」，「試行」，「評価」の働きかけを通して，必要な知識・能力や考え方を理解し，その問題行動の解決や再発防止につながる取り組み・行動などが定着し，それを自分自身で再現できるように目指します。なお，「説明」や「手本」が不十分であれば「試行」の内容に影響し，また「試行」に対する「評価」が不十分であれば「試行」の不足や「定着」の度合いに影響する場合があります。「説明」，「手本」，「試行」，「評価」のすべてを重視して定着を目指すことになります。

（2）説明（インストラクション）と手本・見本（モデリング）

　「説明」では，主として言葉で児童生徒に教示し，取り組む動機づけに力を入れながら，対象や内容に関する理解を深めていきます。理解を促すには，身に付くようにすることが必要と思われる知識・能力や行動などの全体像がわかるように話をすることや，全体がどのような順序で構成され，どの順序で取り組むかについてわかるように話をすることが大切です。たとえば，問題行動後に当該児童生徒に求められる行動や対応の全体内容について把握させ，それに取り組む順序を理解させる際には，教員は言葉により教示し，取り組む動機づけに力を入れながら，スタートからゴールまでの展開と内容の理解を深める「説明」の働きかけをすることになります。その際に，児童生徒が「わかっているか（理解度）」，「なるほどと思っているか（気づき度・納得度）」，「そう思う・そのとおりと思って

いるか（共感度）」に注意を向けて進めることに留意します。

　「手本・見本」では，言葉で教示したことについて児童生徒自身が実現できるように，方法や取り組みや考え方の表出などの実際を観察させ，あるいは見本・モデルを提示し，それを基に児童生徒が実際にできるようにイメージを持たせるようにします。たとえば，問題行動を起こした児童生徒が，自らの当面の課題を明確にした後に，その解決に向けて取り組みや行動を計画した際に，「手本・見本」の働きかけによって，当該児童生徒が取り組みや行動のイメージが具体的に持てるようにします。

（3）試行（リハーサル）

　イメージした理想像・到達像について，児童生徒が頭の中で繰り返しリハーサルし，実際の行動についても繰り返し試して，その中で感覚やコツをつかむようにします。たとえば，問題行動を起こした児童生徒と共有した課題解決に向けた取り組み・行動や考え方などについて，当該児童生徒が頭の中や行動で「試行」を繰り返し，思い描いたことができるようにします。

（4）評価（フィードバック）

　「評価」では，取り組みや行動を実施しているときに，理想・手本や基準などに照らし，適切にできているところや修正・改善が必要なところを児童生徒に具体的に伝え，児童生徒がどうすればよいのかを明確にできるようにします。適切にできているところはそのように伝え，修正や改善が必要なところは肯定的評価を基調にしながら，「もう少し○○にすれば，さらによくなる」というように伝えます。取り組みへの意欲が低下しない配慮が前提になります。実際には，「試行」の中で「評価」を行う機会は多くなりますが，「説明」，「手本・見本」においても必要に応じて「評価」を行います。

　たとえば，問題行動を起こした児童生徒に対して，（3）の「試行」において取り組み・行動や考え方などを実施している際に，「評価」の働きかけによって，当該児童生徒ができているところや修正・改善が必要なところを直接伝えます。そのようにして当該児童生徒がどうすればよいか明確になるようにし，また，受けた「評価」を通して意欲が高まるようにします。

 ## 3 ｜ 援助で活用する働きかけのスキル

　援助では，児童生徒を主体として自らに必要な解決する能力や行動などを引き出すようにサポートする働きかけに力点を置きます。援助で活用する働きかけのスキルとして，人材育成の分野で活用されているコーチングのスキルを参考に例示します。援助では，選択権は児童生徒にあるという立場で働きかけます。基本とする働きかけのスキルとしては，

「傾聴」，「承認」，「質問」があります。それらを駆使し児童生徒が潜在的に持っている意欲，能力，目標などの顕在化を促し，主体的に行動することをサポートします。要点を整理すると，図5-2のとおりです。

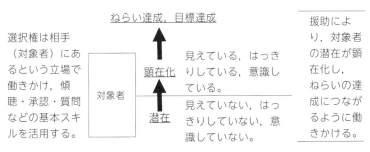

図 5-2　援助の要点

　問題行動に関連する事実関係を明確化した後は，問題行動を起こした児童生徒とその内容を共有し，今後に向けた課題や目標を設定します。その際には，「援助」で活用する働きかけのスキルの中の「質問」のスキルを活用し，当該児童生徒に質問し，気づきやアイディアなどを引き出しながら，当該児童生徒に内在・潜在する課題を自ら顕在化できるようにします。

　問題行動を起こした児童生徒の課題を教員から指摘されるより，教員の問いかけをきっかけとして自らその改善の必要性に気づき課題解決を進めていった方が主体性や実効性が高まります。また，当該児童生徒の保護者へ状況を伝える際も，教員が思っていることとしてその課題を伝えるより，児童生徒が述べていることとして伝えた方が，保護者の協力も得やすくなります。

（1）傾　　聴

　「傾聴」では，児童生徒の方に意識を向けて，その声，言葉，気持ちを聴き取ろうとしていきます。児童生徒の話をさえぎらずに，呼吸やタイミングにペースを合わせ，聴いているというサインを送りながら，自分の判断を加えず，興味を持って最後まで聴くことを心がけます。その姿勢が児童生徒に伝わらなければ，援助の実効性は低下します。聴き上手は，児童生徒の発話を促すことができます。反対に，何かを気にしながら聞く，そっけない様子で聞く，相手の表情を見ないで聞く，相手の話の途中で自分の解釈をはさみ解決策提示やアドバイスをする，すぐに最終提案をしてしまう，相手の話を早く終わらせようとするなどは，児童生徒の発話を促すことにマイナスになります。

　「傾聴」の基本スキルとしては，「うなずき」，「あいづち」，「繰り返し」があげられます。それらは，相手の発話を促す積極的傾聴とされています。児童生徒が聴いてもらっている実感や安心感を抱けば，児童生徒の内面からの言葉や気持ちを引き出せる可能性が高まります。会話において，相手からそれらのリアクションがなければ，無反応で否定的と

受け取られやすいものです。

「うなづき」では，児童生徒の話のペースに合わせて，自然に目を見ながら，首を上下に動かします。うなずきで肯定を児童生徒に伝えていくようにします。「あいづち」では，児童生徒の話に言葉で端的に肯定的に反応します。たとえば，「なるほど」，「その通り」，「はい」などです。声に表情をつけるような効果的な抑揚が重要です。「繰り返し」では，児童生徒の話のポイントとなる言葉をそのまま返します。たとえば，児童生徒が「家庭学習時間を1時間増やしました」の言葉に対して，教員が「そうか，1時間増やしたんだね」と望ましい声のトーンや表情でリピートします。

（2）承　　認

学習指導要領解説・総則編の「生徒指導の充実」で示すように，教師と児童生徒の人間関係の構築は，生徒指導を進める基盤になります。人は自分を認めてくれる人を，自分も認める傾向があります。児童生徒が教員から認められていると感じれば，児童生徒は教員を認める方向に向かっていく可能性が高まります。積極的に承認のスキルを発揮し，児童生徒との関係性の構築を心がける必要があります。また，自分の存在を認められることや，進歩や成長を言葉で自然に伝えられることで，児童生徒のモチベーションは高まるものです。

次に，「承認」の具体例を3つ紹介します。1つめは，存在の承認です。日常の中で，何気なく児童生徒の存在を認め，それを伝えることは，承認の基本的な働きかけになります。たとえば，児童生徒の名前を呼ぶ，挨拶をかわす，目を合わせる，話しかける，お礼を言う，変化に気づいて伝える，会話を覚えている，報告・連絡・相談をするなどです。

2つめは，事実をそのまま取り上げる承認です。美点凝視の観点で目にしたことや感じたことを，その場ですかさず言語化して伝える即興的な働きかけをします。たとえば，「いつも5分前に行動ができているね」，「約束事を確実に実行してくれる」，「クラスメイトの手助けをしていたね」のように，事実をそのまま取り上げて伝えることは，「よかった」，「向上した」といった漠然とした評価や，「〇〇君に比べてよい」など他の児童生徒との比較といった評価の言葉より，児童生徒は受け取りやすく行動のリピートに直結しやすい側面があります。

3つめは，評価項目を活用する承認です。たとえば，「強み，長所，魅力，努力（プロセス），できたこと」などについて，「到達度（できた，わかった，到達した）」，「相対度（他と比べて優れている）」，「上達度（本人なりに成長進歩している）」の3つの評価項目を活用し，美点凝視で児童生徒にプラスの変化などの気づきを伝えます。

（3）質　　問

「質問」によって，児童生徒は自らに内在する可能性を明確にすることができます。また，児童生徒が「問題をはっきりさせる」，「考えを整理する」，「視点を変える」，「アイ

ディアを見出す」,「気づく」,「顕在化する」,「モチベーションを上げる」などを引き出すことが可能です。

　次に,「質問」の具体例を5つ紹介します。1つめは,「未来志向」と「原因追及」の「質問」です。「これから」に目を向け,「どうなれば望ましいか」,「どうしたらうまくいくか」といった未来志向の行動につながる質問が基本になります。一方,「これまで」に目を向け,原因や責任追及を目的とする質問は,過去に向かい前進の妨げになる場合があります。たとえば,「どうしてそうなったのか」,「誰がいけないのか」といった問いは,「すみません」,「○○のつもりだったのですが」,「予想外でした」などの防衛的・謝罪的な返答を引き出しやすくなります。

　2つめは,「二者択一」と「自由回答」の「質問」です。二者択一の回答を引き出す質問より,自由回答を引き出す質問の方が発展性は期待できます。「これは,あなたのレポートですか」は,前者で,Yes, No を答えるだけの質問になります。また,児童生徒の行動化を促すのに効果的な Yes, No でたずねる質問として,「明日までに○○のレポートを完成させてくれますか」は,依頼の意味を込め,自発性を誘起するような質問になります。後者は,正解があらかじめ決まっていない回答を引き出す質問になり,気づきの可能性を拡大させます。しかし,「あなたはどう思いますか」では,漠然とした質問になるため,最初から発展性のある回答を引き出す方が望ましい質問となります。次の3つめからはそのような質問例を紹介します。

　3つめは,「選択させる質問」と「数字で答える質問」です。選択し優先順位を付ける質問があります。「ナンバー1」や「リストアップ」のように選択し優先順位を付けるような質問によって,考えを整理し発想の幅を広げることができます。たとえば,「教室のガラスを割ってしまったことについて,一番に何に気をつければよかったですか」,「改善するには,どの方法がベストだと思いますか」は,ナンバー1をあげさせる質問です。また,「今後,すぐにできることを3つあげるとすれば,何ですか」,「その理由を3つあげてください」は,リストアップの質問です。

　また,程度の違いを数字で表現（スケーリング）する質問があります。たとえば,「本日の取り組みの満足度を100点満点で表すと何点ですか」のように質問し,「85点です」と答えれば,「マイナス15点の理由は何ですか」「今後,100点に近づくには,どのような準備をしたらよいですか」のように,会話に展開が出てくるような質問です。

　4つめは,5W1Hの「質問」です。生徒指導事案の解決に向けて,取り組み事項を明確にするためには必須の質問になります。「どうして○○になったのでしょうか」,「何が必要ですか」,「誰がすればよいですか」,「どこですればよいでしょうか」,「いつしますか」,「どのように行いますか」のように,「なぜ,何を,だれが,どこで,いつ,どのように」の5W1H（why, what, who, where, when, how）の質問で基本事項を明確にしていくことができます。それらの各項目を組み合わせると実践的な活用になります。たとえば,「誰からどのように説明しますか」,「どの時点で,何を判断しますか」,「いつまで,

何を明らかにしますか」,「どこで, 誰が誰に, 理由や動機, 今後の指導計画などを伝えますか」のような質問です。

　5つめは, 一覧表を活用する「質問」です。ねらいごとに全体的にまとめられた一覧表やシートを活用し, そこに設けられた各項目について丁寧に質問していくようにすれば, 全体像を引き出す質問ができます。たとえば, 教育相談において,「健康面」,「学習面」,「進路面」,「生活面」の各面について,「これまで」,「現在」,「今後」の推移にそって,「課題」や「ニーズ」や「目標」を記入できる「面談シート」(第6章で具体的に取り上げます) を用意し, それを活用し質問をするとします。教員はその面談シートの項目を基に, 児童生徒に質問をすることができるため,「健康面」,「学習面」,「進路面」,「生活面」の全般について要領よく理解を深めることができます。同時に, そのような質問を受けた児童生徒も, 自らの学習・生活全般に対して気づきを得ることができます。

4 ｜ 事案対応時に活用する指導と援助のスキル例

　限定的な情報になりますが, 本屋でマンガ本を万引きし, それが2回目であった中学生がいます (第4章の再掲の事案)。万引きに関連する事実関係が明確になった後に, 担任教員として当該生徒と面談し, 今後に向けて当該生徒が目標を明確にしていくやりとりの場面を想定します。その場面で活用することが予想される指導と援助のスキルについて例示します。

（1）課題の明確化・設定の場面（援助のスキルを中心に）

　事実関係の明確化・共有化の後は, それを引き起こした当該生徒の課題を明確にすることになります。その際には, 教員側から課題を教示するよりも, 当該生徒が自発的に自らの課題を述べるように導きましょう。そこで, 援助のスキルの質問を行い, 当該生徒に内在・潜在する課題を自分自身で気づき, 明確になるように引き出したいところです。どうしても, それについて苦戦する場合は, 教員がいくつかの課題を例示し, そこから生徒本人が理解を深め, 判断・選択できるように引き出す働きかけを行う場合もあります。

　当然, そのやりとりの中では, 傾聴のスキルを発揮し, 当該生徒に意識を向けて, その声, 言葉, 気持ちを聴き取ろうとする姿勢を伝えます。その生徒の話をさえぎらずに, 聴いているというサインを送りながら, 自分の判断を加えず, 興味を持って最後まで聴くことを心がけ, 当該生徒の発話を促すようにします。

　また, 承認のスキルを発揮し, 問題行動を行ったとしても, 当該生徒のよさや存在を認めていることを伝え, また, 今後の課題や目標に関して述べたことについては, 内容や考え方などを認めながら, 前向きな発言内容について「〇〇に取り組みたいという考えなのですね」など, そのまま取り上げて評価するなど, 考え方や行動の実効性が高まるように

します。

（2）課題解決に向けた取り組みの場面（指導のスキルを中心に）

資料 5-1 の目標達成や課題解決に向けて，当該生徒が「○○に取り組む，○○になる，○○を身に付ける」について実効性が高まるためには，指導のスキルの手本・見本のスキルを発揮し，当該生徒が取り組みや到達像をイメージしやすいようにします。また，方法や取り組み・行動などについても手本・見本などを提示し，当該生徒がイメージを持ち実行，実現できるようにします。

当該生徒が掲げた目標や課題の解決を図る方法や取り組み・行動においては，試行のスキルを発揮し，まずは頭の中で繰り返しリハーサルを行い，その後に実際に行い，それらを通じて感覚やコツをつかむことができるようにします。その試行に対して，評価のスキルを発揮して，取り組み・行動を行う中で適切にできているところや修正・改善が必要な

資料 5-1　万引きした生徒が明確にした当面の目標内容例（再掲）

有形的な観点

（ウ）			（ア）
	⑨ クラスメイトが「学級の授業雰囲気がよくなった」と評価できるように，マイナス行動をする生徒に，自分から注意をする。	① 私は，万引き代金の立替額を6か月以内に親に返す。また，本屋に少なくとも6か月間は出入りしない。	
	⑩ 学級全体の家庭学習総時間が，前月に比べプラス30時間以上になるように，係活動を通じて貢献する。	② 私は，毎日，家庭での就寝・起床時刻，家庭学習時間（60分以上），1日の振り返り等を日誌に記述し，担任の先生に提出する。	
自分以外をねらいの対象	⑪ 親が「家の手伝いをしてくれてありがとう」と言う回数が，これまでより増えるようにする。	③ 私は，次回定期テストで，数学の得点を前回のプラス10点にする。	自分をねらいの対象
	⑫ 月1回の親子地区行事が活発になるように，小学生をサポートする役割を担って参加する。	④ 私は，部活動に毎回，遅刻せずに参加し，全メニューを消化する。	
	⑬ 母親が自分の日頃の様子をみて安心するようにする。	⑤ 私は，日誌を書き続け，毎日の生活の振り返りをしながら，規則正しい生活習慣を身に付ける。	
	⑭ 部活動の他の部員の取り組み意欲が高まるようにする。	⑥ 私は，部活動に休まず参加し，練習や用具準備・片付けにも手抜きをせずに取り組み，やりきる精神力を高める。	
	⑮ クラスの授業の雰囲気がよくなるように，授業中に迷惑をかけないようにする。	⑦ 私は，清掃活動で自分から拭き掃除を担当し，まじめに働く意識や役割を果たす責任感を高める。	
	⑯ 学級担任と部活動の先生が，自分の成長を喜んでくれるようにする。	⑧ 私は，本屋の方々に，その後の自分の成長を手紙で定期的に伝えることを通じて，教訓を生かす心構えを強くしていく。	
（エ）			（イ）

無形的な観点

ところを伝えながら，よりよく改善を行っていきます。当然，そのような指導のスキルによって教員が具体的指摘を行いつつも，援助の質問のスキルを発揮し，自己分析・自己理解を促し，それを踏まえて，主体的に改善に取り組むようにやりとりします。

　以上のように，実際のやりとりの場面では指導と援助を駆使しているものです。また，当該生徒に対応している担任教員に対して，先輩教員が助言や指摘をする際に，先輩教員による「当該生徒への生徒指導が不十分」という指摘より，「当該生徒への指導の働きかけはできているが，援助の働きかけは不十分」の方が具体的になります。さらに「援助の質問が不十分」「質問は○○のようにするとよい」の方が，より具体的になります。指導と援助で活用する働きかけのスキルの内容について理解を深めておくことで，より具体的な助言や指摘が可能になります。

【引用・参考文献】

石隈利紀・田村節子　2003　石隈・田村援助シートによるチーム援助入門——学校心理学・実践編——
　　図書文化

河村茂雄　2000　Q-U 学級満足尺度による学級経営コンサルテーション・ガイド——代表的なパターンによる学級集団の状態の理解と具体的な対応策——　図書文化社

本間正人・松瀬理保　2006　コーチング入門　日本経済新聞社

相川充・佐藤正二　2006　実践！ソーシャルスキル教育　中学校——対人関係能力を育てる授業の最前線——　図書文化社

文部科学省　2010　生徒指導提要　教育図書

吉田浩之　2011　コミュニケーション力とコーチング　月刊生徒指導　第 41 巻第 3 号，58-62

文部科学省　2018　小学校学習指導要領（平成 29 年告示）解説 総則編　東洋館出版社

文部科学省　2018　中学校学習指導要領（平成 29 年告示）解説 総則編　東山書房

文部科学省　2019　高等学校学習指導要領（平成 29 年告示）解説 総則編　東洋館出版社

Chapter 6

児童生徒理解の深化
——教育相談，面談シート——

学習指導要領解説・総則編の生徒指導の充実には，一人一人の児童生徒理解の深化が生徒指導を進めていく基盤であると示しています。学校では，児童生徒と相談や面談をする機会があります。その機会を通して，児童生徒理解を深めることや児童生徒との人間関係の構築を図ることもできます。

本章では，学習指導要領解説・総則編の「児童生徒理解の深化」の内容を整理し要点を示します。また，面談における留意点と面談で活用するシートについて取り上げます。

 1 生徒指導を進めていく基盤（児童生徒理解の深化）

第２章で取り上げましたが，学習指導要領解説・総則編の「生徒指導の充実」では，「児童生徒理解の深化」について，次のように示しています。なお，小学校は児童，中学校と高等学校は生徒と記載されているところは，ここでは児童生徒としています。また，中学校を基準に小学校と高等学校で異なる内容については（　）で示しています。

> 生徒指導を進めていく上で，その基盤となるのは児童生徒一人一人についての児童生徒理解の深化を図ることである。一人一人の児童生徒はそれぞれ違った能力・適性，興味・関心等をもっている。また，児童生徒の生育環境も将来の夢や進路希望等（小学校：希望等）も異なる。それ故，児童生徒理解においては，児童生徒を多面的・総合的に理解していくことが重要であり，学級担任（高等学校：ホームルーム担任）の教師の日ごろの人間的な触れ合いに基づくきめ細かい観察や面接などに加えて，学年の教師，教科担任（小学校：専科担当教師），部活動等の顧問教師（小学校：記載なし），養護教諭などによるものを含めて，広い視野から児童生徒理解を行うことが大切である。また，思春期にあって生活環境の急激な変化を受けている（小学校：記載なし，高等学校：青年期にある）児童生徒一人一人の不安や悩みに目を向け，児童生徒の内面に対する共感的理解をもって児童生徒理解を深めることが大切である。

また，「児童生徒理解の深化」と「教師と児童生徒の信頼関係の構築」の関連については，次のように示しています。

> 児童生徒理解の深化とともに，教師と児童生徒との信頼関係を築くことも生徒指導を進める基盤である。教師と児童生徒の信頼関係は，日ごろの人間的な触れ合いと児童生徒と共に歩む教師の姿勢，授業等における児童生徒の充実感・成就感を生み出す指導，児童生徒の特性や状況に応じた的確な指導と不正や反社会的行動に対する毅然とした教師の態度などを通じて形成されていくものである。その信頼関係をもとに，児童生徒の自己開示も高まり，教師の児童生徒理解も一層深まっていくのである。

上記の解説から，児童生徒理解を深める上での留意点を整理すると，表6-1の７つになります。

表 6-1　児童生徒理解を深める上での留意点

・一人一人の児童生徒はそれぞれ違った能力・適性，興味・関心等をもっていること。
・児童生徒の生育環境も将来の夢や進路希望等も異なること。
・児童生徒理解においては，児童生徒を多面的・総合的に理解していくこと。
・学級担任の教師の日ごろの人間的な触れ合いに基づくきめ細かい観察や面接により児童生徒理解を行うこと。
・学年の教師，教科担任，部活動等の顧問教師，養護教諭などによるものを含めて，広い視野から児童生徒理解を行うこと。
・思春期にあって生活環境の急激な変化を受けている児童生徒一人一人の不安や悩みに目を向け，児童生徒の内面に対する共感的理解をもって児童生徒理解を深めること。
・教師と児童生徒との信頼関係をもとに，児童生徒の自己開示も高まり，教師の児童生徒理解も一層深まっていくこと。

2 ┃ 児童生徒理解を深める目標設定シートの活用

　児童生徒理解を深める機会は，あらゆる場面が対象になりますが，基本的な方法としては，観察，面談（相談），質問紙，日常的な会話などがあります。ここでは，シートを活用して行う面談方法について紹介します。たとえば，第4章で取り上げたような目標設定シートからは，児童生徒理解につながる情報を得ることができます。児童生徒に目標を記述させて終わりとせずに，目標内容について面談をする機会を設定し，それを面談の資料にすると，児童生徒の目標内容に含まれる意味の把握を通して児童生徒理解を深めることができます。また，目標に対する意外な理由や予想以上に児童生徒が重点を置いている価値内容を知るなど，あらたな情報を得ることができるものです。

（1）目標設定シートと面談シナリオ

　再掲になりますが，資料6-1は，第4章で紹介した部活動（陸上競技）の地区大会に向けた中学生の目標設定シートです。顧問教員として，あるいは担任教員として，当該生徒に対して，その目標内容について面談をするとします。そこで，面談のシナリオを書くとします。ゴールの設定（面談が終了した段階の理想の到達像）や主となる質問を設定しておくとシナリオは書きやすくなります。

　大まかであっても，開始から終了までのシナリオのイメージを立てておくことが大切です。それに向けては，次の①から④の内容は重要なポイントになります。

① 面談が終了した段階で，当該児童生徒がどのようになっていることを目指すか。
② ①に向けて，留意点は何か。また，面談において発言してはいけないことは何か。
③ 面談における「ポイントとなる質問」と「その順番」をどうするか。
④ ①に向けて，最初に何を発言して始めるか。次に何を発言するか。面談において，中心，あるいは山場となるのは，どのような内容についてやりとりしているときか。

設定者・記入者名	中学生Aさん
記入日	201x 年　4月○○日
対　象	（部活動，陸上競技，地区大会）

		有形的	
目標の明確化	自分以外	⑦ 祖父母が，私の競技をみて笑顔が増えるようにする。 ⑧ 同種目に取り組む後輩のBさんが，自己ベスト記録（15秒4以上）を出させるように支援する。 ⑨ チームの県大会出場者数が，前年度の24名を上回るようにする。	① 私は，100m ハードル走で14秒4のタイムで優勝する。 ② 私は，100m ハードル走の専門的知識を収集・勉強して，自分で練習計画を作成できるようにする。 ③ 私は，4×100m リレー走で第2走者を担い49秒9の大会新記録で優勝する。
		⑩ 家族や応援してくださる方々が，取り組みや競技をみて感心するようにする。 ⑪ 後輩が，「努力は報われる」「やればできる」と感じるようにする。 ⑫ 校内の他の部活動の生徒が，陸上競技部の取り組みを理想にしたいと思うようにする。	④ 私は，陰ながら練習できる自主性を高める。 ⑤ 私は，練習日誌を毎日丁寧に書く粘り強さを身に付ける。 ⑥ 私は，部活動での学びを学校生活につなげようとする考え方と態度を定着させる。　自分
		無形的	
目標の文章化	重点目標の具体化 　私は，陰ながら練習できる自主性を高め，100m ハードル走で14秒4のタイムで優勝し（5月26日），チームの県大会出場者数が前年度の24名を上回るようにする（5月27日）とともに，校内の他の部活動の生徒が，陸上競技部の取り組みを理想にしたいと思うようにする。		

（2）援助のスキルを発揮し引き出す

　児童生徒理解を深め，教師と児童生徒の信頼関係の構築につながるような面談にしたいものです。実際には，児童生徒の状況や目標内容などに応じる必要はありますが，上記（1）の①から④のポイントについては，事前に想定しておきたいところです。

　①についてはどうでしょうか。面談が終了した段階で，児童生徒が「また，面談を受けてみたい」，「意欲が高まった」という状態を目指したいところです。②についてはどうでしょうか。面談ですから，援助のスキルを中心に，選択権は児童生徒にあるとする姿勢になります。もちろん，児童生徒が話しやすくなるように，「傾聴」，「承認」のスキルを活用します。そして，児童生徒の思いや願いなどを引き出す「質問」を軸にします。また，日頃から担当している児童生徒であっても，目標をみて安易に「このような意味だろう」と解釈をしないことが前提になります。教員としての評価，感想，意見が先走ると，児童生徒の内にある思いや願いなどを引き出せず，児童生徒理解の深化や信頼関係の構築からは遠ざかります。

　③と④についてはどうでしょうか。第5章で紹介した質問のスキルは参考になります。

たとえば，上記の目標設定シートの内容でいえば，目標内容は複数ありますが，当該生徒にとって優先度や難易度は同一ではないと思われます。「最も大切にしたい，あるいは達成したい目標はどれですか」と質問し確認したいところです。また，「達成を目指す上で，最もむずかしいと感じている目標はどれですか」，「最もアドバイスや支援などが必要な目標と内容を教えてください」，「その理由を教えてください」など難易度や指導者のサポートが必要と考えている内容については確認が必要です。あわせて，その理由も把握し，自己分析内容や思いや価値観などを共有しておくことも大切です。

　なお，面談の導入時には，中心的な話題に入る前に別の話題から始めるようにして，面談しやすい雰囲気を整える配慮が大切です。たとえば，目標を設定した努力を評価することや，最近の学習・生活の様子ですばらしい点を取り上げ賞賛するなどが考えられます。

（3）質問に対する回答から

　当該生徒の顧問教員が，当該生徒へいくつか質問を行いました。その中で「12個の目標があります。現在，その中で最も大切にしたいと思っている内容は何ですか」と質問しました。その質問に対して意外な返答を得たということです。当該生徒が中学生としては一定以上の競技力を有していて，競技力向上にも熱心に取り組んでいたことから，顧問教員は，競技面に関する①②③を予想していました。

　しかし，「⑦です」と返答があったそうです。その返答に関連して理由を質問する中で，「幼少期には，祖父母と過ごした時間が長かったこと」，「毎回，試合の応援にきてくれていたこと」「試合で競技している様子をみて，うれしそうにしてくれていることが自分の励みになっていたこと」などの情報を得ることができたそうです。

（4）目標および面談によって得た情報に基づく動機づけ

　面談後からは，タイミングをみて「今度も，応援にきてくれそうなの」，「頑張っている様子を見てほしいね」など，顧問教員として祖父母のことを気にかけつつ声がけをするように意識しました。それを契機に，当該生徒からは，⑦以外の①から⑫に関する目標に対しても，より意欲を高めて取り組む様子がうかがえました。

　生徒によって重点を置く価値の内容や度合いは，少なからず異なります。生徒にぴったりあった働きかけの内容は，表面的には見えない場合があります。多様な価値を書き出すことが可能な目標設定の様式を活用し，そこで明確になった目標について理解を深め，その目標について共有やサポートする姿勢を教員が示すことで，生徒の意欲度が高まった事例と考えられます。

3 児童生徒理解を深める面談シートの活用

　観察，面談，質問紙，日常的な会話などを駆使し，児童生徒のニーズを把握し，それに対応しようとする意識は欠かせません。短時間で多数のニーズを把握するには，質問紙（アンケート）は有効です。また，個別のニーズを十分に把握する際には面談が必要になります。

　学校では，定期的に面談を実施しています。その際に，教育相談学や学校心理学で活用されている「学習面」，「進路面」，「心理・社会面」，「健康面」の各側面から質問を用意し把握する方法は効果的です。ここでは，上述の各側面に関する項目と追加項目で構成された面談シートを活用する実践例を紹介します。

（1）面談シート項目の実際例

　面談シートの項目例は，資料6-2 のとおりです。このシートは，「健康面」，「学習面」，

資料6-2　面談シートの項目例

	現在	今まで	体調・体力向上
健康面	心身の調子や状態，健康の保持増進に向けて気をつけていること・努力していること，など。	ケガや病気等の経験と現在の状態など。	取り組んでいること・考えていること・したいこと，など。
	力を入れている	心配・気になる・知りたい	学業成績に関する考察
学習面	力を入れている教科・内容・取り組み，など。	心配なこと・気になること・知りたいこと，など。	学業成績に関する自己分析，他者からの助言，客観的な指標との比較，など。
	仕事観	人間・社会観	現時点・当面の目標
進路面	将来○○の職業に就き，△△の役割をしてみたい，最近の仕事に関する動向や情報，重視する価値，など。	将来○○な人になりたい・△△な人にはなりたくない，○○の社会が望ましい・△△な社会になることを危惧する，など。	卒業後は○○に進みたい（現時点），それに向けて努力していること・努力したいこと・知りたいこと，など。
	対人関係・対集団関係	学校生活全般・学校外生活	基本的生活習慣
生活面（心理・社会面）	対人関係（他児童生徒・保護者・教員）や対集団関係（学級・部活動・その他）で，心配・気になる・望むこと，など。	学校生活全般や学校外生活（家庭・その他）について，心配なこと・気になること・望むこと・頑張っていること，など。	帰宅後，学校外の自己時間割（起床や就寝の時刻・時間の過ごし方や使い方・家庭での役割），ルーティン行動，など。
	現在	これから	長所・特技・興味・趣味
活力面	学校内外など範囲を限定しないで，頑張っていること・楽しいこと・充実していること・満足していること，など。	学校内外など範囲を限定しないで，これから，頑張りたいこと・楽しみなこと・充実したいこと・達成したいこと，など。	長所，特技，興味，趣味，など。

「進路面」,「生活面（心理・社会面）」に加えて,「活力面」を追加しています。児童生徒は,それぞれ活力の基盤となるものがあると思われます。それを把握し支援をすることで,他の側面も向上することが期待されるため,項目として設定しています。

（2）面談シートの解説

　「健康面」については,「現在」,「今まで」,「体調・体力向上」の質問を通して,心身の健康状況を把握します。また,そのような点について気にかけていることが児童生徒に伝わり,いたわりや温かい気持ちが共有できるようにすることも大切です。

　「学習面」については,「力を入れている」,「心配・気になる・知りたい」,「学業成績に関する考察」を通して,児童生徒の自己分析を把握し,児童生徒なりの受けとめや実感を理解したいところです。特に,手応えのある勉強方法について,児童生徒なりに具体的にできるようにすることが意欲向上には不可欠です。

　「進路面」については,「現時点での卒業後の進路目標」に関する話題に加えて,「職業・仕事・役割」,「人物・人物像・社会」などについて,社会的・職業的な自立に向けた個別的な意見交換ができる貴重な機会としたいところです。普段はうかがえない互いの考えやあらたな発見を得て,教員と児童生徒が相互に理解を深め,互いの自己開示が進むようになれば,信頼関係の構築につながることも期待できます。

　「生活面」については,自己や対人に関する心理状況が対象になるため,生徒指導上では力を入れて理解を深めたい項目です。児童生徒が話しにくい可能性があるため,取り上げる順序は5つの面の中では,基本的には後半になります。「生活面」の中でも「基本的生活習慣,帰宅後の時間活用,家庭での役割」,「学校生活・学校外生活」,「対人関係」と慎重に話を進めていくことになります。

　「活力面」については,他の4つの面の基盤になる可能性があります。個々の児童生徒に活力の基盤となっているものが存在するのではないでしょうか。その存在を脇においた対策は実効性が低くなるものです。「現在」「これから」「長所・特技・興味・趣味」の質問を通して,児童生徒の活力源を把握し,それを共有し,支援する姿勢が伝わるようにします。活力源を踏まえ,他の4つの面を支援する視点が大切です。

（3）実　施　方　法

　面談の際には,資料6-2の面談シート様式を加工することや,その項目を活用するなどして記入シートを作成し,児童生徒にあらかじめシート記入させ,そのシートを基に面談する方法があります。また,事前に面談シートに記入させることをせずに,教員が面談シート項目に基づき,児童生徒とやりとりしながら進めていく方法もあります。

　やりとりする内容の順番は,当該児童生徒の状況に応じて選択することになります。特に,大きな課題を抱えていない場合には,「健康面」から入り,面談シートの縦の項目順に進めていくのが基本的といえます。また,最初に「活力面」を取り上げ,前向きになり

やすい話題から入る方が効果的な場合もあります。すべての項目を活用することが時間の都合上難しい場合には，項目を選択するようにして実施する場合もあります。

【引用・参考文献】

石隈利紀・田村節子　2003　石隈・田村援助シートによるチーム援助入門——学校心理学・実践編——　図書文化社

吉田浩之　2009　部活動と生徒指導　学事出版

吉田浩之　2016　運動部活動の指導を振り返る複眼的な視点　運動部活動の理論と実践　友添秀則編　大修館書店　200-207

吉田浩之　2017　部活動における生徒理解の方法——目標設定の機会を通して——　月刊生徒指導　第47巻第7号，34-37

文部科学省　2018　小学校学習指導要領（平成29年告示）解説総則編　東洋館出版社

文部科学省　2018　中学校学習指導要領（平成29年告示）解説総則編　東山書房

文部科学省　2019　高等学校学習指導要領（平成30年告示）解説総則編　東洋館出版社

不 登 校

> 「教育機会確保法」は，不登校に関する初めての法律で，2016年12月に公布され，2017年2月に完全施行されました。これまでの不登校児童生徒への支援の在り方が大きく変わる規定がみられます。また，「教育機会確保法」に関連する基本方針や通知などが示され，それらの内容は学習指導要領にも反映されています。
> 　本章では，「教育機会確保法」及び関連する通知などを通して，近年の動向を理解しながら今日的な不登校支援の在り方について考えます。

1 　不登校児童生徒の支援に関する近年の動向

　不登校に関する初めての法律である「義務教育の段階における普通教育に相当する教育の機会の確保等に関する法律」（以下，教育機会確保法）が2016年12月に成立し，2017年2月に完全施行されました。教育機会確保法施行後の2017年3月には，教育機会確保法の第7条に基づき，教育機会の確保等に関する施策を総合的に推進することを目的として，「義務教育の段階における普通教育に相当する教育の機会の確保等に関する基本指針」を文部科学省において策定しました。また，教育機会確保法の第13条を受け，同年3月には，「不登校児童生徒による学校以外の場での学習等に対する支援の充実について（通知）」が発出されました。

　さらに，同年3月には小学校及び中学校の学習指導要領が示され，その総則には初めて「不登校児童への配慮」（小学校）と「不登校生徒への配慮」（中学校）の項目が明記されました。同様に2018年3月には高等学校学習指導要領の総則にも初めて明記されました。2019年10月には，これまでの不登校施策に関する通知を整理しまとめた「不登校児童生徒への支援の在り方について（通知）」（以下，支援の在り方（通知））が示されました。

2 　教育機会確保法

（1）教育機会確保法の概要

　教育機会確保法は，「総則（第1条〜第6条）」，「基本指針（第7条）」，「不登校児童生徒等に対する教育機会の確保等（第8条〜第13条）」，「教育機会の確保等に関するその他の施策（第16条〜第20条）」の全20条で構成されています。ここで取り上げる内容に関連する主な条文は，表7-1のとおりです。

教育機会確保法の目的（第1条）は，教育基本法及び児童の権利に関する条約などの趣旨に則り，不登校児童生徒に対する教育機会の確保，夜間等において授業を行う学校における就学機会の提供その他の義務教育の段階における普通教育に相当する教育の機会の確保等を総合的に推進するものです。端的には，不登校の児童生徒の支援や夜間中学への就学機会の支援を進めることを目的にしています。

また，基本指針や国・地方自治体の責務など，教育機会の確保に関する基本理念（第3条）が定められています。その基本理念には，全ての児童生徒が安心して教育を受けられる学校環境の確保や，不登校の児童生徒が学校以外の場で行う「多様で適切な学習活動」の重要性を認め，不登校の児童生徒の様々な学習の実情を踏まえた支援の必要性を明記し，国や自治体は特別な教育課程を持つ「不登校特例校」や，公立の「教育支援センター」の整備に向け必要な措置を講ずるよう努めるとしています。

（2）注 目 点

「不登校児童生徒への支援」（第13条）と「不登校児童生徒の定義」（第2条）が法律で定められたのは初めてです。また，不登校児童生徒には「休養の必要性」（第13条）があることや，施策などが「児童の権利に関する条約等の教育に関する条約」に則って行うこと（第1条）なども初めて明示されました。さらに，戦後の混乱で義務教育を修了できなかった人向けに，自治体が夜間中学などで就学できるような措置をする（第14条）としています。

表 7-1 「教育機会確保法」の主な条文

第1条 （目的）
　この法律は，教育基本法（平成18年法律第120号）及び児童の権利に関する条約等の教育に関する条約の趣旨にのっとり，教育機会の確保等に関する施策に関し，基本理念を定め，並びに国及び地方公共団体の責務を明らかにするとともに，基本指針の策定その他の必要な事項を定めることにより，教育機会の確保等に関する施策を総合的に推進することを目的とする。

第2条 （定義）
　この法律において，次の各号に掲げる用語の意義は，それぞれ当該各号に定めるところによる。
（1）　学校
　学校教育法（昭和22年法律第26号）第1条に規定する小学校，中学校，義務教育学校，中等教育学校の前期課程又は特別支援学校の小学部若しくは中学部をいう。
（2）　児童生徒
　学校教育法第18条に規定する学齢児童又は学齢生徒をいう。
（3）　不登校児童生徒
　相当の期間学校を欠席する児童生徒であって，学校における集団の生活に関する心理的な負担その他の事由のために就学が困難である状況として文部科学大臣が定める状況にあると認められるものをいう。
（4）　教育機会の確保等
　不登校児童生徒に対する教育の機会の確保，夜間その他特別な時間において授業を行う学校における就学の機会の提供その他の義務教育の段階における普通教育に相当する教育の機会の確保及び当該教育を十分に受けていない者に対する支援をいう。

第3条　（基本理念）

　教育機会の確保等に関する施策は，次に掲げる事項を基本理念として行われなければならない。

（1）　全ての児童生徒が豊かな学校生活を送り，安心して教育を受けられるよう，学校における環境の確保が図られるようにすること。

（2）　不登校児童生徒が行う多様な学習活動の実情を踏まえ，個々の不登校児童生徒の状況に応じた必要な支援が行われるようにすること。

（3）　不登校児童生徒が安心して教育を十分に受けられるよう，学校における環境の整備が図られるようにすること。

（4）　義務教育の段階における普通教育に相当する教育を十分に受けていない者の意思を十分に尊重しつつ，その年齢又は国籍その他の置かれている事情にかかわりなく，その能力に応じた教育を受ける機会が確保されるようにするとともに，その者が，その教育を通じて，社会において自立的に生きる基礎を培い，豊かな人生を送ることができるよう，その教育水準の維持向上が図られるようにすること。

（5）　国，地方公共団体，教育機会の確保等に関する活動を行う民間の団体その他の関係者の相互の密接な連携の下に行われるようにすること。

第8条　（学校における取組への支援）

　国及び地方公共団体は，全ての児童生徒が豊かな学校生活を送り，安心して教育を受けられるよう，児童生徒と学校の教職員との信頼関係及び児童生徒相互の良好な関係の構築を図るための取組，児童生徒の置かれている環境その他の事情及びその意思を把握するための取組，学校生活上の困難を有する個々の児童生徒の状況に応じた支援その他の学校における取組を支援するために必要な措置を講ずるよう努めるものとする。

第13条　（学校以外の場における学習活動等を行う不登校児童生徒に対する支援）

　国及び地方公共団体は，不登校児童生徒が学校以外の場において行う多様で適切な学習活動の重要性に鑑み，個々の不登校児童生徒の休養の必要性を踏まえ，当該不登校児童生徒の状況に応じた学習活動が行われることとなるよう，当該不登校児童生徒及びその保護者（学校教育法第16条に規定する保護者をいう。）に対する必要な情報の提供，助言その他の支援を行うために必要な措置を講ずるものとする。

第14条　（就学の機会の提供等）

　地方公共団体は，学齢期を経過した者（その者の満6歳に達した日の翌日以後における最初の学年の初めから満15歳に達した日の属する学年の終わりまでの期間を経過した者をいう。次条第2項第3号において同じ。）であって学校における就学の機会が提供されなかったもののうちにその機会の提供を希望する者が多く存在することを踏まえ，夜間その他特別な時間において授業を行う学校における就学の機会の提供その他の必要な措置を講ずるものとする。

　なお，「休養の必要性」については，「休んでもよい」ということを法律が認めたということになります。不登校は誰にでも起こり得るにもかかわらず，「学校に行くのが普通の児童生徒」で「不登校になるのは特殊な児童生徒」との見方が存在します。不登校の児童生徒の中には，学校に行かなければと自分を追い込んでしまう場合もあります。児童生徒や保護者が法律を根拠に遠慮せずに休むことが認められるとともに，教員も休ませることを勧めやすく，休むことを受け入れやすくなる効果も期待できます。

　また，これまでの不登校対策は，児童生徒の学校復帰が大前提とされてきました。しかし，学びの場は学校に限ったわけではなく，不登校の児童生徒の中には，教育委員会などが設置する公的施設である教育支援センターや民間のフリースクールなどに通っている場合もみられます。「教育機会確保法」では，そのような「学校以外の場で行う多様で適切な学習活動の重要性」（第13条）を認めています。

3 不登校の定義

（1）不登校児童生徒の定義

　教育機会確保法において，法律で初めて不登校が定義されました。第2条第3項に，次のように示しています。

> 　相当の期間学校を欠席する児童生徒であって，学校における集団の生活に関する心理的な負担その他の事由のために<u>就学が困難である状況</u>として<u>文部科学大臣が定める状況</u>にあると認められるものをいう。（下線は筆者による）

　上記の第2条第3項の条文に「就学が困難である状況として文部科学大臣が定める状況」とあります。それについては，2017年2月に「義務教育の段階における普通教育に相当する教育の機会の確保等に関する法律第二条第三号の就学が困難である状況を定める省令」（以下，省令）が発出されています。その省令は，次のとおりです。

> 　義務教育の段階における普通教育に相当する教育の機会の確保等に関する法律第二条第三号の学校における集団の生活に関する心理的な負担その他の事由のために<u>就学が困難である状況</u>として文部科学大臣が定める状況は，<u>何らかの心理的，情緒的，身体的若しくは社会的要因又は背景によって，児童生徒が出席しない又はすることができない状況（病気又は経済的理由による場合を除く。）</u>とする。（下線は筆者による）

　省令では<u>就学が困難である状況</u>について，「何らかの心理的，情緒的，身体的若しくは社会的要因又は背景によって，児童生徒が出席しない又はすることができない状況（病気又は経済的理由による場合を除く。）とする。」と示しています。

　上記の教育機会確保法（第2条第3項）及び省令に基づく法律上の「不登校児童生徒の定義」は，次のとおりです。

> 　相当の期間学校を欠席する児童生徒であって，何らかの心理的，情緒的，身体的若しくは社会的要因又は背景によって，児童生徒が出席しない又はすることができない状況（病気又は経済的理由による場合を除く。）にあると認められるものをいう。

　なお，文部科学省により毎年実施されている「児童生徒の問題行動・不登校等生徒指導上の諸課題に関する調査」では，不登校とは，「年度間に連続又は断続して30日以上欠席した児童生徒」で「何らかの心理的，情緒的，身体的，あるいは社会的要因・背景により，児童生徒が出席しないあるいはすることができない状況にある者（ただし，「病気」や「経済的理由」による者を除く。）をいう。」としています。

　教育機会確保法の第2条第3号では，不登校児童生徒について「相当の期間学校を欠席する児童生徒」と規定しています。「相当の期間」とされていますが，法律上は具体的な数値を示していません。一方，文部科学省調査では，「年度間に連続又は断続して30日以上欠席」としています。学校では，不登校とみる期間については，年度間に連続又は断続

して30日以上の欠席を不登校にカウントしています。

（2）「登校拒否」，「学校ぎらい」から「不登校」へ

1975年頃から増加した長期欠席については，「登校拒否」と呼ばれていた時期があり，児童生徒自身の不適応，家族内の人間関係，社会の変化に起因する病理現象とみられていました。1994年3月，「登校拒否（不登校）問題について——児童生徒の「心の居場所」づくりを目指して——」（学校不適応対策調査研究協力者会議報告書）の「登校拒否問題に対応する上での基本的な視点」において「登校拒否は誰にでも起こり得るものであるという視点に立ってこの問題をとらえていく必要があること」が示され，また，特定の児童生徒にみられる病理的な現象ではないとの見解が示されました。

なお，本報告書においては，不登校について「何らかの心理的，情緒的，身体的，あるいは社会的要因・背景により，児童生徒が登校しないあるいはしたくともできない状況にあること（ただし，病気や経済的な理由によるものを除く）をいう。」と示しています。その内容は現在にもつながっています。

その後，広く学校に行けない，あるいは，行かない状態を指すものとして「不登校」という用語が一般化してきました。学校基本調査では，年度内に30日以上欠席した児童生徒を長期欠席者として，その欠席理由を「病気」，「経済的理由」，「学校ぎらい」，「その他」に区分して調査していましたが，1998年度から，上記区分のうち「学校ぎらい」を「不登校」に名称変更し，現在に至っています。なお，「学校ぎらい」は1966年度から1997年度までの学校基本調査で使用されていました。

4 　不登校の現状

文部科学省による不登校調査は，2015年度までは「児童生徒の問題行動等生徒指導上の諸問題に関する調査」，2016年度からは「児童生徒の問題行動・不登校等生徒指導上の諸課題に関する調査」において行われています。また，小・中学校に加えて，国・公・私立高等学校の調査は2004年度から始まりました。小・中・高等学校を対象に調査が始まった2004年度以降の不登校児童生徒数の推移は，図7-1のとおりです。

2013年度から小・中学校は前年度に比べて連続して増加し，2019年度は過去最多になっています。2019年度をみると，1,000人当たりの不登校児童生徒数は，小学校8.3人（前年度7.0人），中学校39.4人（前年度36.5人）で，1,000人当たりの不登校児童生徒数は不登校の名称で調査を示した1998度以降，小・中学校ともに最多となっています。不登校児童生徒の割合をみると，2013年度は小学校276人に1人，中学校37人に1人でしたが，2019年度は小学校120人（前年度144人）に1人，中学校25人（前年度27人）に1人となっています。

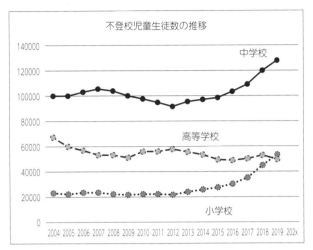

	2004	2005	2006	2007	2008	2009	2010	2011
小学校	23,318	22,709	23,825	23,927	22,652	22,327	22,463	22,622
中学校	100,040	99,578	103,069	105,328	104,153	100,105	97,428	94,836
高等学校	67,500	59,680	57,544	53,041	53,024	51,728	55,776	56,361
	2012	2013	2014	2015	2016	2017	2018	2019
小学校	21,243	24,175	25,864	27,583	30,448	35,032	44,841	53,350
中学校	91,446	95,442	97,033	98,408	103,235	108,999	119,687	127,922
高等学校	57,664	55,655	53,156	49,563	48,565	49,643	52,723	50,100

図 7-1　不登校児童生徒数の推移

　また，高等学校における不登校生徒数は，2019 年度をみると，50,100 人（前年度 52,723）で，1,000 人当たりの不登校生徒数は，15.8 人（前年度 16.3 人）となっています。

 ## 5 ｜ 不登校児童生徒への配慮

　今回の学習指導要領に初めて，「不登校児童への配慮」（小学校）及び「不登校生徒への配慮」（中学校・高等学校）についての規定が設けられました。たとえば，小学校学習指導要領（第 1 章第 4 の 2 の（3）不登校児童への配慮）において，次のように示しています。なお，中学校及び高等学校の学習指導要領も同様の内容です。

> ア　不登校児童については，保護者や関係機関と連携を図り，心理や福祉の専門家の助言又は援助を得ながら，社会的自立を目指す観点から，個々の児童の実態に応じた情報の提供その他の必要な支援を行うものとする。
> イ　相当の期間小学校を欠席し引き続き欠席すると認められる児童を対象として，文部科学大臣が認める特別の教育課程を編成する場合には，児童の実態に配慮した教育課程を編成するとともに，個別学習やグループ別学習など指導方法や指導体制の工夫改善に努めるものとする。

　また，小学校学習指導要領解説・総則編（第 2 章第 4 節の 2 の（3）不登校児童への配慮）に

おいて，「個々の児童の実態に応じた支援について」と「不登校児童の実態に配慮した教育課程の編成について」の２つの項目を設けて解説を示しています。なお，前者については，中学校及び高等学校学習指導要領も同様の内容が記載されています。後者については，教育課程編成に関わるため，小・中学校と高等学校で基づく法律・条文などをそれぞれ示していますが，学校に求められる内容については同様となっています。その２つの項目の要点は，次の（１）と（２）のとおりです。

（１）「個々の児童生徒の実態に応じた支援について」の要点

「個々の児童生徒の実態に応じた支援について」では，２つの項目を設けています。「不登校に対する見方や姿勢等」と「不登校児童生徒への支援」です。それらの記載内容の要点を整理すると，表7-2のとおりです。

表 7-2 「個々の児童生徒の実態に応じた支援について」の要点

不登校に対する見方や姿勢等
① 不登校は，取り巻く環境によっては，どの児童生徒にも起こり得ることとして捉える必要がある。
② 不登校とは，多様な要因・背景により，結果として不登校状態になっているということであり，その行為を「問題行動」と判断してはならない。
③ 不登校児童生徒が悪いという根強い偏見を払拭し，学校・家庭・社会が不登校児童生徒に寄り添い共感的理解と受容の姿勢をもつことが，児童生徒の自己肯定感を高めるためにも重要である。
不登校児童生徒への支援
④ 不登校児童生徒について，個々の状況に応じた必要な支援を行うことが必要である。
⑤ 登校という結果のみを目標にするのではなく，児童生徒や保護者の意思を十分に尊重しつつ，児童生徒が自らの進路を主体的に捉えて，社会的に自立することを目指す必要がある。
⑥ 不登校児童生徒への支援の際は，不登校のきっかけや継続理由，学校以外の場において行っている学習活動の状況等について，家庭訪問も含めた継続的な把握が必要である。
⑦ 不登校児童生徒の状況によっては休養が必要な場合があることを留意しつつ，学校以外の多様で適切な学習活動の重要性も踏まえ，個々の状況に応じた学習活動等が行われるよう支援することが必要である。
⑧ いじめられている児童生徒の緊急避難としての欠席が弾力的に認められてもよく，そのような場合には，その後の学習に支障がないように配慮する必要がある。
⑨ 不登校児童生徒の保護者に対し，不登校児童生徒への支援を行う機関や保護者の会などに関する情報提供及び指導要録上の出席扱いや通学定期乗車券の取扱等を周知することも重要である。
⑩ 家庭で多くの時間を過ごしている不登校児童生徒に対しては，その状況を見極め，当該児童生徒及び保護者との信頼関係を構築しつつ，必要な情報提供や助言，ICT 等を通じた支援，家庭等への訪問による支援を行うことが重要である。
⑪ 不登校児童生徒が自らの意思で登校した場合は，温かい雰囲気で迎え入れられるよう配慮するとともに，保健室，相談室や学校図書館等も活用しつつ，安心して学校生活を送ることができるような支援を行うことが重要である。
⑫ 不登校児童生徒への支援を行うためには，学級担任のみならず教育相談担当教師など他の教師がスクールカウンセラーやスクールソーシャルワーカー等の専門スタッフ等と連携・分担し学校全体で行うことが必要である。
⑬ 必要に応じ，福祉，医療及び民間の団体等の関係機関や関係者間と情報共有を行うほか，学校間の引継ぎを行うなどして継続した組織的・計画的な支援を行うことが重要であり，その際，学校は，当該児童生徒や保護者と話し合うなどして「児童生徒理解・教育支援シート」等を作成することが望ましい。

①　支援の目標と休養の必要性

　表7-2の⑤では支援の目標を示しています。また，⑦では休養の必要性を示しています。2019年10月の「支援の在り方（通知）」では，不登校児童生徒への支援は，「学校に登校する」という結果のみを目標にするのではなく，児童生徒が自らの進路を主体的に捉えて，社会的に自立することを目指す必要があることを示すとともに，不登校の時期が休養や自分を見つめ直すなどの積極的な意味を持つことがあることも示しています。

　従来は，学校復帰が前提で登校の有無にこだわる姿勢や，心の問題としてのみ捉える傾向がみられました。これからの不登校児童生徒への支援に対する基本的な考え方は，広く「進路の問題」として捉えることが大切です。不登校の児童生徒一人一人の個性を生かし社会へと参加しつつ充実した人生を過ごしていくための道筋を築いていけるように，社会的な自立に向けて自らの進路を主体的に形成していくための生き方の支援が求められます。

②　不登校の理由に応じた働きかけや関わりの重要性

　表7-2の⑥では，支援にはきっかけや継続理由の把握の必要性を示しています。「支援の在り方（通知）」でも，不登校児童生徒への支援については児童生徒が不登校となった要因を的確に把握することを示し，また，不登校のきっかけや継続理由に応じて，その環境づくりのために適切な支援や働きかけを行う必要があることを示しています。

　2016年7月の「不登校児童生徒への支援に関する最終報告」（不登校に関する調査研究協力者会議）では，不登校の理由ごとに分析を示しています。そこでは，「平成18年度不登校実態調査」を取り上げて，「不登校の継続理由」から傾向分析し，「無気力型」，「遊び・非行型」，「人間関係型」，「複合型」，「その他型」の5つに類型化し，それぞれについて「不登校の継続理由」との関連が高い「不登校のきっかけ」を示しています。

　「無気力型」では，勉強が分からない，生活のリズムの乱れ，インターネットやメール，ゲームの影響をあげています。また，「遊び・非行型」では，学校のきまりなどの問題，生活リズムの乱れ，「人間関係型」では，友人との関係，クラブや部活動の友人・先輩との関係をあげています。このような「不登校の継続理由」の類型ごとの「きっかけ」の分析は，不登校の予防や対応に向けた資料にすることができます。

　さらに，「無気力型」，「遊び・非行型」，「人間関係型」の類型ごとに支援の在り方についても示しています。「無気力型」には，達成感や充実感を繰り返し味わうことで自己有用感・自己肯定感を高めることが登校につながるとしています。「遊び・非行型」には，決まり事を守らせる毅然とした教育的な指導を行うことや，規則的な生活リズムを身に付けさせること，学ぶことに興味を持たせることが登校につながり，また，「人間関係型」には，きっかけとなった人間関係のトラブルを解消することが登校につながるとしています。

　一方，不登校の実態について考える際の背景として，ネグレクトなどの児童虐待や子供の貧困との関連についても指摘しています。虐待は，大きく「身体的虐待」，「性的虐待」，「ネグレクト」，「心理的虐待」に分けられますが，ネグレクトには保護者が学校に行かせ

ないなど，児童生徒の登校を困難にする事例も含まれます。虐待は，児童生徒の心身の成長に重大な影響を及ぼすものであり，人間関係を構築できない，学校における問題行動を助長するなどの要因になることが懸念されるため，一人一人の子供が抱える様々な課題を適切に把握し，きめ細かく支援していく必要があることを指摘しています。

③　欠席と出席扱い

　表7-2の⑧⑨では，欠席と出席扱いを示しています。「教育機会確保法」の第13条で，「不登校の児童生徒が学校以外の場で行う多様で適切な学習活動の重要性」が示されたように，今後益々，不登校児童生徒の学校外における教育機会の環境が整い，学校外などでの学習活動の出席扱いは増加すると考えられます。

　「支援の在り方について（通知）」では，別記資料において2つの場合の出欠の取り扱いについて示しています。1つは「義務教育段階の不登校児童生徒が学校外の公的機関や民間施設において相談・指導を受けている場合の指導要録上の出欠の取扱い」です。もう1つは「不登校児童生徒が自宅においてICTなどを活用した学習活動を行った場合の指導要録上の出欠の取扱い」です。

　前者の出席扱い等の要件については，表7-3のとおりです。不登校児童生徒が学校外の施設において相談・指導を受けるとき，表の要件を満たすとともに，当該施設における相談・指導が不登校児童生徒の社会的な自立を目指すものであり，かつ，不登校児童生徒が現在において登校を希望しているか否かにかかわらず，不登校児童生徒が自ら登校を希望した際に，円滑な学校復帰が可能となるよう個別指導等の適切な支援を実施していると評価できる場合，校長は指導要録上出席扱いとすることができるとしています。

表 7-3　学校外の公的機関等において相談・指導の場合の出席扱い等の要件

「義務教育段階の不登校児童生徒が学校外の公的機関や民間施設において相談・指導を受けている場合の指導要録上の出欠の取扱い」
・保護者と学校との間に十分な連携・協力関係が保たれていること。
・当該施設は，教育委員会等が設置する教育支援センター等の公的機関とするが，公的機関での指導の機会が得られないあるいは公的機関に通うことが困難な場合で本人や保護者の希望もあり適切と判断される場合は，民間の相談・指導施設も考慮されてよいこと。ただし，民間施設における相談・指導が個々の児童生徒にとって適切であるかどうかについては，校長が，設置者である教育委員会と十分な連携をとって判断するものとすること。
・当該施設に通所又は入所して相談・指導を受ける場合を前提とすること。
・学校外の公的機関や民間施設における学習の計画や内容がその学校の教育課程に照らし適切と判断される場合。

　後者の出席扱い等の要件については，表7-4のとおりです。義務教育段階における不登校児童生徒が自宅においてICTなどを活用した学習活動を行うとき，当該児童生徒が在籍する学校の長は，表の要件を満たすとともに，その学習活動が，当該児童生徒が現在において登校を希望しているか否かにかかわらず，自ら登校を希望した際に，円滑な学校復帰が可能となるような学習活動であり，かつ，当該児童生徒の自立を助ける上で有効・適

切であると判断する場合に，指導要録上出席扱いとすること及びその成果を評価に反映することができるとしています。

表7-4　自宅においてＩＣＴ等を活用した学習活動の場合の出席扱い等の要件

「不登校児童生徒が自宅においてＩＣＴ等を活用した学習活動を行った場合の指導要録上の出欠の取扱い」

- ・保護者と学校との間に十分な連携・協力関係が保たれていること。
- ・ＩＣＴ等を活用した学習活動とは，ＩＣＴ（コンピュータやインターネット，遠隔教育システムなど）や郵送，ＦＡＸなどを活用して提供される学習活動であること。
- ・訪問等による対面指導が適切に行われることを前提とすること。対面指導は，当該児童生徒に対する学習支援や将来の自立に向けた支援などが定期的かつ継続的に行われるものであること。
- ・学習活動は，当該児童生徒の学習の理解の程度を踏まえた計画的な学習プログラムであること。なお，当該児童生徒に対し学習活動を行わせる主体者が民間事業者である場合には，当該児童生徒にとって適切であるかどうか判断すること。
- ・校長は，当該児童生徒に対する対面指導や学習活動の状況等について，例えば，対面指導に当たっている者から定期的な報告を受けたり，学級担任等の教職員や保護者などを含めた連絡会を実施したりするなどして，その状況を十分に把握すること。
- ・ＩＣＴ等を活用した学習活動を出席扱いとするのは，基本的に当該児童生徒が学校外の公的機関や民間施設において相談・指導を受けられないような場合に行う学習活動であること。対面指導が適切に行われていることを前提とすること。
- ・学習活動の成果を評価に反映する場合には，学校が把握した当該学習の計画や内容がその学校の教育課程に照らし適切と判断される場合であること。

④　児童生徒理解・教育支援シート

　表7-2の⑬では，関係者による継続した組織的・計画的な支援を行う際に活用する「児童生徒理解・教育支援シート」の作成を示し，「支援の在り方について（通知）」では，別添資料において「児童生徒理解・支援シートの作成と活用について」を示しています。

　「児童生徒理解・支援シート」とは，支援の必要な児童生徒一人一人の状況を的確に把握するとともに，当該児童生徒の置かれた状況を関係機関で情報共有し，組織的・計画的に支援を行うことを目的として，学級担任，対象分野の担当教員，養護教諭などの教員や，スクールカウンセラー，スクールソーシャルワーカーなどを中心に，家庭，地域及び医療や福祉，保健，労働などの関係機関との連携を図り，学校が組織的に作成するものです。「児童生徒理解・支援シート」を活用することで，支援が必要な児童生徒に関する必要な情報を集約し，支援の計画を学校内や関係機関で共通理解を図るとともに，さらに，そのシートを進学先・転学先の学校で適切に引き継ぐことによって，多角的な視野に立った支援体制を構築することが可能となります。

　シートは３種類あります。「共通シート」，「学年別シート」，「ケース会議・検討会等記録シート」です。それぞれの概要は，次のとおりです。

　「共通シート」は，支援全体を通して利用・保存される児童生徒本人の基本情報を記入するものです。そこには，本人の状態や，支援内容を検討する上で把握することが適切な家族についての情報などのほか，遅刻・早退等の不登校に至る前兆などについて記入し，

見立てを行う上で必要な情報を学校内で、または関係機関との間で共有できるようにします。

　「学年別シート」は、対象となる児童生徒の状況を随時追記し、具体的な支援の計画を記入するものです。支援機関に関する内容（支援内容や連絡先）や、細かい欠席状況、本人の学習や健康状況などを記載することで、継続的に本人の変化を把握します。また、関係機関と協議を経て決定した支援方針とその実施状況を記入することで、支援状況の変遷を一覧できるようにします。

　「ケース会議・検討会等記録シート」は、本人・保護者・関係機関の支援に関連する協議の結果について、実施の度に記入し、加筆するものです。本人の状況や希望する支援内容、保護者の希望について、記入し、加筆します。本人や保護者の思いを可能な限りそのまま記録し残すことを基本として、漠然とした希望や要望についても丁寧に拾い上げて、支援内容を導き出すことが重要です。

　「支援の在り方について（通知）」で示す「児童生徒理解・支援シート」の種類の中から、具体的な支援内容や協議内容を記述する「学年別Bシート」と「ケース会議・検討会等記録シート」の参考例を示します。資料7-1と資料7-2のとおりです。なお、「児童生徒理解・支援シート」は、条例や各種規程などに基づいて適切に保存されるものですが、出席の状況など指導要録の記載内容と重なる部分もあることから、指導要録の保存期間に合わせて、5年間保存されることが文書管理上望ましいとしています。

（2）「不登校児童生徒の実態に配慮した教育課程の編成について」の要点

　学習指導要領解説・総則編の「不登校児童生徒の実態に配慮した教育課程の編成について」の要点を整理すると、表7-5のとおりです。

表7-5　「不登校児童生徒の実態に配慮した教育課程の編成について」の要点

① 相当の期間学校を欠席し、引き続き欠席すると認められる等の児童生徒を対象として、その実態に配慮した特別の教育課程を編成して教育を実施する必要があると文部科学大臣が認める場合には、小・中学校と高等学校でそれぞれに定められた法律の規定に基づき、その実態に配慮した特別の教育課程を編成して教育を実施することになる。

② 特別の教育課程においても、憲法、教育基本法の理念を踏まえ、学校教育法に定める学校教育の目標の達成に努める必要がある。

③ 特別の教育課程を実施する際は、不登校児童生徒の状況に配慮し、例えば、不登校児童生徒の学習状況に合わせた個別学習、グループ別学習、家庭訪問や保護者への支援等個々の児童の実態に即した支援、学校外の学習プログラムの積極的な活用など指導方法や指導体制の工夫改善に努めることが求められる。

資料 7-1　児童生徒理解・支援シート（学年別 Bシート）

担任名（ふりがな）		管理職名	
作成年月日		作成者名	
追記年月日（追記者名）			

○児童生徒名等

名前（ふりがな）（　　　　　　　　　）	性別	学校名	学年	学級

○本人・保護者の状況・希望

	現在の状況	将来の希望（進路を含む）
本人		
保護者		

○本学年の目標

○各学期の個別の支援計画

		目標	支援内容	経過・評価
1学期	学校			
	関係機関			
2学期	学校			
	関係機関			
3学期	学校			
	関係機関			

資料 7-2　児童生徒理解・支援シート（協議シート）

記録者名			令和　　年　　月　　日
学年	学級	名前	参加者・機関名

○本人の意向

○保護者の意向

○関係機関からの情報

○支援状況

目標			
	機関・分掌名	短期目標　○／○○	経過・評価　○／○○
役割分担			

○確認・同意事項

○特記事項

6 学齢を経過した者への配慮

　中学校夜間学級（以下，夜間中学）は，戦後の混乱期の中で，生活困窮などの理由により昼間に就労または家事手伝いなどを余儀なくされた学齢生徒が多くいたことから，それらの生徒に義務教育の機会を提供することを目的として，昭和20年代初頭に中学校に付設された学級です。端的には，夜間中学とは，市町村が設置する中学校において，夜の時間帯に授業が行われる公立中学校の夜間学級のことをいいます。2021年4月時点で，全国に36校が設置されています。

　教育機会確保法の第14条に，夜間中学に通う方などへの支援に関する規定を示し，また，中学校学習指導要領（第1章第4の2の（4）学齢を経過した者への配慮ア，イ）には，次のように示しています。

ア　夜間その他の特別の時間に授業を行う課程において学齢を経過した者を対象として特別の教育課程を編成する場合には，学齢を経過した者の年齢，経験又は勤労状況その他の実情を踏まえ，中学校教育の目的及び目標並びに第2章以下に示す各教科等の目標に照らして，中学校教育を通じて育成を目指す資質・能力を身に付けることができるようにするものとする。
イ　学齢を経過した者を教育する場合には，個別学習やグループ別学習など指導方法や指導体制の工夫改善に努めるものとする。

　教育機会確保法が成立し，学齢期を経過した者であって小中学校等における就学の機会が提供されなかった者のうちに，就学機会の提供を希望する者が多く存在することを踏まえ，すべての地方公共団体に，夜間中学における就学機会の提供等の措置を講ずることが義務付けられました。夜間中学には，義務教育未修了者に加えて，本国において義務教育を修了していない外国籍の者や不登校など様々な事情から実質的に十分な教育を受けられないまま学校の配慮などにより卒業した者で，中学校で学び直すことを希望する者，そして不登校となっている学齢生徒の受入れが可能です。このように，夜間中学には，義務教育を受ける機会を実質的に保障するための様々な役割が期待されています。

7 不登校児童生徒への支援の在り方
（学校等の取組の充実）

　「支援の在り方について（通知）」は，これまでの不登校施策に関する通知をあらためて整理しまとめたものであり，その中の「学校等の取組の充実」は，今後，学校に求められる取り組みについて示しています。その要点を整理すると表7-6のとおりです。不登校児童生徒への支援の基本的方向や取り組み内容を端的に確認する資料として活用できます。

表 7-6　不登校児童生徒への支援の在り方（学校等の取組の充実）の要点

1．不登校児童生徒への支援の視点

・不登校児童生徒への支援は，「学校に登校する」という結果のみを目標にするのではなく，児童生徒が自らの進路を主体的に捉えて，社会的に自立することを目指す必要があること。
・児童生徒によっては，不登校の時期が休養や自分を見つめ直す等の積極的な意味を持つことがある。一方で，学業の遅れや進路選択上の不利益や社会的自立へのリスクが存在することに留意すること。

2．「児童生徒理解・支援シート」を活用した組織的・計画的支援

・不登校児童生徒への効果的な支援については，学校及び教育支援センターなどの関係機関を中心として組織的・計画的に実施することが重要であり，また，個々の児童生徒ごとに不登校になったきっかけや継続理由を的確に把握し，その児童生徒に合った支援策を策定することが重要であること。
・児童生徒に合った支援策を策定する際，学級担任，養護教諭，スクールカウンセラー，スクールソーシャルワーカー等の学校関係者が中心となり，児童生徒や保護者と話し合うなどして，「児童生徒理解・支援シート」を作成することが望ましいこと。

3．不登校が生じないような学校づくり

・児童生徒が不登校になってからの事後的な取組に先立ち，児童生徒が不登校にならない，魅力ある学校づくりを目指すことが重要であること。
・いじめや暴力行為を許さない学校づくり，問題行動への毅然とした対応が大切であること。
・教職員による体罰や暴言等，不適切な言動や指導は許されず，教職員の不適切な言動や指導が不登校の原因となっている場合は，懲戒処分も含めた厳正な対応が必要であること。
・学業のつまずきから学校へ通うことが苦痛になる等，学業の不振が不登校のきっかけの一つとなっていることから，児童生徒が学習内容を確実に身に付けることができるよう，指導方法や指導体制を工夫改善し，個に応じた指導の充実を図ることが望まれること。
・社会総がかりで児童生徒を育んでいくため，学校，家庭及び地域等との連携・協働体制を構築することが重要であること。
・児童生徒が将来の社会的自立に向けて，主体的に生活をコントロールする力を身に付けることができるよう，学校や地域における取り組みを推進することが重要であること。

4．不登校児童生徒に対する効果的な支援の充実

・校長のリーダーシップの下，教員だけでなく，様々な専門スタッフと連携協力し，組織的な支援体制を整えることが必要であること。また，不登校児童生徒に対する適切な対応のために，各学校において中心的かつコーディネーター的な役割を果たす教員を明確に位置付けることが必要であること。
・不登校児童生徒の支援においては，予兆への対応を含めた初期段階からの組織的・計画的な支援が必要であること。
・不登校の要因や背景を的確に把握するため，学級担任の視点のみならず，スクールカウンセラー及びスクールソーシャルワーカー等によるアセスメント（見立て）が有効であること。
・相談支援体制の両輪である，スクールカウンセラー及びスクールソーシャルワーカーを効果的に活用し，学校全体の教育力の向上を図ることが重要であること。
・プライバシーに配慮しつつ，定期的に家庭訪問を実施して，児童生徒の理解に努める必要があること。また，家庭訪問を行う際は，常にその意図・目的，方法及び成果を検証し適切な家庭訪問を行う必要があること。
・家庭訪問や電話連絡を繰り返しても児童生徒の安否が確認できない等の場合は，直ちに市町村又は児童相談所への通告を行うほか，警察等に情報提供を行うなど，適切な対処が必要であること。
・不登校児童生徒が教育支援センターや民間施設等の学校外の施設において指導を受けている場合には，当該児童生徒が在籍する学校がその学習の状況等について把握することは，学習支援や進路指導を行う上で重要であること。
・学校が把握した当該学習の計画や内容がその学校の教育課程に照らし適切と判断される場合には，当該学習の評価を適切に行い指導要録に記入したり，また，評価の結果を通知表その他の方法により，児童生徒や保護者，当該施設に積極的に伝えたりすることは，児童生徒の学習意欲に応え，自立を支援する上で意義が大きいこと。

- 不登校児童生徒が登校してきた場合は，温かい雰囲気で迎え入れられるよう配慮するとともに，保健室，相談室及び学校図書館等を活用しつつ，徐々に学校生活への適応を図っていけるような指導上の工夫が重要であること。
- いじめが原因で不登校となっている場合等には，いじめを絶対に許さない毅然とした対応をとることがまずもって大切であること。また，いじめられている児童生徒の緊急避難としての欠席が弾力的に認められてもよく，そのような場合には，その後の学習に支障がないよう配慮が求められること。いじめられた児童生徒又はその保護者が希望する場合には，柔軟に学級替えや転校の措置を活用することが考えられること。
- 教員による体罰や暴言等，不適切な言動や指導が不登校の原因となっている場合は，不適切な言動や指導をめぐる問題の解決に真剣に取り組むとともに，保護者等の意向を踏まえ，十分な教育的配慮の上で学級替えを柔軟に認めるとともに，転校の相談に応じることが望まれること。
- 保護者等から学習の遅れに対する不安により，進級時の補充指導や進級や卒業の留保に関する要望がある場合には，補充指導等の実施に関して柔軟に対応するとともに，校長の責任において進級や卒業を留保するなどの措置をとるなど，適切に対応する必要があること。また，欠席日数が長期にわたる不登校児童生徒の進級や卒業に当たっては，あらかじめ保護者等の意向を確認するなどの配慮が重要であること。

5．不登校児童生徒に対する多様な教育機会の確保

- 不登校児童生徒の一人一人の状況に応じて，教育支援センター，不登校特例校，フリースクールなどの民間施設，ＩＣＴを活用した学習支援など，多様な教育機会を確保する必要があること。また，夜間中学において，本人の希望を尊重した上での受入れも可能であること。
- 義務教育段階の不登校児童生徒が学校外の公的機関や民間施設において，指導・助言等を受けている場合の指導要録上の出席扱い及び義務教育段階の不登校児童生徒が自宅においてＩＣＴ等を活用した学習活動を行った場合の指導要録上の出席扱い，また高等学校における不登校生徒が学校外の公的機関や民間施設において，指導・助言等を受けている場合の指導要録上の出席扱い，各通知によるものとすること。

6．中学校等卒業後の支援

- 高等学校で学ぶ意欲や能力を有する不登校生徒について，これを適切に評価することが望まれること。
- 国の実施する中学校卒業程度認定試験の活用について，やむを得ない事情により不登校となっている生徒が在学中に受験できるよう，不登校生徒や保護者に対して適切な情報提供を行うことが重要であること。
- 就労支援や教育的ニーズを踏まえた特色ある高等学校づくり等も含め，様々な取り組みや工夫が行われることが重要であること。
- 中学校時に不登校であり，中学校卒業後に進学も就労もしていない者，高等学校へ進学したものの学校に通えない者，中途退学した者等に対しては，多様な進学や職業訓練等の機会等について相談できる窓口や社会的自立を支援するための受皿が必要であること。
- 不登校等によって実質的に義務教育を十分に受けられないまま中学校等を卒業した者のうち，改めて中学校等で学び直すことを希望する者については，関連通知に基づき，一定の要件の下，夜間中学での受入れを可能とすることが適当であることから，夜間中学が設置されている地域においては，卒業時に夜間中学の意義や入学要件等について生徒及び保護者に説明しておくことが考えられること。

【引用・参考文献】

文部科学省 1994　学校不適応対策調査研究協力者会議報告（概要）「登校拒否（不登校）問題について」
　　──児童生徒の「心の居場所」づくりを目指して──

　　https://www.mext.go.jp/b_menu/shingi/chukyo/chukyo3/siryo/06042105/001/001.htm

国立教育政策研究所生徒指導研究センター　2009　生徒指導資料第１集（改訂版）──生徒指導上の諸問

題の推移とこれからの生徒指導──データに見る生徒指導の課題と展望　ぎょうせい

文部科学省 2016　義務教育の段階における普通教育に相当する教育の機会の確保等に関する法律の公布について（通知）

　　https://www.mext.go.jp/a_menu/ shotou/seitoshidou/1380952.htm

文部科学省 2016　別添 3　義務教育の段階における普通教育に相当する教育の機会の確保等に関する法律（平成 28 年法律第 105 号）

　　https://www.mext.go.jp/a_menu/shotou/seitoshidou/1380960.htm

不登校に関する調査研究協力者会議　2016　不登校児童生徒への支援に関する最終報告～一人一人の多様な課題に対応した切れ目のない組織的な支援の推進～

　　https://www.mext.go.jp/component/b_menu/shingi/toushin/__icsFiles/afieldfile/2016/08/01/1374856_2.pdf

文部科学省　2017　別添　義務教育の段階における普通教育に相当する教育の機会の確保等に関する法律第二条第三号の就学が困難である状況を定める省令

　　https://www.mext.go.jp/a_menu/shotou/seitoshidou/__icsFiles/afieldfile/2017/04/24/1384619_1.pdf

文部科学省　2017　義務教育の段階における普通教育に相当する教育の機会の確保等に関する基本指針

　　https://www.mext.go.jp/a_menu/shotou/seitoshidou/__icsFiles/afieldfile/2017/04/17/1384371_1.pdf

文部科学省　2017　不登校児童生徒による学校以外の場での学習等に対する支援の充実について（通知）

　　https://www.mext.go.jp/b_menu/shingi/chousa/shotou/107/houkoku/attach/1388331.htm

山田哲也　2017　不登校問題と子どもの居場所　古賀正義・山田哲也編　現代社会の児童生徒指導　一般財団法人　放送大学教育振興会　113-134

文部科学省　2018　小学校学習指導要領（平成 29 年告示）　東洋館出版社

文部科学省　2018　中学校学習指導要領（平成 29 年告示）　東山書房

文部科学省　2018　高等学校学習指導要領（平成 30 年告示）　東山書房

文部科学省　2018　小学校学習指導要領（平成 29 年告示）解説総則編　東洋館出版社

文部科学省　2018　中学校学習指導要領（平成 29 年告示）解説総則編　東山書房

文部科学省　2019　高等学校学習指導要領（平成 30 年告示）解説総則編　東洋館出版社

文部科学省　2019　不登校児童生徒への支援の在り方について（通知）

　　https://www.mext.go.jp/a_menu/shotou/seitoshidou/1422155.htm

文部科学省　2019　夜間中学の設置促進・充実について

　　https://www.mext.go.jp/a_menu/shotou/yakan/index.htm

文部科学省　2020　令和元年度 児童生徒の問題行動・不登校等生徒指導上の諸課題に関する調査結果について

　　https://www.mext.go.jp/content/20201015-mext_jidou02-100002753_01.pdf

Chapter 8

いじめの理解
——法律，通知，調査に基づく最新動向——

いじめは，それを受けた児童生徒の心身の健全な成長及び人格形成に重大な影響を与えるのみならず，その生命または身体に重大な危険を生じさせるおそれがあります。いじめ問題への対応は学校における最重要課題のひとつであり，一人の教職員が抱え込むのではなく，学校が一丸となって組織的に対応する必要があります。また，事案によっては他機関との連携が求められます。2013年にいじめ防止対策推進法が制定・施行されましたが，その後もいじめの認知件数は増加し，重大な事案は発生し続けています。

本章では，文部科学省の資料からいじめの現状と課題を取り上げます。また，関連する法律や通知などに基づき，学校や教職員に求められるいじめの正確な認知の在り方について理解を深めます。

1 いじめの定義といじめの認知

（1）児童生徒間の事例

次の①と②は，授業中と遊びにおける児童生徒間の事例です。それらは，いじめに該当するでしょうか。

① 授業中に先生に指されたが答えられないAさんにBさんが「こんな問題も分からないの」と言った。Aさんは，ショックを受けて下を向いてしまった。
② CさんはDさんから滑り台の順番を抜かされて悲しい顔をしていることが度々あった。

上記の2つの事例は，文部科学省（2016c）の事例資料から引用しています。結論としては，①のAさんと②のCさんへの行為がいじめに該当すると示しています。「その程度のことで？」，「ささいなことで，よくあることでは？」，「社会通念上，いじめとはいえないのでは？」など，疑問を抱くかもしれません。

ある基準に則ると，いじめに該当します。それは，2013年6月に制定された「いじめ防止対策推進法」（以下，法）です。法は，児童生徒間のいじめを対象とするいじめに特化した法律です。学校においていじめ問題に取り組む場合には，まずは，法に則ることを意識する必要があります。

（2）法のいじめの定義

法第2条に，いじめの定義について次の条文を示しています。なお，条文中の「児童等」とは，学校に在籍する児童または生徒をいいます。

この法律において「いじめ」とは，児童等に対して，当該児童等が在籍する学校に在籍している等当該児童等と一定の人的関係にある他の児童等が行う心理的又は物理的な影響を与える行為（インターネットを通じて行われるものを含む。）であって，当該行為の対象となった児童等が心身の苦痛を感じているものをいう。

かつての文部科学省調査によるいじめの定義には「自分よりも弱い者に対して一方的に」「継続的に」「深刻な苦痛」などの要素が含まれていた時期があります。しかし，法の定義には，それらの要素が含まれていないことに留意する必要があります。

（3）いじめの定義の4つの要素

いじめの定義では，次の①から④の4つの要素（要件）を示しています。

① 行為をした者も行為の対象となった者も児童生徒であること

法では児童生徒間でのいじめを対象にします。たとえば，大学生同士や大人から児童生徒へのいじめについては，法の対象外です。その場合に法律を適用するとすれば，別法律（内容に応じた刑法など）になります。

② 当該児童生徒の間に一定の人的関係が存在すること

「一定の人的関係」とは，学校の内外を問わず，同じ学校・学級や部活動の児童生徒，塾やスポーツクラブなどの当該児童生徒が関わっている仲間や集団など，当該児童生徒との何らかの人的関係を指していて，その対象者を広く示しています。「自分よりも弱いものに対して」といった力関係の条件はありません。

③ 児童生徒が児童生徒に対して心理的または物理的な影響を与える行為をしたこと

「影響を与える行為」と行為の範囲を広く示しています。「継続的」，「攻撃的」，「陰湿な」，「集団で」といった行為の条件はありません。「いじめの防止等のための基本的な方針」（以下，国の基本方針）には，表8-1のとおり，いじめの態様例として8つを示しています。国の基本方針は，法第11条に基づき文部科学大臣が法の内容を総合的かつ効果的に推進するために策定したものです。

表8-1 いじめの態様例

・冷やかしやからかい，悪口や脅し文句，嫌なことを言われる。
・軽くぶつかられたり，遊ぶふりをして叩かれたり，蹴られたりする。
・仲間はずれ，集団による無視をされる。
・嫌なことや恥ずかしいこと，危険なことをされたり，させられたりする。
・ひどくぶつかられたり，叩かれたり，蹴られたりする。
・金品を隠されたり，盗まれたり，壊されたり，捨てられたりする。
・パソコンや携帯電話等で，誹謗中傷や嫌なことをされる。
・金品をたかられる。

④ 当該行為の対象となった児童生徒が心身の苦痛を感じていること

いじめと判断される基準は，被害児童生徒が心身の苦痛を感じている実感に基づいて決められています。いじめをした児童生徒の主観的事情は含まれていません。「わざとでは

なく，よかれと思っての行為」（故意なく好意の行為）によって，心身の苦痛を与えてしまう場合も想定されますが，いじめられた児童生徒の主観的な立場に立って判断することが前提になります。

　なお，衆議院文部科学委員会及び参議院文教科学委員会の法に対する附帯決議において，いじめには多様な態様があることに鑑み，法の対象となるいじめに該当するか否かを判断するに当たり，「心身の苦痛を感じているもの」との要件が限定して解釈されることのないように求めています。たとえば，長期間いじめの被害を受け続け，心身の苦痛の感覚が鈍化している状況にある場合や加害者から強く脅かされていて正直に言えない場合に，被害者が苦痛を否定しているからいじめを受けていないと解釈することは，不正確で限定した解釈となります。

（4）児童生徒が「大丈夫」と答えた事例

　いじめを受けていると思われる児童生徒が「大丈夫」と答えた事例です。この事例は，いじめに該当するでしょうか。

> 　A君は，B君，C君と休み時間によく一緒に遊んでいた。最近は，教室でプロレスごっこがはやっており過激になってきていた。同じクラスの生徒が担任の先生に「B，Cはプロレスをやっている際，かなり乱暴。Aは2人にやられている。」との話があった。担任がA君に直接確認したところ「大丈夫です。」と答えたため，A君が苦痛を感じていないと判断し，いじめと認知しなかった。

　上記の事例は，文部科学省（2016c）の事例資料から引用しています。本事案について，A君本人が「大丈夫」，「苦痛を感じていない」と発言したとしても，それをもって，いじめではないと判断することは適切ではありません。上記（3）④の「附帯決議」で示す「心身の苦痛を感じているもの」との要件が限定して解釈されないことを踏まえる必要があります。周囲の生徒からの情報を収集し，あわせてB君及びC君とA君との言動のやりとりの事実内容，さらに普段の関係性などについて当事者を含めて正確に聞き取り，客観的にいじめか否かの判断を行うことになります。

　A君本人が「大丈夫」と発言し，B君とC君が「ふざけ合い」と述べたとしても，プロレス遊びの中で過激でかなり乱暴にB君とC君からA君がやられている状況がよくみられ，日ごろから不適切な力関係や人間関係がみられるようであれば，いじめと判断することとになります。

（5）いじめの態様

　文部科学省（2020）の「令和元年度 児童生徒の問題行動・不登校等生徒指導上の諸課題に関する調査結果について」（以下，2019年度生徒指導調査結果）では，先の表8-1と同様にいじめの態様を8項目で整理しています。2019年度の結果は表8-2のとおりです。

　全体として「冷やかしやからかい，悪口や脅し文句，嫌なことを言われる」が最多になっています。校種別にみると，小学校と中学校で2番目に多いのは「軽くぶつかられた

り，遊ぶふりをして叩かれたり，蹴られたりする」で，高等学校では「パソコンや携帯電話等でひぼう・中傷や嫌なことをされる」となっています。

「いじめ」の中には，犯罪行為として取り扱われるべきと認められ，早期に警察に相談することが重要なものや，児童生徒の生命，心身又は財産に重大な被害が生じるような，直ちに警察に通報することが必要なものが含まれます。それらについては，教育的な配慮や被害者の意向に配慮した上で，早期に警察と連携した対応をとることが必要です。

表8-2　いじめの態様別の校種別件数

（　）は前年度

区分	合計	小学校	中学校	高等学校	特別支援学校
・冷やかしやからかい，悪口や脅し文句，嫌なことを言われる。	379,417 (341,270)	295,652 (264,102)	70,760 (64,864)	11,331 (10,871)	1,674 (1,433)
・軽くぶつかられたり，遊ぶふりをして叩かれたり，蹴られたりする。	131,232 (116,311)	114,138 (100,103)	14,615 (13,787)	1,801 (1,812)	678 (609)
・仲間はずれ，集団による無視をされる。	83,671 (74,190)	67,220 (59,068)	13,256 (12,200)	2,971 (2,755)	224 (167)
・嫌なことや恥ずかしいこと，危険なことをされたり，させられたりする。	50,129 (42,172)	40,810 (34,243)	7,823 (6,643)	1,237 (1,090)	259 (196)
・ひどくぶつかられたり，叩かれたり，蹴られたりする。	33,120 (30,023)	27,488 (24,713)	4,764 (4,422)	655 (719)	213 (169)
・金品を隠されたり，盗まれたり，壊されたり，捨てられたりする。	33,965 (29,939)	27,314 (23,438)	5,549 (5,476)	964 (891)	138 (134)
・パソコンや携帯電話等で，ひぼう・中傷や嫌なことをされる。	17,924 (16,334)	5,608 (4,606)	8,629 (8,128)	3,437 (3,387)	250 (213)
・金品をたかられる。	6,160 (5,700)	4,455 (4,285)	1,154 (1,012)	480 (360)	71 (43)
・その他	26,591 (23,222)	22,112 (18,801)	3,326 (3,214)	947 (978)	206 (229)

（6）いじめの追跡調査の結果

　国立教育政策研究所（2016）のいじめ追跡調査の結果によれば，暴力を伴わないいじめ（仲間はずれ・無視・陰口）について，小学校4年生から中学校3年生までの6年間で，被害経験をまったく持たなかった児童生徒は1割程度，加害経験をまったく持たなかった児童生徒も1割程度であるとし，多くの児童生徒が入れ替わり被害や加害を経験していると指摘しています。このように，いじめは，どの子供にも，どの学校でも，起こり得るものです。とりわけ，嫌がらせやいじわるなどの「暴力を伴わないいじめ」は，多くの児童生徒が入れ替わりながら被害も加害も経験します。

また，「暴力を伴わないいじめ」であっても，何度も繰り返されたり多くの者から集中的に行われたりすることで，「暴力を伴ういじめ」とともに，生命または身体に重大な危険を生じさせ得るものです。加えて，いじめの加害・被害という二者関係だけでなく，学級や部活動などの所属集団の構造上の問題（たとえば無秩序性や閉塞性），「観衆」としてはやし立てたり面白がったりする存在や，周辺で暗黙の了解を与えている「傍観者」の存在にも注意を払い，集団全体にいじめを許容しない雰囲気が形成されるようにすることが必要です。

2 いじめ調査の定義と認知件数の変遷

（1）いじめ調査における定義の変遷

文部科学省は，1985 年から児童生徒の問題行動等の調査において，いじめ件数の調査を実施し，調査におけるいじめの定義を定め，それに基づき件数をまとめています。その定義の変遷は，表 8-3 のとおりです。

2013 年度以降は，法が制定・施行されたことを受けて，法で規定するいじめの定義に基づき調査を行っています。その現行の定義と比べると，調査開始の 1985 年度から 2005 年度のいじめの定義には，「自分より弱いものに対して一方的に」，「攻撃を継続的に加え」，「相手が深刻な苦痛を感じているもの」などの条件がみられます。

2006 年度から 2012 年度は，いじめの対象になる児童生徒間の立場について，それまでの「自分より弱い者に対して一方的に」という条件から「一定の人間関係にある者」となり，また，「相手が深刻な苦痛を感じているもの」という条件から「精神的な苦痛を感じているもの」となりました。さらに，学校（教員）からみていじめの発生の事実を確認し報告する発生件数としていたものを，いじめられた児童生徒の認知に基づきいじめを把握し報告する認知件数に変更された点に注目する必要があります。

（2）いじめの認知件数の推移

1985 年度から調査が始まりましたが，いじめが認知件数として報告が始まった 2006 年度から 2019 年度の小学校，中学校，高等学校の件数は，図 8-1 のとおりです。

2015 年度以降はすべての校種で前年度に比べて増加し，とりわけ小学校で顕著になっています。また，2012 年度は前年度に比べて著しい増加がみられます。そのことに影響を与えた事案があります。それは，2011 年 10 月，滋賀県大津市のマンションで同市立中学 2 年生が飛び降り自死をした事案です。当初の学校と当該教育委員会の調査では，「金銭を強要されていた」「一方的に殴られていた」「自殺の練習をさせられていた」などについて，報告がありませんでした。しかし，その後の調査で事実が判明し，学校と当該教育委員会の対応が問題視されました。この事案は，2012 年度の件数の増加に影響を与える

表 8-3　いじめ調査の定義

期間		1985 年度から 1993 年度	1994 年度から 2005 年度	2006 年度から 2012 年度	2013 年度以降
対象校種		公立小・中・高等学校	公立小・中・高等学校, 公立特殊教育諸学校	国・公・私立小・中・高等学校, 国・公・私立特別支援学校	国・公・私立小・中・高等学校, 国・公・私立特別支援学校（高等学校に通信制度課程を含める）
定義	対象者	「いじめ」とは, ①自分より弱い者に対して一方的に,	「いじめ」とは, ①自分より弱い者に対して一方的に,	「いじめ」とは, ①当該児童生徒が, 一定の人間関係のある者から,	「いじめ」とは, ①児童生徒に対して, 当該児童生徒が在籍する学校に在籍している等当該児童生徒と一定の人的関係のある他の児童生徒が行う
	行為内容	②身体的・心理的な攻撃を継続的に加え,	②身体的・心理的な攻撃を継続的に加え,	②心理的, 物理的な攻撃を受けたことにより,	②心理的又は物理的な影響を与える行為（インターネットを通じて行われるものも含む。）であって,
	被害状況	③相手が深刻な苦痛を感じているもの	③相手が深刻な苦痛を感じているもの	③精神的な苦痛を感じているもの	③当該行為の対象となった児童生徒が心身の苦痛を感じているもの
	補足	学校としてその事実(関係児童生徒, いじめの内容等)を確認しているもの。起こった場所は学校の内外を問わない。	起こった場所は学校の内外を問わない。個々の行為がいじめに当たるか否かの判断を表面的・形式的に行うことなく, いじめられた児童生徒の立場に立って行うこと。	起こった場所は学校の内外を問わない。個々の行為が「いじめ」に当たるか否かの判断は, 表面的・形式的に行うことなく, いじめられた児童生徒の立場に立って行うものとする。	起こった場所は学校の内外を問わない。

（引用）文部科学省「いじめの問題に対する施策」「いじめの定義の変遷」をもとに作成（https://www.mext. go.jp/ component/ a_menu/education/detail/__icsFiles/afieldfile/2019/06/26/1400030_003.pdf）

とともに, 大きく取り上げられたことが契機となり, 法が制定されました。

　学年別のいじめの認知件数について法の施行前後をみると, 図 8-2 から 8-5 のとおりです。2011 年度をみると, 中学 1 年が最多で小学 6 年からみて急増し, 中学 2 年が 2 番目に多いという点は, 2011 年度までにみられる傾向です。

　法が施行された 2013 年度には, 中学 1 年は最多ですが小学校のほとんどの学年が中学 2 年より多い件数となり, 2016 年度には, 小学校の学年が中学 1 年より多い件数となりました。その傾向は, 2019 年度時点でも続いています。

	2006	2007	2008	2009	2010	2011	2012
小学校	60,897	48,896	40,807	34,766	36,909	33,124	117,384
中学校	51,310	43,505	36,795	32,111	33,323	30,749	63,634
高等学校	12,307	8,355	6,737	5,642	7,018	6,020	16,274
特別支援学校	384	341	309	259	380	338	817
合計	124,898	101,097	84,648	72,778	77,630	70,231	198,109
	2013	2014	2015	2016	2017	2018	2019
小学校	118,748	122,734	151,692	237,256	317,121	425,844	484,545
中学校	55,248	52,971	59,502	71,309	80,424	97,704	106,524
高等学校	11,039	11,404	12,664	12,874	14,789	17,709	18,352
特別支援学校	768	963	1,274	1,704	2,044	2,676	3,075
合計	185,803	188,072	225,132	323,143	414,378	543,933	612,496

図 8-1　いじめの認知件数の推移

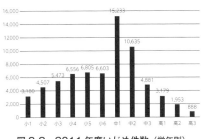

図 8-2　2011 年度いじめ件数（学年別）

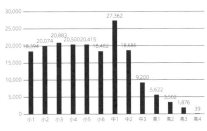

図 8-3　2013 年度いじめ件数（学年別）

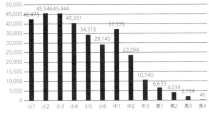

図 8-4　2016 年度いじめ件数（学年別）

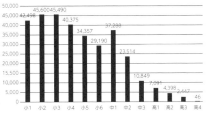

図 8-5　2019 年度いじめ件数（学年別）

3 ┃ いじめの認知をめぐる課題

（1）いじめの認知の都道府県間の差

　2016年3月に文部科学省は，「いじめの正確な認知に向けた教職員間での共通理解の形成及び新年度に向けた取組について（通知）」を発出し，その中で2014年度調査における児童生徒1,000人当たりのいじめの認知件数について，都道府県間の差が30倍を超えるなど，実態を反映したものとは言い難い状況であると指摘しています。そして，いじめを正確に漏れなく認知することは，いじめへの対応の第一歩であり，いじめの認知と対応が適切に行われなかったために，重大な結果を招いた事案がいまだに発生していることを真摯に受け止める必要性を示しています。

　2013年度の1,000人当たりのいじめの認知件数の上位と下位の都道府県の差は83.2倍で，2014年度以降については，2014年度30.5倍，2015年度20.4倍，2018年度10.4倍，2019年度8.9倍となっており，縮小傾向がみられるものの，依然として差は大きい状況にあります。なお，上記の通知において，いじめの認知に関する文部科学省の考え方として，いじめの認知件数が多いことは教職員の目が行き届いていることのあかしとして，次の内容を示しています。

> 　法律上のいじめに該当する事象は，成長過程にある児童生徒が集団で学校生活を送る上でどうしても発生するものであると考えています。ですから，文部科学省は，いじめの認知件数が多い学校について，教職員の目が行き届いていることのあかしであると考えています。正確に認知し，しっかりと対応していくことが大切だと考えています。反対に，いじめの認知がなかったり，いじめの認知件数が極めて少なかったりする学校は，いじめを見逃していないかと心配しています。いじめの認知件数が増えても保護者や地域の方々が不安に思わないよう，普段から「積極的に認知し（件数は増える），早期対応を行っている」ことを丁寧に伝えてください。

　このように，法施行後，法で示すいじめの定義に基づくいじめの認知に課題がみられます。それに向けては，いじめの定義を正確に理解し，それに基づきいじめを漏れなく認知することが第一歩であるとして，その徹底を通知などで促しています。その中で，いじめの認知件数が多い学校について，教職員の目が行き届いていることのあかしであるとする一方で，いじめの認知がなかったりいじめの認知件数が極めて少なかったりする学校には，いじめ認知への努力を強く求めています。

（2）総務省による文部科学省への改善勧告

　2018年3月，総務省行政評価局は「いじめ防止対策の推進に関する調査結果に基づく勧告」において，2016年度におけるいじめの認知件数の都道府県間の差は最大で約19倍あり，実態を正確に反映したものとは言い難い状況がみられるため，関係機関によるいじめの防止等の取り組み実態を明らかにし，いじめ防止対策を推進する観点から，いじめの早期発見・対処の取り組み状況，いじめの重大事態の再発防止等の取り組み状況を調査し

た結果を示しました。そこでは，抽出校の24％が法律の定義よりも狭く解釈し，いじめの定義として「継続性」，「集団性」，「一方的」，「陰湿」など，法にない独自の基準を加えていたとしています。

　そして，いじめを見逃したり深刻な事態を招いたりするおそれがあるため，総務省は文部科学省に「いじめの正確な認知に向けた取組を更に促すこと」，「法のいじめの定義を限定解釈しないことについて周知徹底すること」などの改善を勧告しました。そのことは，すなわち，いじめ問題に関する学校の喫緊の課題を示すものです。

　なお，文部科学省は，総務省の改善勧告を受けて，2018年3月，「いじめ防止対策の推進に関する調査結果に基づく勧告を踏まえた対応（通知）」を発出しています。そこでは，教育委員会や学校などに対して，次の4点を示しています。

　1点めは，いじめの認知に関する消極姿勢や認知漏れがないかを十分確認すること，2点めは，各学校においていじめの認知件数がなかった場合は，当該事実を児童生徒や保護者向けに公表し，検証を仰ぐことで，認知漏れがないか確認すること，3点めは，いじめの正確な認知に関する教職員間での共通理解を図ることです。そして4点めは，いじめの認知に当たっては，被害・加害児童生徒の力関係の差等の要素により，いじめの定義を限定して解釈しないようにすることと，いじめの定義とは別の要素（加害行為の「継続性」「集団性」など）を判断基準とすることにより，いじめとして認知しないことがないようにすることです。

4　いじめ事案に対する報道

　2015年7月，岩手県矢巾町の中学2年男子生徒が列車にはねられ死亡（自死）しました。同級生から日常的に嫌がらせを受け，砂をかけられたり殴られたり髪の毛をつかまれ顔を机に打ち付けられている姿が目撃され，担任に提出の「生活記録ノート」には，いじめの苦しみや自死をほのめかす深刻な内容が書かれていました。

　この事案に対する報道では，法の規定を基準に対応を問う内容や法の用語が随所に記されている点が，法施行前までのいじめに関する報道に比べて，顕著に変化したところです。その記事内容の抜粋は，資料8-1のとおりです。法の規定に基づく記事内容が確認できます。また，記事内容の下線に関連する主な条文は，表8-4のとおりです。いじめについては，法はもちろんのこと，国の基本方針を基準に，学校・教職員の対応が問われていることがわかります。いじめについては，それらについての内容を知り，理解を深めておくことが必須となります。

資料 8-1　矢巾中学校事案の記事内容の抜粋（毎日新聞 WEB2015 年 7 月 9 日より引用）

　岩手県矢巾町の中学 2 年の男子生徒が ₁₎いじめを苦に自殺したとみられる問題で，₂₎生徒がいじめを訴え自殺を担任教諭にほのめかしながら，₃₎学年主任や同僚教員も把握していなかったことが，町教育委員会への取材で分かった。

　2013 年施行のいじめ防止対策推進法では，₄₎いじめが確認された場合，₅₎複数の教職員による対応を求めているが，実施されていなかった可能性が高い。生徒が通っていた中学では，担任が生徒と「生活記録ノート」をやりとりし，生活状況を把握している。そこには，5 月以降，他の生徒から蹴られたり，首を絞められたりしていることをノートに記していた。

　中学は同法に基づき，₆₎「いじめ防止に関する基本方針」を作成。₇₎早期発見のため，生活ノートを活用するとしていた。さらに，いじめを発見したり，通報を受けたりした場合，校長らでつくる ₈₎「いじめ対策委員会」を開き，₉₎校長以下全教員で共通理解を持って対応することになっていた。しかし町教委によると，₁₀₎ノート内容については担任から学年主任への報告もなかった。同僚教員にも担任からいじめの可能性があると聞いた人はいないという。

　₁₁₎同法やその基本方針を教員に周知させる研修などの実施に関し，町教委は関与しておらず，各校の判断に委ねられていた。町教委学務課は「₁₂₎他の教員らと情報共有し，ステップを踏んで対応すべきだった」と話している。

（下線や数字符号は筆者による）

表 8-4　新聞記事内容に関連する条文

1) 「第 28 条：学校の設置者又はその設置する学校による対処」に関連し，重大事態への対処についての規定があります。

2) 「第 23 条：いじめに対する措置」に関連し，いじめの情報を得た場合の対処についての規定があります。

3) 「第 22 条：学校におけるいじめの防止等の対策ための組織」に関連し，いじめについての情報を得た場合に報告する組織についての規定があります。また，「第 23 条：いじめに対する措置」に関連し，いじめについての情報を得た場合の対処についての規定があります。

4) 「第 22 条：学校におけるいじめの防止等の対策のための組織」に関連し，いじめの確認や認定をする組織についての規定があります。また，「第 23 条：いじめに対する措置」に関連し，いじめへの対処についての規定があります。

5) 「第 22 条：学校におけるいじめの防止等の対策のための組織」に関連し，いじめへの対処の方針等を判断する組織についての規定があります。また，「第 23 条：いじめに対する措置」に関連し，いじめへの対処についての規定があります。

6) 「第 13 条：学校いじめ防止基本方針」に関連し，学校では国や地方の基本方針を参考に基本方針を策定する規定があります。

7) 「第 16 条：いじめの早期発見のための措置」に関連し，いじめの早期発見についての規定があります。

8) 「第 22 条：学校におけるいじめの防止等の対策のための組織」に関連し，いじめ情報を報告し，いじめ対処の方針やいじめの有無の判断等をする組織についての規定があります。

9) 「第 8 条：学校及び学校の教職員の責務」に関連し，学校及び学校の教職員は学校全体で組織的にいじめの防止・早期発見・対処に取り組む責務を有する規定があります。また，「第 22 条：学校におけるいじめの防止等の対策のための組織」に関連し，組織的にいじめに対応する常設組織についての規定があります。

10) 「第 22 条：学校におけるいじめの防止等の対策のための組織」に関連し，いじめに関するささいな情報でもその日のうちに報告する組織についての規定があります。

11) 「第 18 条：いじめの防止等のための対策に従事する人材の確保及び資質の向上」に関連し，いじめに関連する教職員の資質向上の研修について規定があり，「第 22 条：学校におけるいじめの防止等の対策のための組織」に関連し，その教職員研修を計画する組織についての規定があります。また，「第 15 条：学校におけるいじめの防止」に関連し，いじめの防止についての規定があります。

12) 「第 24 条：学校の設置者による措置」に関連し，学校からいじめの報告を受けたときに，学校の設置者による学校に対する支援や指示や調査についての規定があります。

❊ 5 法の概要

（1）法の全体と学校または教職員を対象とする主要な条文

　法は6章構成で全35条からなります。その一覧は表8-5のとおりです。なお，学校または教職員を対象とする主要な条文には，下線を引いてあります。また，下線を引いた条文の一覧は，表8-6のとおりです。

表8-5　いじめ防止対策推進法の構成（6章，全35条）

第1章　総則，基本的な理念や考え方，関係者の責務（第1条～10条）	第2章　いじめ防止基本方針等（第11条～14条）
第1条（目的），第2条（定義），<u>第3条</u>（基本理念），第4条（いじめの禁止），第5条（国の責務），第6条（地方公共団体の責務），第7条（学校の設置者の責務），<u>第8条</u>(学校及び学校の教職員の責務)，第9条(保護者の責務等)，第10条(財政上の措置等)	第11条（いじめ防止基本方針），第12条（地方いじめ防止基本方針），<u>第13条</u>（学校いじめ防止基本方針），第14条（いじめ問題対策連絡協議会）
第3章　基本的施策（第15条～21条）	第4章　いじめの防止等に関する措置（第22条～27条）
第15条（学校におけるいじめの防止），<u>第16条</u>（いじめの早期発見のための措置），第17条（関係機関等との連携等），<u>第18条</u>（いじめの防止等のための対策に従事する人材の確保及び資質の向上），<u>第19条</u>（インターネットを通じて行われるいじめに対する対策の推進），第20条（いじめの防止等のための対策の調査研究の推進等），第21条(啓発活動)	<u>第22条</u>（学校におけるいじめの防止等の対策のための組織），<u>第23条</u>（いじめに対する措置），第24条（学校の設置者による措置），<u>第25条</u>（校長及び教員による懲戒），第26条(出席停止制度の適切な運用等)，第27条(学校相互間の連携協力体制の整備)
第5章　重大事態への対処（第28条～33条）	第6章　雑則（第34条～35条）
<u>第28条</u>(学校の設置者又はその設置する学校による対処)，<u>第29条</u>（国立大学に附属して設置される学校に係る対処），<u>第30条</u>（公立の学校に係る対処），<u>第31条</u>（私立の学校に係る対処），<u>第32条</u>（学校設置会社），第33条（文部科学大臣又は都道府県の教育委員会の指導，助言及び援助）	<u>第34条</u>（学校評価における留意事項），<u>第35条</u>（高等専門学校における措置）

表8-6　学校または教職員を対象とする主要な条文

基本理念	第3条3　いじめの防止等のための対策は，いじめを受けた児童等の生命及び心身を保護することが特に重要であることを認識しつつ，国，地方公共団体，学校，地域住民，家庭その他の関係者の連携の下，いじめの問題を克服することを目指して行われなければならない。
学校及び学校の教職員の責務	第8条　<u>学校及び学校の教職員は，基本理念</u>にのっとり，当該学校に在籍する児童等の保護者，地域住民，児童相談所その他の関係者との連携を図りつつ，学校全体でいじめの防止及び早期発見に取り組むとともに，当該学校に在籍する児童等がいじめを受けていると思われるときは，適切かつ迅速にこれに対処する責務を有する。
学校いじめ防止基本方針	第13条　<u>学校は</u>，いじめ防止基本方針又は地方いじめ防止基本方針を参酌し，その学校の実情に応じ，当該学校におけるいじめの防止等のための対策に関する基本的な方針を定めるものとする。

学校における いじめの防止	第15条　学校の設置者及びその設置する<u>学校</u>は，児童等の豊かな情操と道徳心を培い，心の通う対人交流の能力の素地を養うことがいじめの防止に資することを踏まえ，全ての教育活動を通じた道徳教育及び体験活動等の充実を図らなければならない。 　2　学校の設置者及びその設置する<u>学校</u>は，当該学校におけるいじめを防止するため，当該学校に在籍する児童等の保護者，地域住民その他の関係者との連携を図りつつ，いじめの防止に資する活動であって当該学校に在籍する児童等が自主的に行うものに対する支援，当該学校に在籍する児童等及びその保護者並びに当該学校の教職員に対するいじめを防止することの重要性に関する理解を深めるための啓発その他必要な措置を講ずるものとする。
いじめの早期発見 のための措置	第16条　学校の設置者及びその設置する<u>学校</u>は，当該学校におけるいじめを早期に発見するため，当該学校に在籍する児童等に対する定期的な調査その他の必要な措置を講ずるものとする。 　3　学校の設置者及びその設置する<u>学校</u>は，当該学校に在籍する児童等及びその保護者並びに当該学校の教職員がいじめに係る相談を行うことができる体制（次項において「相談体制」という。）を整備するものとする。 　4　学校の設置者及びその設置する<u>学校</u>は，相談体制を整備するに当たっては，家庭，地域社会等との連携の下，いじめを受けた児童等の教育を受ける権利その他の権利利益が擁護されるよう配慮するものとする。
いじめの防止等の ための対策に従事 する人材の確保及 び資質の向上	第18条2　学校の設置者及びその設置する<u>学校</u>は，当該学校の教職員に対し，いじめの防止等のための対策に関する研修の実施その他のいじめの防止等のための対策に関する資質の向上に必要な措置を計画的に行わなければならない。
インターネットを 通じて行われるい じめに対する対策 の推進	第19条　学校の設置者及びその設置する<u>学校</u>は，当該学校に在籍する児童等及びその保護者が，発信された情報の高度の流通性，発信者の匿名性その他のインターネットを通じて送信される情報の特性を踏まえて，インターネットを通じて行われるいじめを防止し，及び効果的に対処することができるよう，これらの者に対し，必要な啓発活動を行うものとする。
学校におけるいじ めの防止等の対策 のための組織	第22条　<u>学校</u>は，当該学校におけるいじめの防止等に関する措置を実効的に行うため，当該学校の複数の教職員，心理，福祉等に関する専門的な知識を有する者その他の関係者により構成されるいじめの防止等の対策のための組織を置くものとする。
いじめに対する 措置	第23条　<u>学校の教職員</u>，地方公共団体の職員その他の児童等からの相談に応じる者及び児童等の保護者は，児童等からいじめに係る相談を受けた場合において，いじめの事実があると思われるときは，いじめを受けたと思われる児童等が在籍する学校への通報その他の適切な措置をとるものとする。 　2　<u>学校</u>は，前項の規定による通報を受けたときその他当該学校に在籍する児童等がいじめを受けていると思われるときは，速やかに，当該児童等に係るいじめの事実の有無の確認を行うための措置を講ずるとともに，その結果を当該学校の設置者に報告するものとする。 　3　<u>学校</u>は，前項の規定による事実の確認によりいじめがあったことが確認された場合には，いじめをやめさせ，及びその再発を防止するため，当該学校の複数の教職員によって，心理，福祉等に関する専門的な知識を有する者の協力を得つつ，いじめを受けた児童等又はその保護者に対する支援及びいじめを行った児童等に対する指導又はその保護者に対する助言を継続的に行うものとする。 　4　<u>学校</u>は，前項の場合において必要があると認めるときは，いじめを行った児童等についていじめを受けた児童等が使用する教室以外の場所において学習を行わせる等いじめを受けた児童等その他の児童等が安心して教育を受けられるようにするために必要な措置を講ずるものとする。

	5　学校は，当該学校の教職員が第３項の規定による支援又は指導若しくは助言を行うに当たっては，いじめを受けた児童等の保護者といじめを行った児童等の保護者との間で争いが起きることのないよう，いじめの事案に係る情報をこれらの保護者と共有するための措置その他の必要な措置を講ずるものとする。 6　学校は，いじめが犯罪行為として取り扱われるべきものであると認めるときは所轄警察署と連携してこれに対処するものとし，当該学校に在籍する児童等の生命，身体又は財産に重大な被害が生じるおそれがあるときは直ちに所轄警察署に通報し，適切に，援助を求めなければならない。
校長及び教員による懲戒	第２５条　校長及び教員は，当該学校に在籍する児童等がいじめを行っている場合であって教育上必要があると認めるときは，学校教育法第１１条の規定に基づき，適切に，当該児童等に対して懲戒を加えるものとする。
学校の設置者又はその設置する学校による対処	第２８条　学校の設置者又はその設置する学校は，次に掲げる場合には，その事態（以下「重大事態」という。）に対処し，及び当該重大事態と同種の事態の発生の防止に資するため，速やかに，当該学校の設置者又はその設置する学校の下に組織を設け，質問票の使用その他の適切な方法により当該重大事態に係る事実関係を明確にするための調査を行うものとする。 （１）いじめにより当該学校に在籍する児童等の生命，心身又は財産に重大な被害が生じた疑いがあると認めるとき。 （２）いじめにより当該学校に在籍する児童等が相当の期間学校を欠席することを余儀なくされている疑いがあると認めるとき。 2　学校の設置者又はその設置する学校は，前項の規定による調査を行ったときは，当該調査に係るいじめを受けた児童等及びその保護者に対し，当該調査に係る重大事態の事実関係等その他の必要な情報を適切に提供するものとする。 3　第１項の規定により学校が調査を行う場合においては，当該学校の設置者は，同項の規定による調査及び前項の規定による情報の提供について必要な指導及び支援を行うものとする。
国立大学に附属して設置される学校に係る対処	第２９条　国立大学法人（国立大学法人法（平成１５年法律第１１２号）第２条第１項に規定する国立大学法人をいう。以下この条において同じ。）が設置する国立大学に附属して設置される学校は，前条第一項各号に掲げる場合には，当該国立大学法人の学長を通じて，重大事態が発生した旨を，文部科学大臣に報告しなければならない。
公立の学校に係る対処	第３０条　地方公共団体が設置する学校は，第２８条第１項各号に掲げる場合には，当該地方公共団体の教育委員会を通じて，重大事態が発生した旨を，当該地方公共団体の長に報告しなければならない。
私立の学校に係る対処	第３１条　学校法人（私立学校法（昭和２４年法律第２７０号）第３条に規定する学校法人をいう。以下この条において同じ。）が設置する学校は，第２８条第１項各号に掲げる場合には，重大事態が発生した旨を，当該学校を所轄する都道府県知事（以下この条において単に「都道府県知事」という。）に報告しなければならない。 第３２条　学校設置会社（構造改革特別区域法（平成１４年法律第１８９号）第１２条第２項に規定する学校設置会社をいう。以下この条において同じ。）が設置する学校は，第２８条第１項各号に掲げる場合には，当該学校設置会社の代表取締役又は代表執行役を通じて，重大事態が発生した旨を，同法第１２条第１項の規定による認定を受けた地方公共団体の長（以下「認定地方公共団体の長」という。）に報告しなければならない。
学校評価における留意事項	第３４条　学校の評価を行う場合においていじめの防止等のための対策を取り扱うに当たっては，いじめの事実が隠蔽されず，並びにいじめの実態の把握及びいじめに対する措置が適切に行われるよう，いじめの早期発見，いじめの再発を防止するための取組等について適正に評価が行われるようにしなければならない。

高等専門学校にお ける措置	第35条　高等専門学校（学校教育法第1条に規定する高等専門学校をいう。以下この条において同じ。）の設置者及びその設置する<u>高等専門学校</u>は、当該高等専門学校の実情に応じ、当該高等専門学校に在籍する学生に係るいじめに相当する行為の防止、当該行為の早期発見及び当該行為への対処のための対策に関し必要な措置を講ずるよう努めるものとする。

（2）法制定の目的（第1条）

　法第1条では，法の目的について，次のように示しています。端的には，社会総がかりでいじめの問題に向き合い，対処していくための基本的な理念や体制などを定めた法律であることを示しています。

> 　この法律は，いじめが，いじめを受けた児童等の教育を受ける権利を著しく侵害し，その心身の健全な成長及び人格の形成に重大な影響を与えるのみならず，その生命又は身体に重大な危険を生じさせるおそれがあるものであることに鑑み，児童等の尊厳を保持するため，いじめの防止等（いじめの防止，いじめの早期発見及びいじめへの対処をいう。以下同じ。）のための対策に関し，基本理念を定め，国及び地方公共団体等の責務を明らかにし，並びにいじめの防止等のための対策に関する基本的な方針の策定について定めるとともに，いじめの防止等のための対策の基本となる事項を定めることにより，いじめの防止等のための対策を総合的かつ効果的に推進することを目的とする。

（3）基本理念（第3条）

　法第3条では，基本理念について，次のように示しています。

> 　いじめの防止等のための対策は，いじめが全ての児童等に関係する問題であることに鑑み，児童等が安心して学習その他の活動に取り組むことができるよう，学校の内外を問わずいじめが行われなくなるようにすることを旨として行われなければならない。
> 2　いじめの防止等のための対策は，全ての児童等がいじめを行わず，及び他の児童等に対して行われるいじめを認識しながらこれを放置することがないようにするため，いじめが児童等の心身に及ぼす影響その他のいじめの問題に関する児童等の理解を深めることを旨として行われなければならない。
> 3　いじめの防止等のための対策は，いじめを受けた児童等の生命及び心身を保護することが特に重要であることを認識しつつ，国，地方公共団体，学校，地域住民，家庭その他の関係者の連携の下，いじめの問題を克服することを目指して行われなければならない。

　大きく3つを強調しています。1つめは，学校の内外を問わずいじめが行われなくなるようにして，児童生徒が学習・その他の活動に安心して取り組むことができるようにすることです。2つめは，児童生徒がいじめを行わず，及びいじめを認識しながら放置することがないようにするため，いじめの問題に関する児童生徒の理解を深めることです。3つめは，いじめを受けた児童生徒の生命及び心身を保護し，関係者と連携しいじめの問題に取り組むことです。

（4）学校及び学校の教職員の責務（第8条）

　法及び国の基本方針には，学校及び学校の教職員に求める具体的な規定を様々な形でしていますが，法第8条には，「学校及び学校の教職員の責務」の条文を設け，その責務を

示す規定があります。条文は，次のとおりです。

> 学校及び学校の教職員は，基本理念にのっとり，当該学校に在籍する児童等の保護者，地域住民，児童相談所その他の関係者との連携を図りつつ，学校全体でいじめの防止及び早期発見に取り組むとともに，当該学校に在籍する児童等がいじめを受けていると思われるときは，適切かつ迅速にこれに対処する責務を有する。

　学校及び学校教職員は，大きく4つの責務を有していることを示しています。1つめは，法第3条の基本理念に則る責務，2つめは，いじめの防止等の対策で関係者との連携を図りながら中心的役割を果たす責務，3つめは，学校全体でいじめの防止と早期発見に取り組む責務，4つめは，学校全体で適切かつ迅速にいじめを受けている可能性があると思われる児童生徒に対処する責務です。なお，1つめの責務で記した基本理念については，上記の（3）に示しましたが，学校及び学校の教職員の責務にも明記されています。特段に留意する必要があります。

　また，国の基本方針には，教職員に対して，報告を行わないことを違反である，と示しています。具体的には，「学校の特定の教職員が，いじめに係る情報を抱え込み，学校いじめ対策組織に報告を行わないことは，いじめ防止対策推進法の規定（第23条第1項）に違反し得る」と示しています。「違反」と明記し強調している点に留意する必要があります。

　すべての教職員一人一人が最低限のこととして理解し実行すべきことの一つとして，いじめが疑われる情報を得た場合には，その日のうちに，在籍する学校の学校いじめ対策組織（管理職，あるいはその構成メンバー）に，たとえ些細なことと思われる情報であっても報告し，報告した内容を自分で記録しておくことがあげられます。つまり，いじめ問題で，個人で情報を抱え，勝手に判断・対応することはリスクが高いといえるのです。

（5）学校に求められる柱となる2つの条文

　法第13条と第22条は，学校に求められる柱となる条文です。第9章で具体的に取り上げますが，端的には，「学校いじめ防止基本方針」（第13条）は，いじめ問題への対応が「計画的」「組織的」に実行されるように，すべての学校がいじめ防止等のための「学校いじめ防止基本方針」を策定し，法律や基本方針に基づいて取り組みが行われることになります。また，「学校いじめ対策組織」（第22条）は，すべての学校がいじめの対策の組織（学校いじめ対策組織）を置き，学校内外を問わず，学校はいじめの通報の窓口となり，いじめの未然防止から発見・対処に至るまで，この組織が中心となって取り組みを行うことになります。

　また，「いじめの重大事態への対処」（第28条）は，児童生徒の生命・心身・財産・不登校に関わる事態への対処が対象になります。学校として求められる事項が具体的に規定されています。たとえば，学校か学校の設置者（公立学校の場合は当該教育委員会，私立学校の場合は学校法人など）が主体となり調査することになりますが，学校が主体の場合には，学校

いじめ対策組織を母体に外部の専門家などを加えた調査組織を設置し事実関係を調査することが想定されます。「いじめの重大事態への対処」を含め，「学校いじめ防止基本方針」「学校いじめ対策組織」「いじめの防止」「いじめの早期発見」「いじめへの対処」については，第9章で具体的に取り上げます。

【引用・参考文献】

国立教育政策研究所生徒指導研究センター　2009　生徒指導資料第1集（改訂版）――生徒指導上の諸問題の推移とこれからの生徒指導――　データに見る生徒指導の課題と展望　ぎょうせい

文部科学省　2013　いじめ防止対策推進法の公布について（通知）
https://www.mext.go.jp/a_menu/shotou/seitoshidou/1337219.htm

文部科学省　2013　いじめ防止対策推進法の公布について（通知）　別添3　いじめ防止対策推進法（平成25年法律第71号）
https://www.mext.go.jp/a_menu/shotou/seitoshidou/1337278.htm

文部科学省　2013　いじめ防止対策推進法の公布について（通知）　別添4　いじめ防止対策推進法案に対する附帯決議（衆議院文部科学委員会）
https://www.mext.go.jp/a_menu/shotou/seitoshidou/1337280.htm

文部科学省　2015　平成26年度「児童生徒の問題行動等生徒指導上の諸問題に関する調査」の一部見直しについて（依頼）
https://www.mext.go.jp/a_menu/shotou/seitoshidou/1400221.htm

毎日新聞WEB　2015　「岩手中2自殺：生活ノートに記された気持ち…担任報告せず」2015年7月9日
http://mainichi.jp/select/news/20150709k0000m040161000c.html（2015年7月12日）

国立教育政策研究所 生徒指導・進路指導研究センター　2016　いじめ追跡調査2013 - 2015 いじめQ&A
https://www.nier.go.jp/shido/centerhp/2806sien/tsuiseki2013-2015_3.pdf

文部科学省　2016a　いじめの正確な認知に向けた教職員間での共通理解の形成及び新年度に向けた取組について（通知）
https://www.mext.go.jp/a_menu/shotou/seitoshidou/1400170.htm

文部科学省　2016b　いじめの正確な認知に向けた教職員間での共通理解の形成及び新年度に向けた取組について（通知）（別添）いじめの認知について～先生方一人一人がもう一度確認してください。～
https://www.mext.go.jp/a_menu/shotou/seitoshidou/__icsFiles/afieldfile/2018/07/23/1400170_001.pdf

文部科学省　2016c　資料1　いじめの認知について
https://www.mext.go.jp/b_menu/shingi/chousa/shotou/124/shiryo/__icsFiles/afieldfile/2016/10/26/1378716_001.pdf

総務省行政評価局　2018　いじめ防止対策の推進に関する調査結果に基づく勧告
https://www.soumu.go.jp/main_content/000538674.pdf

文部科学省　2017　いじめの防止等のための基本的な方針　文部科学大臣決定（最終改定 平成29年3月14日）　https://www.mext.go.jp/a_menu/shotou/seitoshidou/__icsFiles/afieldfile/2018/01/04/1400142_001.pdf

坂田 仰編　2018　補訂版 いじめ防止対策推進法 全条文と解説　学事出版

文部科学省　2018　いじめ防止対策の推進に関する調査結果に基づく勧告を踏まえた対応について（通知）
https://www.mext.go.jp/a_menu/shotou/seitoshidou/1409382.htm

文部科学省　2018　いじめ対策に係る事例集

https://www.mext.go.jp/a_menu/shotou/seitoshidou/__icsFiles/afieldfile/2018/09/25/1409466_001_1.
pdf

文部科学省　2019　児童生徒の問題行動・不登校等生徒指導上の諸課題に関する調査――用語の解説――
https://www.mext.go.jp/b_menu/toukei/chousa01/shidou/yougo/1267642.htm

文部科学省　2020　令和元年度 児童生徒の問題行動・不登校等生徒指導上の諸課題に関する調査結果に
ついて
https://www.mext.go.jp/content/20201015-mext_jidou02-100002753_01.pdf

吉田浩之　2021　いじめ問題，暴力行為と生徒指導　生徒指導・進路指導の理論と方法　会沢信彦・渡部
昌平編　北樹出版　52-61

いじめへの対応
——学校及び学校の教職員に
求められる取り組み——

　いじめ防止対策推進法はいじめに特化した法律です。関連する国の基本方針や通知には，学校及び学校の教職員に求められる内容が具体的に示されています。それらに基づく対応を行わなかったために，厳しい指摘を受けた事例が増加しています。いじめへの対応については，法律や基本方針などに基づくことを強く意識する必要があります。特に，いじめの重大事態への対処は，児童生徒の生命・心身・財産に重大な危険が生じている事案になるため，具体的に対処の手続きが示されています。正確に理解しておく必要があります。

　本章では，国の基本方針に基づき理解を深めておくことが求められる「学校いじめ防止基本方針」「学校いじめ対策組織」「いじめの防止・早期発見・対処（いじめの防止等）」「いじめの重大事態への対処」について取り上げます。

1 ｜ 学校いじめ防止基本方針

（1）学校いじめ防止基本方針の規定

　法第 13 条に，学校いじめ防止基本方針について，次の条文を示しています。

> 学校は，いじめ防止基本方針又は地方いじめ防止基本方針を参酌し，その学校の実情に応じ，当該学校におけるいじめの防止等のための対策に関する基本的な方針を定めるものとする。

　条文の「いじめ防止基本方針」（国の基本方針）については，法第 11 条に規定され，文部科学大臣がいじめ防止等のための対策を総合的かつ効果的に推進するために定めることを示しています。また，「地方いじめ防止基本方針」（以下，地方の基本方針）については，法の第 12 条に規定され，地方公共団体が法の趣旨を踏まえ，国の基本方針を参考にして，当該地方公共団体におけるいじめ防止等のための対策を総合的かつ効果的に推進するため，定めることが望ましいと示しています。

　各学校には，国の基本方針や地方の基本方針を参考にして，自らの学校として，どのようにいじめの防止等の取り組みを行うかについての「基本的な方向」や「取組の内容」などを「学校いじめ防止基本方針」（以下，学校の基本方針）として定めることを求めています。

（2）学校の基本方針の内容

　学校の基本方針に定める内容として国の基本方針に示していることを整理すると，

表 9-1 のとおり，「大枠的事項」，「中核的事項」，「学校評価」，「関係者との連携」の 4 項目になります。実際には，各学校の実態を踏まえ策定することになります

表 9-1　「学校の基本方針の策定」チェックリスト

（1）大枠的事項

① 国の基本方針又は地方いじめ防止基本方針を参考にして策定していることを示す。また，学校の基本方針に基づき，一致協力体制を確立し，学校設置者とも連携の上，学校の実情に応じた対策について示す。

② 学校のいじめの防止等（いじめの防止，早期発見，対処）の取組の「基本的な方向」と「取組の内容」を示す。

③ 教職員がいじめを抱え込まず，かつ，学校のいじめへの対応が個々の教職員による対応ではなく，組織として一貫した対応をすることを示す。

（2）中核的事項

① 「いじめの防止のための取組」「早期発見・事案への対処の在り方」「教育相談体制」「生徒指導体制」「校内研修」など，いじめの防止等全体に係る内容について示す。

② 年間の学校教育活動全体を通じて，いじめの防止に資する多様な取組が体系的・計画的に行われるような包括的な取組の方針を示す。さらに，その具体的な指導内容のプログラムを示す。（端的には「学校いじめ防止プログラム」を示す）

③ アンケート，いじめの通報，情報共有，適切な対処等のあり方についての手順を示す。（端的には「早期発見・事案対処の手順」を示す）

④ 策定した早期発見・事案対処の手順を徹底するため，チェックリストを作成・共有して全教職員で実施するなどの取組を示す。

⑤ いじめの発生時における学校の対応を示し，児童生徒が学校生活を送る上での安心感を与えるとともに，いじめの加害行為の抑止につなげることについて示す。

⑥ 「学校いじめ対策組織」による未然防止，早期発見，事案対処の行動計画と，年間を通じた「学校いじめ対策組織」の活動計画を示す。

⑦ いじめの加害児童生徒に対する成長支援の観点から，加害児童生徒が抱える問題を解決するための具体的な対応方針を示す。

⑧ 学校いじめ基本方針が，当該学校の実情に即して適切に機能しているかを学校いじめ対策組織を中心に点検し，必要に応じて見直す，というサイクル（PDCA サイクル等）について示す。

（3）学校評価

① 学校いじめ基本方針に基づく取組の実施状況を学校評価の評価項目に位置付けていることを示す。

② いじめの防止等のための取組に係る達成目標を設定し，学校評価において目標の達成状況を評価していることを示す。

③ いじめの防止等のための取組の達成目標に対する達成状況を評価した結果を踏まえ，いじめの防止等のための取組の改善を行っていることを示す。

（4）関係者との連携

① 学校いじめ基本方針を検討する段階から保護者，地域住民，関係機関等の参画を得ていることを示す。

② 保護者，地域住民，関係機関等の関係者と協議を重ねて，具体的ないじめ防止等の対策に係る連携をすることについて示す。

③ 児童生徒の意見を取り入れるなど，いじめの防止等について児童生徒の主体的かつ積極的な参加を確保していることを示す。

④ 学校のホームページへの掲載その他の方法により，保護者や地域住民が学校いじめ防止基本方針の内容を容易に確認できるようにしていることを示す。

⑤ 学校いじめ基本方針の内容を，入学時・各年度の開始時に児童生徒，保護者，関係機関等に説明していることを示す。

が，4項目の内容は学校の基本方針を策定する基準やチェックリストとして活用することができます。

表9-1に記すように，学校の基本方針には大枠として「基本的な方向」と「取組内容」を示し，また「具体的な行動計画・活動計画」を示すことや，学外へ公表することを求めています。この表に示す内容については，理解しておく必要があります。

児童生徒や保護者から，「担任教員として，どのようないじめ対策の取り組みに力を入れるのですか」と質問を受けた場合に，どのように返答するでしょうか。まずは，学校の基本方針が法に基づき当該校ごとに策定されることを踏まえ，「本校の学校の基本方針に示す取り組みに力を入れます」と伝えることが望ましいと考えられます。次に，クラスの実態や課題などを踏まえ，担任教員として具体的に力を入れて取り組みたい内容を伝えるようにする返答例が考えられます。

 ## 2 学校いじめ対策組織

（1）学校いじめ対策組織の規定

法第22条に，学校いじめ対策組織について，次の条文を示しています。

> 学校は，当該学校におけるいじめの防止等に関する措置を実効的に行うため，当該学校の複数の教職員，心理，福祉等に関する専門的な知識を有する者その他の関係者により構成されるいじめの防止等の対策のための組織を置くものとする。

第22条は，学校におけるいじめの防止・早期発見・対処に関する措置を実効的に行うため，組織的な対応を行う中核となる常設の組織を置くことを明示的に規定しています。いじめについては，特定の教職員で問題を抱え込まず学校が組織的に対応することにより，複数の目による状況の見立てが可能となります。また，心理や福祉などの外部専門家が参加することを規定しています。

（2）学校いじめ対策組織の構成

学校いじめ対策組織は「当該学校の複数の教職員，心理，福祉等に関する専門的な知識を有する者その他の関係者により構成される」としています。「当該学校の複数の教職員」については，学校の管理職や主幹教諭，生徒指導担当教員，学年主任，養護教諭，学級担任，教科担任，部活動指導に関わる教職員，学校医などから，組織的対応の中核として機能するような体制を，学校の実情に応じて決定します。これに加え，個々のいじめの防止・早期発見・対処に当たって関係の深い教職員を追加します。

また，「心理，福祉等に関する専門的な知識を有する者」については，可能な限り，心理や福祉の専門家であるスクールカウンセラー，スクールソーシャルワーカー，弁護士，医師，警察官経験者などの外部専門家を当該組織に参画させる必要があります。さらに，

当該組織を実際に機能させるに当たっては，適切に外部専門家の助言を得つつも機動的に運用できるよう，「構成員全体の会議」と学校の教職員による「日常的な関係者の会議」に役割分担しておくなど，学校の実情に応じて工夫することになります。

（3）学校いじめ対策組織の役割

学校いじめ対策組織は，学校が組織的かつ実効的にいじめの問題に取り組むに当たり，中核となる役割を担います。国の基本方針が示している役割内容を整理すると，表9-2のとおりです。それらは学校いじめ対策組織に求められる役割になります。

たとえば，学校いじめ対策組織の役割内容の①をみると，学校内外の窓口であることがわかります。また，②③をみると，児童生徒から組織の存在や活動内容が認識される取り

表9-2 「学校いじめ対策組織の役割内容」チェックリスト

① 学校内外のいじめの相談・通報を受け付ける窓口の役割を担う。

② いじめを受けた児童生徒を徹底して守り通し，事案を迅速かつ適切に解決する相談・通報の窓口であると，児童生徒から認識される取組を行う。

③ 児童生徒及び保護者に対して，組織の存在及び活動が容易に認識される取組（たとえば，全校集会の際にいじめ対策組織の教職員が児童生徒の前で取組を説明する等）を行う。

④ 児童生徒に対する定期的なアンケートを実施する際に，児童生徒が学校いじめ対策組織の存在や，その活動内容等について具体的に把握・認識しているか否かを調査し，取組の改善を行う。

⑤ いじめが起きにくい，いじめを許さない環境づくりを行う。

⑥ いじめに係る情報（いじめが疑われる情報や児童生徒間の人間関係に関する悩みを含む。）があったときには，緊急会議を開催するなど情報の迅速な共有を行う。

⑦ いじめの疑いに関する情報や児童生徒の問題行動などに係る情報を収集し，個別の児童生徒ごとなどに記録し，共有化を行う。

⑧ 関係児童生徒に対するアンケート調査，聴き取り調査等により，事実関係の把握といじめであるか否かの判断を行う。

⑨ いじめの防止等の中核となる組織として，的確にいじめの疑いに関する情報を共有し，共有された情報を基に，組織的に対応を行う。

⑩ いじめの被害児童生徒に対する支援，加害児童生徒に対する指導の体制，対応方針の決定，保護者との連携といった対応を組織的に行う。

⑪ いじめの情報共有は，個々の教職員の責任追及のために行うものではなく気付きを共有して早期対応につなげることを目的にする。また，情報共有を行いやすい環境の醸成に取り組む。

⑫ 学校いじめ防止基本方針やマニュアル等において，いじめの情報共有の手順及び情報共有すべき内容（いつ，どこで，誰が，何を，どのように等）を明確に定める。

⑬ 学校いじめ基本方針に基づく取組の実施や具体的な年間計画の作成・実行・検証・修正を行う。

⑭ 学校いじめ基本方針における年間計画に基づき，いじめの防止等に係る校内研修を企画し，計画的に行う。

⑮ 学校いじめ基本方針の策定や学校いじめ基本方針が当該学校の実情に即して適切に機能しているかについての点検を行い，学校いじめ防止基本方針の見直しを行う。

⑯ 学校で定めたいじめの取組が計画どおりに進んでいるかどうかのチェックや，いじめの対処がうまくいかなかったケースの検証，必要に応じた計画の見直しなど，学校のいじめの防止等の取組についてPDCAサイクルで検証を行う。

組みを求めています。

　児童生徒や保護者から，「いじめかどうか誰が判断するのですか」と質問された場合に，どのように返答するでしょうか。⑧には，その判断は，学校いじめ対策組織が行うと示しています。いじめられた児童生徒のいじめ認知の実感（主観）を判断資料にしながら，最終的な決定には，影響を与えた行為の事実関係の確認が求められます。必要な情報を収集し，客観的・総合的に学校いじめ対策組織が判断するということになります。

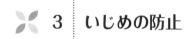 3 ｜ いじめの防止

（1）いじめの防止の規定

　法第22条に，いじめの防止について示しています。なお，条文の内容は，第8章の表8-6を参照してください。

　第1項では，いじめの防止に資することとして，豊かな情操と道徳心を培い，心の通う対人交流の能力の素地を養うことを示し，それに向けて，すべての教育活動を通じた道徳教育及び体験活動などの充実を図ることを求めています。なお，道徳，情操，対人交流（コミュニケーション）について，優先順位や優劣関係を示してはいません。

　この第1項を受け，学習指導要領・総則編（第3章第6節3（3）ア）に，道徳教育における「いじめの防止」について示しています。そこでは，道徳教育は道徳科を要（小・中学校）とし，教育活動全体を通して，節度ある言動，思いやりの心，寛容な心などを育てることが大切であるとしています。また，こうして学んだことが，日常生活の中で，よりよい人間関係やいじめのない学級生活を実現するために自分たちにできることを相談し協力して実行したり，いじめに対してその間違いに気付き，友達と力を合わせ，教師や家族に相談しながら正していこうとしたりするなど，いじめの防止等に児童生徒が主体的に関わる態度へとつながっていくと記しています。

　第2項では，児童生徒の自主的ないじめ防止活動を支援し，また，児童生徒，保護者，教職員に対するいじめ防止の理解を深める取り組みを行うことを示しています。なお，文教科学委員会の附帯決議においても，いじめ防止等について児童生徒の主体的かつ積極的な参加が確保できるよう留意することと規定しています。

　法の第3条（基本理念）には，いじめの防止等のための対策は，いじめがすべての児童生徒に関係する問題であると規定しています。このように，いじめはどの子供にも起こり得るという前提に立って，すべての児童生徒を対象に，いじめに向かわせないための未然防止の取り組みとして，児童生徒が自主的にいじめの問題について考え，議論するなどのいじめの防止に資する活動に取り組むことを求めています。

（2）いじめの防止の取り組み内容

　いじめの防止の取り組みについて国の基本方針（別添2）に示している「学校における
いじめの防止」の内容を整理すると，表9-3のとおりです。たとえば，表の（2）をみる
と，実例を取り上げながら法律上の扱いを児童生徒が学ぶ取り組みの実施を示していま
す。また，表の（3）をみると，障害を有する児童生徒や言葉や文化の差により学びに困
難を抱える児童生徒については，組織的な見守りや支援が必要です。

　たとえば，障害を有する児童生徒をサポートするクラスメイトの好意による行為が，当
該児童生徒に苦痛を感じさせているケースがあります。そのような場合には，普段から支
援をしているクラスメイトが意識をしないままにいじめ行為の加害者とみなされることが
あるため，加害者とされたクラスメイト・その保護者は強い抵抗感を抱くことが想定され
ます。そのようなケースのいじめ相談は増えています。表9-3を基に，いじめの防止で求
められている内容を認識し計画的に取り組むことが大切です。

表9-3　「いじめの防止の取組内容」チェックリスト

（1）いじめについての共通理解
①　いじめの態様や特質，原因・背景，具体的な指導上の留意点などについて，校内研修や職員会議で周知を行い，また，平素から教職員全員の共通理解を行う。
②　児童生徒に対して，全校集会や学級活動（ホームルーム活動）などで校長や教職員が，日常的にいじめの問題について触れ，「いじめは人間として絶対に許されない」との雰囲気を学校全体に醸成する。
③　いじめの未然防止のための授業（「いじめとは何か。いじめはなぜ許されないのか。」等）を，学校いじめ対策組織の構成員である教職員が講師を務め実施し，学校いじめ対策組織の存在及び活動が，児童生徒に容易に認識される取組を行う。
④　常日頃から，児童生徒と教職員がいじめとは何かについて具体的な認識を共有する手段として，何がいじめなのかを具体的に列挙して目につく場所に掲示する。
（2）いじめに向かわない態度・能力の育成
①　学校の教育活動全体を通じた道徳教育や人権教育の充実，読書活動・体験活動などによって児童生徒の社会性を育む。
②　幅広い社会体験・生活体験の機会を設けることによって，他人の気持ちを共感的に理解できる豊かな情操を培い，自分の存在と他人の存在を等しく認め，お互いの人格を尊重する態度を養う。
③　自他の意見の相違があっても，互いを認め合いながら建設的に調整し，解決していける力や，自分の言動が相手や周りにどのような影響を与えるかを判断して行動できる力など，児童生徒が円滑に他者とコミュニケーションを図る能力を育てる取組を行う。
④　発達の段階に応じて，児童生徒がいじめの問題を自分のこととして捉え，考え，議論する取組を行い，正面から向き合うことができるようにする。
⑤　いじめは重大な人権侵害に当たり，被害者，加害者及び周囲の児童生徒に大きな傷を残すものであり，決して許されないことについて，実例を示しながら，人権を守ることの重要性やいじめの法律上の扱いを学ぶといった取組を行う。
⑥　いじめが刑事罰の対象となり得ること，不法行為に該当し損害賠償責任が発生し得ることについて，実例を示しながら，人権を守ることの重要性やいじめの法律上の扱いを学ぶといった取組を行う。

（3）いじめが生まれる背景と指導上の注意

① 授業についていけない焦りや劣等感などが過度なストレスとならないよう，一人一人を大切にした分かりやすい授業づくりを進める。

② 学級や学年，部活動等の人間関係を把握して一人一人が活躍できる集団づくりを進める。

③ ストレスを感じた場合にストレスに適切に対処できる力を育むため，それを他人にぶつけるのではなく，運動・スポーツや読書などで発散したり，誰かに相談したりする取組を行う。

④ 教職員の不適切な認識や言動が，児童生徒を傷つけたり，他の児童生徒によるいじめを助長したりすることのないように，指導の在り方に細心の注意を払う。

⑤ 教職員による「いじめられる側にも問題がある」という認識や発言は，いじめている児童生徒や，周りで見ていたり，はやし立てたりしている児童生徒を容認するものであり，いじめられている児童生徒を孤立させ，いじめを深刻化させるため，そのような認識や発言を行わない。

⑥ 発達障害を含む，障害のある児童生徒が関わるいじめについては，教職員が個々の児童生徒の障害の特性への理解を深めるとともに，個別の教育支援計画や個別の指導計画を活用した情報共有を行いつつ，当該児童生徒のニーズや特性，専門家の意見を踏まえた指導及び支援を行う。

⑦ 海外から帰国した児童生徒や外国人の児童生徒，国際結婚の保護者を持つなどの外国につながる児童生徒は，言語や文化の差から，学校での学びにおいて困難を抱える場合も多いことに留意し，それらの差からいじめが行われることがないよう，教職員，児童生徒，保護者等の外国人児童生徒等に対する理解を促進するとともに，学校全体で注意深く見守り，支援を行う。

⑧ 性同一性障害や性的指向・性自認に係る児童生徒に対するいじめを防止するため，性同一性障害や性的指向・性自認について，教職員に対して正しい理解の促進や，学校として必要な対応については周知をする。

⑨ 東日本大震災により被災した児童生徒又は原子力発電所事故により避難している児童生徒については，当該児童生徒が受けた心身への多大な影響や慣れない環境への不安感等を教職員が十分に理解し，当該児童生徒に対する心のケアを適切に行い，細心の注意を払いながら，当該児童生徒に対するいじめの未然防止・早期発見に取り組む。

（4）自己有用感や自己肯定感を育む

① ねたみや嫉妬などいじめにつながりやすい感情を減らすために，すべての児童生徒が，認められている，満たされているという思いを抱くことができるよう，学校の教育活動全体を通じ，児童生徒が活躍でき，他者の役に立っていると感じ取ることのできる機会をすべての児童生徒に提供し，児童生徒の自己有用感が高められる取組を行う。

② 児童生徒の自己有用感が高められるように，教職員はもとより，家庭や地域の人々などにも協力を求め，幅広い大人から認められているという思いが得られる取組を行う。

③ 児童生徒の自己肯定感を高められるように，困難な状況を乗り越えるような体験の機会などを積極的に設ける。

④ 異学校種や同学校種間で連携し，児童生徒の社会性や自己有用感・自己肯定感が，発達段階に応じて身に付いていくように取り組む。

（5）児童生徒自らがいじめについて学び，取り組む

① 児童生徒自らが，いじめの問題について学び，そうした問題を児童生徒自身が主体的に考え，児童生徒自身がいじめの防止を訴えるような取組（例として，児童会・生徒会によるいじめ撲滅宣言，相談箱設置など）を行う。

② 児童生徒は，「いじめられる側にも問題がある」「大人に言いつける（チクる）ことは卑怯である」「いじめを見ているだけなら問題はない」などの考え方は誤りであることを学ぶ取組を行う。

③ 児童生徒は，ささいな嫌がらせや意地悪であっても，しつこく繰り返したり，みんなで行ったりすることは，深刻な精神的危害になることを学ぶ取組を行う。

④ 児童会・生徒会，あるいは児童生徒が「やらされている」だけの活動に陥ることや，一部の役員等だけが行う活動にしない。

⑤ 全ての児童生徒がいじめの防止の意義を理解し，主体的に参加できる活動になっているかどうかを教職員はチェックしながら，教職員は陰で支える役割に徹するようにする。

✿ 4 ┃ いじめの早期発見

（1）いじめの早期発見の規定

　法第 16 条に，いじめの早期発見について示しています。なお，条文の内容は，第 8 章の表 8-6 を参照してください。

　第 1 項では，いじめを早期に発見するため，定期的な調査などを行うことを示しています。文教科学委員会の附帯決議においても，いじめの実態把握を行うに当たっては，必要に応じて質問票の使用や聴き取り調査を行うことなどにより，早期かつ効果的に発見できるよう留意することと規定し，方法として質問票の使用や聴き取り調査を例示しています。

　第 2 項は，たとえば，いじめ相談ダイヤル（文部科学省），子どもの人権 110 番（法務省），教育委員会の附属機関（14 条），その他支援団体など，関係機関の通報・相談の整備について示しています。学校では，それらの機関について周知する必要があります。

　第 3 項は，学校の相談体制の整備について示し，具体的には，学校いじめ対策組織（第22 条）が相談体制の中軸を担う組織になります。事前に児童生徒及び保護者などに相談窓口を周知するとともに，相談を受けた後の展開についても具体的に示す必要があります。

表 9-4 「いじめの早期発見の取組内容」チェックリスト

① 定期的なアンケート調査と教育相談の実施や，家庭訪問の機会を活用し，いじめの実態把握に取り組む。

② 学校の基本方針にアンケート調査，個人面談の実施やそれらの結果の検証及び組織的な対処方法について定める。

③ 児童生徒及びその保護者，教職員が，抵抗なくいじめに関して相談できる体制を整備する。

④ 児童生徒が日頃からいじめを訴えやすい雰囲気をつくる。

⑤ 児童生徒及びその保護者の悩みを積極的に受け止められているか，適切に機能しているかなど，定期的に相談体制を点検する。

⑥ アンケート調査や個人面談において，児童生徒が自らＳＯＳを発信すること及びいじめの情報を教職員に報告することは，当該児童生徒にとっては多大な勇気を要するものであることを教職員は理解し，それを踏まえ，児童生徒からの相談に対しては，必ず学校の教職員が迅速に対応することを徹底する。

⑦ アンケート調査は，あくまで手段の一つであり，教員と児童生徒の信頼関係の上で，はじめてアンケート調査を通じたいじめの訴えや発見があること，アンケートを実施した後に起きたいじめについては把握できないことなどに留意する。

⑧ 休み時間や放課後の雑談の中などで児童生徒の様子に目を配り，個人ノートや生活ノート等，教職員と児童生徒の間で日常行われている日記等を活用して交友関係や悩みを把握する。

⑨ 児童生徒に対して多忙さやイライラした態度を見せ続けることは避ける。また，児童生徒の相談に対し，「たいしたことではない」「それはいじめではない」などと悩みを過小評価せず，相談を受けたことには真摯に対応する。

⑩ 保護者用のいじめチェックシートなどを活用し，家庭と連携して児童生徒を見守り，健やかな成長を支援する。

⑪ 保健室や相談室の利用，電話相談窓口について広く周知する。

⑫ 教育相談等で得た，児童生徒の個人情報については，対外的な取扱いの方針を明確にし適切に扱う。

第4項は，いじめを受けた児童生徒の教育を受ける権利及びその他の権利利益が擁護されるように示しています。いじめを受けた児童生徒の教育を受ける権利を擁護することはもちろんとして，いじめを相談した者が不利益を被らないようにすることも含めて権利利益が擁護されるようにしなければなりません。

（2）いじめの早期発見の取組内容

いじめの早期発見の取り組みについて国の基本方針（別添2）の学校における「いじめの早期発見」に示している内容を整理すると，表9-4のとおりです。

たとえば，①や⑧に早期発見の方法を示しています。⑩のチェックシートを作成し，保護者と早期発見のポイントを共有し連携することも示しています。④や⑨の雰囲気づくりや教員の姿勢・態度が早期発見には重要と示しています。当然と思われる内容を示していますが，あらためて確認し留意することが大切です。

5 いじめへの対処

（1）いじめへの対処の規定

法第23条に，いじめへの対処について示しています。なお，条文の内容は，第8章の表8-6を参照してください。

第1項は，児童生徒からいじめに係る相談を受けた時点で，いじめの事実があると思われるときは，学校への通報などを行うことを示しています。不確かであれ，疑われる事実を認識したときや認識の判断に迷いがあるなどを含めます。学校には，相談や通報の窓口及び相談や通報を受けた後の対応マニュアルを用意し，教職員間の共有は当然のこと，児童生徒，保護者，地域などにも周知することを求めています。たとえば，学校の教職員がいじめを発見し，または相談を受けた場合には，速やかに，学校いじめ対策組織に対し当該いじめに係る情報を報告し，学校の組織的な対応につなげなければなりません。すなわち，第1項の規定からみて，学校の特定の教職員が，いじめに係る情報を抱え込み，学校いじめ対策組織に報告を行わないことは，この規定に違反し得ることになります。

第2項は，いじめの相談，通報，その他によって，通報やいじめを受けていると思われるときには，いじめの事実の有無の確認を行い，その結果を学校の設置者に報告する義務があることを示しています。具体的には，第22条で規定する学校いじめ対策組織にいじめの情報が入り，その組織が速やかにいじめの有無や事実関係を確認し，その有無の結果について，学校長が学校の設置者に報告することになります。

第3項は，いじめの事実が確認された後には，教職員が中心になって，専門家と協力しつつ，いじめの解消と再発防止のために，いじめを受けた児童生徒・その保護者といじめを行った児童生徒・その保護者への対応を積極的に行動し継続することについて示してい

ます。

第4項は，学習環境を整備する義務として，いじめを受けた児童生徒やその他の児童生徒が安心して教育を受けられるようにするために，必要があるときは，いじめを行った児童生徒に対して，別室学習，家庭学習，出席停止，転校などを講じることについて示しています。

第5項は，学校によるいじめを受けた児童生徒・その保護者といじめを行った児童生徒・その保護者への対応において，両方へ必要な情報の提供・共有を行い，保護者間で争いが起こらないようにすることを示しています。ただし，保護者間で争いが起こらないことが，ねらいの最上位ではありません。

第6項は，いじめを犯罪行為として取り扱う状況と判断する場合や、いじめを受けた児童生徒に重大な被害が生じる可能性がある場合における学校と警察の連携について示しています。なお，いじめを行う児童生徒への学校による対応では十分な効果を上げることが困難な場合で，いじめが犯罪行為や触法行為までに至っていない場合でも，必要に応じて警察と連携し支援を受けることが重要です。

（2）いじめの解消の要件

国の基本方針は，いじめの解消の要件を示しています。いじめは，単に謝罪をもって安易に解消とすることはできません。いじめが「解消している」状態とは，少なくとも次の①と②の2つの要件が満たされている必要があります。ただし，これらの要件が満たされている場合であっても，必要に応じ，他の事情も勘案して判断することになります。

① いじめに係る行為が止んでいること

被害者に対する心理的又は物理的な影響を与える行為が止んでいる状態が相当の期間継続（少なくとも3か月を目安）していることになります。ただし，いじめの被害の重大性などからさらに長期の期間が必要であると判断される場合は，この目安にかかわらず，学校の設置者または学校いじめ対策組織の判断により，さらに長期の期間を設定します。

学校の教職員は，相当の期間（少なくとも3か月を目安）が経過するまでは，被害・加害児童生徒の様子を含め状況を注視し，期間が経過した段階で判断を行います。行為が止んでいない場合は，あらためて相当の期間を設定して状況を注視することになります。

② 被害児童生徒が心身の苦痛を感じていないこと

いじめに係る行為が止んでいるかどうかを判断する時点において，被害児童生徒がいじめの行為により，心身の苦痛を感じていないと認められる必要があります。その際には，被害児童生徒本人及びその保護者に対し，心身の苦痛を感じていないかどうかを面談などにより確認します。

学校は，いじめが解消に至っていない段階では，被害児童生徒を徹底的に守り通し，その安全・安心を確保する責任を有します。学校いじめ対策組織においては，いじめが解消に至るまで被害児童生徒の支援を継続するため，支援内容，情報共有，教職員の役割分担

を含む対処プランを策定し，確実に実行することになります。

上記のいじめが「解消している」状態とは，あくまで一つの段階に過ぎません。「解消している」状態に至った場合でも，いじめが再発する可能性が十分にあり得ることを踏まえ，学校の教職員は，当該いじめの被害児童生徒及び加害児童生徒について，日常的に注意深く観察する必要があります。

（3）いじめへの対処の基本展開と取り組み内容

いじめへの対処の基本展開を３つの段階（「情報入手から学校いじめ対策組織への報告の段階」「事実確認の調査及び関係者対応の段階」「対応結果の報告の段階」）に分け，その段階ごとに法及び国の基本方針に基づき要点を整理すると，次の①②③のとおりです。

①　「情報入手から学校いじめ対策組織への報告」の段階

学校の教職員がいじめを発見し，または相談を受けた場合には，速やかに，その日のうちに，学校いじめ対策組織に対し当該いじめに係る情報を報告し，その後の対応を組織的に行うことになります。当然，進行中のいじめ行為は止め，放置することがないようにしなければなりません。この段階の要点事項について，法及び国の基本方針に基づき，端的に図示すると，図9-1のとおりです。

また，国の基本方針の「いじめの発見・通報を受けたときの対応」の内容から要点を整理し，チェックリストにすると，表9-5のとおりです。この段階の対応の点検評価に活用できます。

②　「事実確認の調査及び関係者への対応」の段階

学校いじめ対策組織が中心となり，いじめの事実確認の調査を開始します。いじめを受けた児童生徒の安全確保や心理面の支援など，いじめを受けた児童生徒を最優先に対応します。必要に応じて，学校の設置者（当該教育員会など）に第一報を入れ，指示・支援などを受けて対応する場合や他機関と連携する場合もあります。

いじめられた児童生徒から，事実関係の聴取を行った場合には，家庭訪問などにより，その日のうちに迅速に保護者に事実関係を伝えることになります。被害児童生徒の保護者へ調査方針，初期やその後の対応の説明を行います。そして，保護者の意向・要望を把握し，学校いじめ対策組織で共有し，調査・対応を進めます。また，いじめられた児童生徒やその保護者には，調査結果はもちろんのこと，経過報告として適宜，事実確認のための聴き取りやアンケートなどにより判明した情報を適切に提供し，丁寧に連携を進める必要

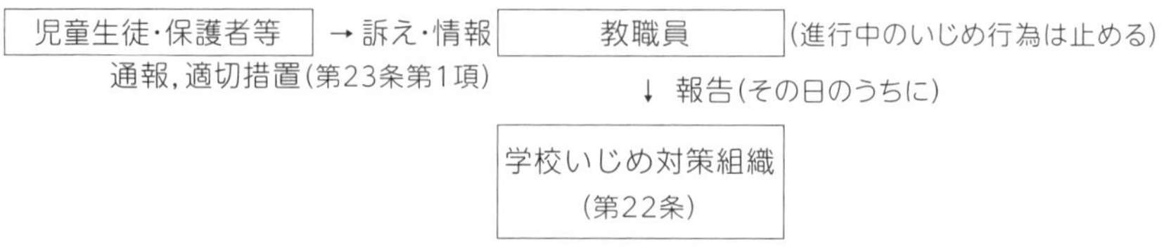

児童生徒・保護者等 → 訴え・情報　教職員　　（進行中のいじめ行為は止める）
通報，適切措置(第23条第1項)　　　　　　↓ 報告(その日のうちに)

学校いじめ対策組織
（第22条）

図9-1　「情報入手から学校いじめ対策組織への報告の段階」の要点事項

表 9-5 「いじめの発見・通報を受けたときの対応段階」チェックリスト

① 学校の教職員がいじめを発見し，又は相談を受けた場合には，速やかに，学校いじめ対策組織に対し当該いじめに係る情報を報告し，学校では組織的な対応をする。

② 学校の特定の教職員が，いじめに係る情報を抱え込み，学校いじめ対策組織に報告を行わないことは，いじめ防止対策推進法の規定に違反し得ることを理解する。

③ 学校いじめ対策組織において情報共有を行った後は，事実関係の確認の上，組織的に対応方針を決定し，被害児童生徒を徹底して守り通す。

④ 遊びや悪ふざけなど，いじめと疑われる行為を発見した場合，その場でその行為を止める。

⑤ 児童生徒や保護者から「いじめではないか」との相談や訴えがあった場合には，真摯に傾聴し，また，ささいな兆候であっても，いじめの疑いがある行為には，早い段階から的確に関わりを持つ。

⑥ いじめられた児童生徒やいじめを知らせてきた児童生徒の安全は確保する。

⑦ 発見・通報を受けた教職員は一人で抱え込まず，学校いじめ対策組織に直ちに情報を共有し，当該組織が中心となり，速やかに関係児童生徒から事情を聴き取るなどして，いじめの事実の有無の確認を行う。

⑧ いじめの事実確認の結果は，校長が責任を持って学校の設置者に報告するとともに，被害・加害児童生徒の保護者に連絡する。

⑨ 児童生徒から学校の教職員にいじめ（疑いを含む）に係る情報の報告・相談があった時に，学校が当該事案に対して速やかに具体的な行動をとり，児童生徒から「報告・相談しても何もしてくれない」と思われないようにする。

⑩ いじめに係る情報が教職員に寄せられたときは，教職員は，他の業務に優先して，かつ，即日，当該情報を速やかに学校いじめ対策組織に報告し，学校の組織的な対応につなげる。

⑪ 教職員全員の共通理解の下，保護者の協力を得て，必要に応じて関係機関・専門機関と連携し，対応に当たる。

⑫ いじめる児童生徒に対して必要な教育上の指導を行っているにもかかわらず，その指導により十分な効果を上げることが困難な場合で，いじめが犯罪行為として取り扱われるべきものと認めるときは，いじめられている児童生徒を徹底して守り通すという観点から，学校はためらうことなく所轄警察署と相談して対処する。

⑬ 児童生徒の生命，身体又は財産に重大な被害が生じるおそれがあるときは，直ちに所轄警察署に通報し，適切に援助を求める。

があります。

　いじめを行った児童生徒から事実関係を聴取した後は，迅速にその保護者に連絡し，事実に対する保護者の理解や納得を得た上で，学校と保護者が連携して以後の対応を適切に行えるよう保護者の協力を求めるとともに，保護者に対する継続的な助言を行うことになります。いじめを行った児童生徒に対しては，謝罪や責任を形式的に問うことに主眼を置くのではなく，社会性の向上を含め児童生徒の人格の成長に主眼を置いた指導を行います。その旨を保護者と共有し連携を図るようにします。

　学校は，調査により把握したいじめの有無の結果について，速やかに学校の設置者（当該教育委員会など）に報告する義務があります。必要に応じて，学校の設置者は，学校に支援・指示，あるいは自ら調査を行う場合があります。

　児童生徒が真にいじめの問題を乗り越えた状態とは，加害児童生徒による被害児童生徒に対する謝罪だけではなく，被害児童生徒と加害児童生徒をはじめとする他の児童生徒と

の関係の修復を経て，双方の当事者や周りの者全員を含む集団が好ましい集団活動を取り戻し，あらたな活動に踏み出すことをもって達成されるものであり，そうなるようにいじめが起きた集団への働きかけが求められます。すべての児童生徒が，集団の一員として，互いを尊重し，認め合う人間関係を構築できるような集団づくりを事前から進めるとともに，事後においても一層力を入れる必要があります。

この段階の要点事項について，法及び国の基本方針に基づき，端的に図示すると，図9-2のとおりです。また，国の基本方針の「いじめられた児童生徒又はその保護者への支援」，「いじめた児童生徒への指導又はその保護者への助言」，「いじめが起きた集団への働きかけ」，「インターネット上のいじめへの対応」ごとの内容から要点を整理しチェックリストにすると，表9-6のとおりです。この段階の対応の点検評価に活用できます。

③ 「対応結果の報告」の段階

「加害児童生徒・その保護者」と「関係する児童生徒」への対応結果について，「被害児童生徒・その保護者」と共有します。さらに，再発防止策を含めた今後の対応についても，いじめを受けた児童生徒の保護者に説明を行います。その結果，被害児童生徒とその保護者が納得できる状況に至れば，その後は少なくとも３か月の経過観察を行い，その時点で「いじめに係る行為が止んでいること」と「被害児童生徒が心身の苦痛を感じていないこと」について，被害児童生徒とその保護者に対し直接の確認を行い，いじめの解消を

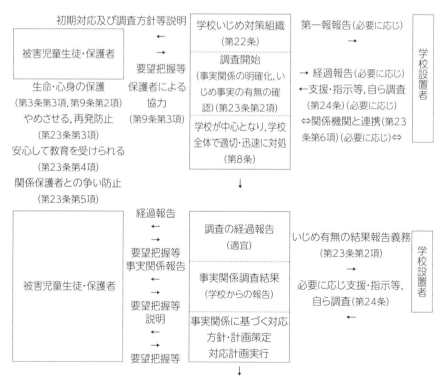

図9-2 「事実確認の調査及び関係者への対応の段階」の要点事項

表 9-6 「事実確認の調査及び関係者対応の段階」チェックリスト

いじめられた児童生徒またはその保護者への支援

① いじめられた児童生徒から，事実関係の聴取を行う場合には，いじめられている児童生徒にも責任があるという考え方は持たず，「あなたが悪いのではない」ことをはっきりと伝えるなど，自尊感情を高める。

② 児童生徒の個人情報の取扱い等，プライバシーには十分に留意して対応を行う。

③ いじめられた児童生徒から，事実関係の聴取を行った場合には，家庭訪問等により，（その日のうちに）迅速に保護者に事実関係を伝える。

④ いじめられた児童生徒や保護者に対し，徹底して守り通すことや秘密を守ることを伝え，できる限り不安を除去する。

⑤ 事態の状況に応じて，複数の教職員の協力の下，当該児童生徒の見守りを行うなど，いじめられた児童生徒の安全を確保する。

⑥ いじめられた児童生徒にとって信頼できる人（親しい友人や 教職員，家族，地域の人等）と連携し，いじめられた児童生徒に寄り添い支える体制をつくる。

⑦ いじめられた児童生徒が安心して学習その他の活動に取り組むことができるよう（必要に応じて，いじめた児童生徒を別室において指導することや，状況に応じて出席停止制度を活用することなど），いじめられた児童生徒が落ち着いて教育を受けられる環境の確保をする。

⑧ いじめられた児童生徒やその保護者への支援として，状況に応じて，心理や福祉等の専門家，教員経験者・警察官経験者など外部専門家の協力を得るようにする。また，必要に応じ，被害児童生徒の心的外傷後ストレス障害（PTSD）等のいじめによる後遺症へのケアを行う。

⑨ いじめが解消したと思われる場合でも，継続して十分な注意を払い，いじめられた児童生徒やその保護者に，折りに触れ必要な支援を行う。

⑩ いじめられた児童生徒やその保護者に，事実確認のための聴き取りやアンケート等により判明した情報を適切に提供する。

いじめた児童生徒への指導またはその保護者への助言

① 加害児童生徒に対しては，当該児童生徒の人格の成長を旨として，教育的配慮の下，毅然とした態度で指導する。

② 加害児童生徒に対しては，謝罪や責任を形式的に問うことに主眼を置くのではなく，社会性の向上等，児童生徒の人格の成長に主眼を置いた指導を行う。

③ 加害児童生徒への対応については，教職員全員の共通理解，保護者の協力，必要に応じて，関係機関・専門機関との連携の下で取り組む。

④ いじめがあったことが確認された場合，学校は，複数の教職員が連携し，必要に応じて心理や福祉等の専門家，教員・警察官経験者など外部専門家の協力を得て，組織的に，いじめをやめさせ，その再発を防止する措置をとる。

⑤ 事実関係を聴取したら，迅速に保護者に連絡し，事実に対する保護者の理解や納得を得た上で，学校と保護者が連携して以後の対応を適切に行えるよう保護者の協力を求めるとともに，保護者に対する継続的な助言を行う。

⑥ いじめた児童生徒への指導に当たっては，いじめは人格を傷つけ，生命，身体又は財産を脅かす行為であることを理解させ，自らの行為の責任を自覚させる。

⑦ いじめた児童生徒が抱える問題など，いじめの背景にも目を向け，当該児童生徒の安心・安全，健全な人格の発達に配慮した指導を行い，また，児童生徒の個人情報の取扱い等，プライバシーには十分に留意して対応を行う。

⑧ いじめの状況に応じて，心理的な孤立感・疎外感を与えないよう一定の教育的配慮の下，特別の指導計画による指導のほか，さらに出席停止や警察との連携による措置も含め，毅然とした対応をする。

⑨ いじめには様々な要因があることに鑑み，懲戒（学校教育法第11条の規定に基づき）を加える際には，主観的な感情に任せて一方的に行うのではなく，教育的配慮に十分に留意し，いじめた児童生徒が自ら行為の悪質性を理解し，健全な人間関係を育むことができるよう成長を促す目的で行う。

いじめが起きた集団への働きかけ

① いじめを見た場合には，自分の問題として捉えさせ，たとえ，いじめを止めさせることはできなくても，誰かに知らせる勇気を持つよう伝える。

② はやしたてるなど同調する行為は，いじめに加担する行為であることを理解させる。

③ 学級全体で話し合うなどして，いじめは絶対に許されない行為であり，根絶しようという態度を行き渡らせるようにする。

④ 児童生徒が真にいじめの問題を乗り越えた状態とは，加害児童生徒による被害児童生徒に対する謝罪だけではなく，被害児童生徒の回復，加害児童生徒が抱えるストレス等の問題の除去，被害児童生徒と加害児童生徒をはじめとする他の児童生徒との関係の修復を経て，双方の当事者や周りの者全員を含む集団が，好ましい集団活動を取り戻し，あらたな活動に踏み出すことをもって達成されるものであることを，児童生徒に伝える。

⑤ すべての児童生徒が，集団の一員として，互いを尊重し，認め合う人間関係を構築できるような集団づくりを進める。

インターネット上のいじめへの対応

① インターネット上の不適切な書き込み等については，被害の拡大を避けるため，直ちに削除する措置をとる。

② 名誉毀損やプライバシー侵害等があった場合，（プロバイダは違法な情報発信停止を求めたり，情報を削除したりできるようになっているため），プロバイダに対して速やかに削除を求めるなど必要な措置を行う。また，こうした措置をとるに当たり，必要に応じて法務局又は地方法務局の協力を求める。

③ 児童生徒の生命，身体又は財産に重大な被害が生じるおそれがあるときは，直ちに所轄警察署に通報し，適切に援助を求める。

④ 早期発見の観点から，学校の設置者等と連携し，学校ネットパトロールを実施することにより，インターネット上のトラブルの早期発見に努める。

⑤ 児童生徒が悩みを抱え込まないよう，法務局・地方法務局におけるインターネット上の人権侵害情報に関する相談の受付など，関係機関の取組についても周知する。

⑥ パスワード付きサイトやＳＮＳ（ソーシャルネットワーキングサービス），携帯電話のメールを利用したいじめなどについては，より大人の目に触れにくく，発見しにくいため，学校における情報モラル教育を進めるとともに，保護者においてもこれらについての理解を求める。

判断することになります。

　被害児童生徒とその保護者が納得できない場合には，学校の設置者に調査や対応を依頼することもあります。この段階の要点事項について，法及び国の基本方針に基づき，端的に図示すると，図 9-3 のとおりです。また，国の基本方針の「いじめが解消している状態」の内容から要点を整理しチェックリストにすると，表 9-7 のとおりです。この段階の対応の点検評価に活用できます。

図 9-3 「対応結果の報告の段階」の要点事項

表 9-7 「いじめが解消している状態」チェックリスト

① いじめは，単に謝罪をもって安易に解消とはしない。

② いじめが「解消している」状態とは，少なくとも，「いじめに係る行為が止んでいること」と「被害児童生徒が心身の苦痛を感じていないこと」から判断しているが，これらの要件が満たされている場合であっても，必要に応じ，他の事情も勘案して判断する。

③ いじめが「解消している」状態については，被害者に対する心理的又は物理的な影響を与える行為が止んでいる状態の期間を少なくとも3か月を目安とする。

④ 学校の教職員は，少なくとも3か月を目安に，その期間が経過するまでは，被害・加害児童生徒の様子を含め状況を注視し，期間が経過した段階で，いじめの解消について判断を行う。

⑤ いじめの被害の重大性等から，いじめが「解消している」状態について長期の期間が必要であると判断される場合は，少なくとも3か月の目安にかかわらず，学校いじめ対策組織（あるいは学校の設置者）の判断により，より長期の期間を設定する。

⑥ いじめが「解消している」状態の判断に際しては，いじめに係る行為が止んでいるかどうかを判断する時点において，被害児童生徒がいじめの行為により心身の苦痛を感じていないかどうかについて，被害児童生徒本人及びその保護者に対し，心身の苦痛を感じていないかどうかを面談等によって確認する。

⑦ 各教職員は，いじめが解消に至っていない段階では，被害児童生徒を徹底的に守り通し，その安全・安心を確保する責任を有していることを自覚し，また，学校いじめ対策組織は，いじめが解消に至るまで被害児童生徒の支援を継続するため，支援内容，情報共有，教職員の役割分担を含む対処プランを策定し，それを確実に実行する。

⑧ いじめが「解消している」状態に至った場合でも，いじめが再発する可能性が十分にあり得ることを踏まえ，学校の教職員は，当該いじめの被害児童生徒及び加害児童生徒については，日常的に注意深く観察する。

⑨ 各教職員は，学校の定めた方針等に沿って，いじめに係る情報を適切に記録しておく。

6 いじめの重大事態への対処

（1）いじめの重大事態への対処の規定

　法第28条に，いじめの重大事態への対処について示しています。なお，ここでは第1項のみ示しています。他の条文の内容は，第8章の表8-6を参照してください。

> 　学校の設置者又はその設置する学校は，次に掲げる場合には，その事態（以下「重大事態」という。）に対処し，及び当該重大事態と同種の事態の発生の防止に資するため，速やかに，当該学校の設置者又はその設置する学校の下に組織を設け，質問票の使用その他の適切な方法により当該重大事態に係る事実関係を明確にするための調査を行うものとする。
> (1) いじめにより当該学校に在籍する児童等の生命，心身又は財産に重大な被害が生じた疑いがあると認めるとき。
> (2) いじめにより当該学校に在籍する児童等が相当の期間学校を欠席することを余儀なくされている疑いがあると認めるとき。

　第1項には，事案（重大事態かどうか）に係る事実関係を明確にするための調査を行うことを規定しています。その対象は，「児童生徒の生命，心身又は財産に重大な被害が生じた，疑いがあると認めるとき。（生命・心身・財産重大事態）」と「いじめにより，児童生徒が

相当の期間学校を欠席することを余儀なくされている，疑いがある，と認めるとき。(不登校重大事態)」としています。

　さらに，文部科学委員会の附帯決議による「いじめを受けた児童等やその保護者からの申し立てがあったときには，適切かつ真摯に対応すること」に基づき，児童生徒やその保護者からいじめられて重大事態に至ったという申し立てがあった場合には，重大事態が発生したものとして学校の設置者等に報告することを示しています。

　なお，不登校重大事態において，「相当の期間学校を欠席することを余儀なくされている」については，年間30日を目安に，一定期間，連続して欠席している場合も対象になり得ます。重大事態に係る調査主体については，重大事態が発生した疑いがあると認めるときに，学校は直ちに学校の設置者に報告し，学校の設置者はその事案の調査を行う主体や，どのような調査組織とするかを判断することとしています。

　調査組織は，事実関係を明確にするための調査を実施し，その調査結果の提供及び報告については，いじめを受けた児童生徒またはその保護者が希望する場合には，いじめを受けた児童生徒またはその保護者の所見をまとめた文書の提供を受け，調査結果の報告に添えて地方公共団体の長等に送付することとしています。

　また，第28条の第1項のいじめの重大事態に該当する，あるいは疑われるなどの事案が発生した場合には，国立の学校は文部科学大臣，公立の学校は当該地方公共団体の長，私立の学校は当該学校を所轄する都道府県知事，株立の学校は認定を受けた地方公共団体の長（以下，地方公共団体の長など）に，それぞれ第29，30，31，32条の第1項に基づき，重大事態が発生した旨を報告しなければなりません。さらに，同第2項に基づき，前項で重大事態の報告を受けた者が，必要があると認めるときは，重大事態の調査結果について調査を行うことができます。端的には，地方公共団体の長などが，重大事態の再調査を行うことができるという規定です。

　以上のように，いじめの重大事態への対処については，調査や報告に関する手続きが規定されているため，正確な対応が求められることになります。

（2）重大事態への対処のポイント
① 重大事態への対処を開始する3つのケース

　上記（1）の再掲になりますが，法第28条第1項では，重大事態として2つを規定しています。第1号において「生命・心身・財産重大事態」を規定し，児童生徒の生命，心身または財産に重大な被害が生じた疑いがあると認めるときとしています。また，第2号において「不登校重大事態」を規定し，いじめにより，児童等が相当の期間学校を欠席することを余儀なくされている疑いがあると認めるときとしています。

　さらに，（1）で示した「附帯決議」を踏まえ，児童生徒やその保護者からいじめられて重大事態に至ったという申し立てがあった場合です。その時点で，重大事態が発生したものとして学校の設置者等に報告することになります。

以上より，重大事態への対処を開始するケースは3つになります。「学校または学校の設置者」が「生命・心身・財産重大事態」か「不登校重大事態」の疑いがあると認めるときと，「児童生徒・その保護者」からいじめられて重大事態に至ったという申し立てがあったときになります。

② 重大事態として扱われた事例

　「いじめの重大事態の調査に関するガイドライン」（文部科学省, 2017）では，各教育委員会などで重大事態として扱った事例を示しています。表9-8のとおりです。表の事例を下回る程度の被害であっても，総合的に判断し重大事態と捉える場合があることに留意する必要があります。

（3）重大事態への対処の展開（調査主体が学校の場合）

　学校が重大事態へ対処する場合の展開について簡易に整理すると，次の①②③のとおりです。また，図9-4は，法，国の基本方針，重大事態ガイドラインの規定を基に，重大事態への対処の展開を全体的にまとめたものです。

表 9-8　重大事態と扱った事例

「生命」重大事態：児童生徒が自殺を企図した場合
・軽傷で済んだものの，自殺を企図した。
「心身」重大事態：心身に重大な被害を負った場合
・リストカットなどの自傷行為を行った。
・暴行を受け，骨折した。
・投げ飛ばされ脳震盪となった。
・殴られて歯が折れた。
・カッターで刺されそうになったが，咄嗟にバッグを盾にしたため刺されなかった。
・心的外傷後ストレス障害と診断された。
・嘔吐や腹痛などの心因性の身体反応が続く。
・多くの生徒の前でズボンと下着を脱がされ裸にされた。
・わいせつな画像や顔写真を加工した画像をインターネット上で拡散された。
「財産」重大事態：金品等に重大な被害を被った場合
・複数の生徒から金銭を強要され，総額1万円を渡した。
・スマートフォンを水に浸けられ壊された。
「不登校」重大事態：いじめにより転学等を余儀なくされた場合
・欠席が続き（重大事態の目安である30日には達していない）当該校へは復帰ができないと判断し，転学（退学等も含む）した。
「被害児童生徒・保護者からの申立て」重大事態
・被害児童生徒や保護者から，「いじめにより重大な被害が生じた」という申立てがあったときは，その時点で学校が「いじめの結果ではない」あるいは「重大事態とはいえない」と考えたとしても，重大事態が発生したものとして報告・調査等に当たる。
・人間関係が原因で心身の異常や変化を訴える申立て等の「いじめ」という言葉を使わない場合を含む。

① いじめの情報収集から重大事態の学校設置者への報告

いじめの情報（疑いに関する情報を含む）があり，第22条の学校いじめ対策組織でいじめに関する情報の収集やいじめの事実の確認を行った結果，学校いじめ対策組織が第28条の第1項の重大事態に該当する「生命，心身又は財産に重大な被害が生じた疑い」または「相当の期間学校を欠席することを余儀なくされている疑い」と判断した場合や，「児童生徒や保護者からいじめられて重大事態に至ったという申立てがあったとき」には，学校の設置者に報告します。

② 重大事態を調査する主体を学校の設置者が決定

学校から重大事態発生の報告を受けた学校の設置者は，地方公共団体の長などに報告（私立学校は知事に報告）するとともに，重大事態を調査する主体を学校の設置者が担うか，学校が担うかについて，学校の設置者が判断します。

③ 学校が調査主体の場合

学校の設置者の指導・助言のもと，次のような対応を行います。

a）学校の下に，重大事態の調査組織を設置： 組織の構成については，専門的知識及び経験を有し，当該いじめ事案の関係者と直接の人間関係または特別の利害関係を有しない第三者の参加を図り，当該調査の公平性・中立性を確保するよう努めます。学校いじめ対策組織を母体として，当該重大事態の性質に応じて適切な専門家を加えるなどの方法も考えられます。なお，調査組織については，学校の設置者の承認を得るとともに，被害児童生徒の保護者の了承を得るようにします。

b）調査組織で事実関係を明確にするための調査を実施： いじめ行為の事実関係を可能な限り網羅的に明確にします。この際，因果関係の特定を急ぐべきではなく，客観的な事実関係を速やかに調査します。それまでに学校で先行して調査している場合も，調査資料の再分析や必要に応じて新たな調査を実施します。なお，事前に被害児童生徒の保護者の主訴を確認するとともに調査計画の説明をするようにします。

c）いじめを受けた児童生徒及びその保護者に対して情報を適切に提供： 調査により明らかになった事実関係について，情報を適切に提供します。経過報告も適宜，行います。関係者の個人情報に十分配慮する必要があります。ただし，いたずらに個人情報保護を楯に説明を怠るようなことがあってはいけません。アンケートや聞きとりなどで得られた情報は，いじめられた児童生徒や保護者に提供する場合があることを念頭におき，調査に先立ち，その旨を調査対象の児童生徒や保護者に説明するなどの措置が必要です。

d）調査結果を学校の設置者に報告： 調査結果は，報告書を作成し，学校の設置者等に報告します。また，学校の設置者から地方公共団体の長などに報告します。いじめを受けた児童生徒・その保護者には，事前に調査報告書の概要について伝えておきます。

いじめを受けた児童生徒またはその保護者が希望する場合には，いじめを受けた児童生徒またはその保護者の所見をまとめた文書の提供を受け，調査結果に添えて学校の設置者に提出し，地方公共団体の長などにも提出されます。したがって，調査報告書に添えて所

見をまとめた文書を提出できることについて，事前にいじめを受けた児童生徒・その保護者に説明しておくことになります。

e）**調査結果を踏まえた必要な措置：**　調査報告書の提出を受けた地方公共団体の長などの判断により，調査は終了します。また，必要があれば，地方公共団体の長などの判断により，地方公共団体の長などによる再調査が実施されます。

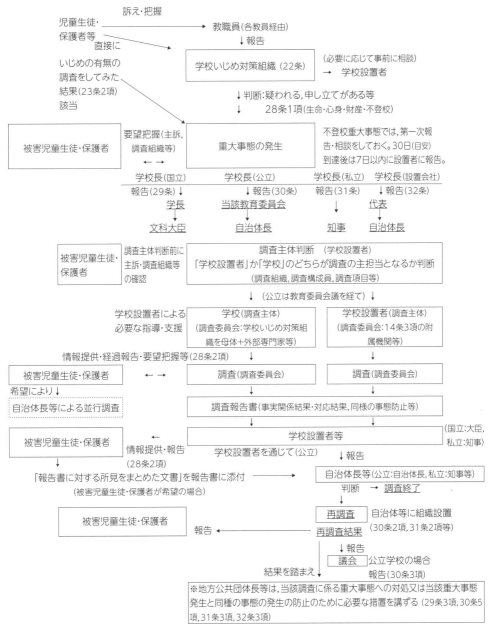

図9-4　いじめの重大事態への対処の展開

【引用・参考文献】

文部科学省　2013　いじめ防止対策推進法の公布について（通知）
　　　https://www.mext.go.jp/a_menu/shotou/seitoshidou/1337219.htm

文部科学省　2013　いじめ防止対策推進法の公布について（通知）　別添3　いじめ防止対策推進法（平成25年法律第71号）
　　　https://www.mext.go.jp/a_menu/shotou/seitoshidou/1337278.htm

文部科学省　2013　いじめ防止対策推進法の公布について（通知）　別添4　いじめ防止対策推進法案に対する附帯決議（衆議院文部科学委員会）
　　　https://www.mext.go.jp/a_menu/shotou/seitoshidou/1337280.htm

文部科学省　2014　子供の自殺が起きたときの背景調査の指針（改訂版）
　　　https://www.mext.go.jp/component/b_menu/shingi/toushin/__icsFiles/afieldfile/2014/09/10/1351863_02.pdf

文部科学省　2016　不登校重大事態に係る調査の指針
　　　https://www.mext.go.jp/a_menu/shotou/seitoshidou/__icsFiles/afieldfile/2016/07/14/1368460_1.pdf

国立教育政策研究所生徒指導・進路指導研究センター　2016　いじめ追跡調査 2013－2015 いじめQ＆A
　　　https://www.nier.go.jp/shido/centerhp/2806sien/tsuiseki2013-2015_3.pdf

文部科学省　2017　いじめの防止等のための基本的な方針　文部科学大臣決定（最終改定 平成29年3月14日）
　　　https://www.mext.go.jp/a_menu/shotou/seitoshidou/__icsFiles/afieldfile/2018/01/04/1400142_001.pdf

文部科学省　2017　いじめの重大事態の調査に関するガイドライン
　　　https://www.mext.go.jp/component/a_menu/education/detail/__icsFiles/afieldfile/2019/06/26/1400030_009.pdf

坂田 仰 編　2018　補訂版 いじめ防止対策推進法 全条文と解説　学事出版

文部科学省　2018　小学校学習指導要領（平成29年告示）解説 総則編　東洋館出版社

文部科学省　2018　中学校学習指導要領（平成29年告示）解説 総則編　東山書房

文部科学省　2019　高等学校学習指導要領（平成30年告示）解説 総則編　東洋館出版社

吉田浩之　2021　いじめ問題，暴力行為と生徒指導　生徒指導・進路指導の理論と方法　会沢信彦・渡部昌平編　北樹出版　52-61

Chapter 10 暴力行為，暴言，体罰・懲戒，児童虐待

> 　暴力行為は社会において許されない行為であり，犯罪行為として取り扱われる対象になります。暴力行為を含め，問題行動への対応には，事例に応じた法的な理解が必要です。一方で，生徒指導の事案に対処する過程において，教員による不適切な対応や言動が問題になるケースもみられます。
> 　本章では，暴力行為の現状と課題，学校において生じる可能性のある刑罰法に該当する行為に関する文部科学省の調査結果や事例資料を取り上げます。また，教員による暴言，体罰・懲戒，児童虐待への対応に関連する法律や最新動向について理解を深めます。

1 ｜ 暴力行為の発生状況

（1）暴力行為と校内暴力の調査内容

　文部科学省は，1982年度から生徒の「校内暴力」の状況についての調査を開始し，1997年度以降は，児童生徒の「暴力行為」に変更し調査を実施しています。校内暴力と暴力行為の調査内容の変遷は，表10-1のとおりです。

表 10-1　暴力行為（校内暴力を含む）の調査内容

対象期間	1982年度から1996年度	1997年度から2005年度	2006年度から2012年度	2013年度以降
対象校種	公立中・高等学校	公立小・中・高等学校	国公私立小・中・高等学校	国公私立小・中・高等学校（高等学校に通信制度課程を含める）
調査の定義	「校内暴力」 校内暴力とは，学校生活に起因して起こった暴力行為をいい，対教師暴力，生徒間暴力，学校の施設・設備等の器物損壊の3形態がある。	「暴力行為」 暴力行為とは，自校の児童生徒が，故意に有形力（目に見える物理的な力）を加える行為をいい，被暴力の対象によって，「対教師暴力」（教師に限らず，用務員等の学校職員も含む），「生徒間暴力」（何らかの人間関係がある児童生徒同士に限る），「対人暴力」（対教師暴力，生徒間暴力の対象者を除く），学校の施設・設備等の「器物損壊」の4形態に分ける。ただし，家族・同居人に対する暴力行為は，調査対象外とする。		

　なお，当該調査においては，当該暴力行為によるけがの有無や，けがによる病院の診断書の有無，被害者による警察への被害届の有無などにかかわらず，表10-2に示す暴力行

為の４形態の「対教師暴力」「生徒間暴力」，「対人暴力」，「器物損壊」の例に掲げているような行為と同等か，またはこれらを上回るようなものをすべて対象とするとしています。

表 10-2　暴力行為の４形態の例

① 「対教師暴力」の例	② 「生徒間暴力」の例
・指導されたことに激高して教師の足を蹴った。	・同じ学校の生徒同士がけんかとなり，双方が相手を殴った。
・教師の胸ぐらをつかんだ。	・高等学校在籍の生徒２名が，中学校時の後輩で，中学校在籍の生徒の身体を壁に押し付けた。
・教師の腕をカッターナイフで切りつけた。	・部活動中に，上級生が下級生に対し，指導と称して清掃道具で叩いた。
・養護教諭目がけて椅子を投げ付けた。	・遊びやふざけを装って，特定の生徒の首を絞めた。
・定期的に来校する教育相談員を殴った。	・双方が顔見知りで別々の学校に在籍する生徒同士が口論となり，けがには至らなかったが，身体を突き飛ばすなどした。
・その他，教職員に暴行を加えた。	・その他，何らかの人間関係がある児童生徒に対して暴行を加えた。

③ 「対人暴力」の例	④ 「器物損壊」の例
・学校行事に来賓として招かれた地域住民に足蹴りをした。	・教室の窓ガラスを故意に割った。
・偶然通りかかった他校の見知らぬ生徒と口論になり，殴ったり，蹴ったりした。	・トイレのドアを故意に壊した。
・登下校中に，通行人にけがを負わせた。	・補修を要する落書きをした。
・その他，他者（対教師及び生徒間暴力の対象を除く。）に対して暴行を加えた。	・学校で飼育している動物を故意に傷つけた。
	・学校備品（カーテン，掃除道具等）を故意に壊した。
	・他人の私物を故意に壊した。
	・その他，学校の施設・設備等を故意に壊した。

（2）暴力行為の発生件数

　調査対象が，国公私立小・中・高等学校となった 2006 年度以降の暴力行為の発生件数は，図 10-1 のとおりです。なお，2013 年度からは高等学校に通信制度課程を含めて調査を行っています（表 10-1 を参照）。校種別にみると，小学校において著しい増加をしています。

（3）形態ごとの発生状況

　４つの形態別の 2017 年度から 2019 年度の発生件数は，表 10-3 のとおりです。小学校の「対教師暴力」と「生徒間暴力」の発生件数は，中学校と高等学校に比べて多く，「対教師暴力」については，小学校のみが連続して増加し，2019 年度をみると中学校に比べて２倍以上の発生件数となっています。中学校の「対人暴力」と「器物損壊」の発生件数

年度	2006	2007	2008	2009	2010	2011	2012
小学校	3,803	5,214	6,484	7,115	7,092	7,175	8,296
中学校	30,564	36,803	42,754	43,715	42,987	39,251	38,218
高等学校	10,254	10,739	10,380	10,085	10,226	9,431	9,322
合計	44,621	52,756	59,618	60,915	60,305	55,857	55,836
年度	2013	2014	2015	2016	2017	2018	2019
小学校	10,896	11,472	17,078	22,841	28,315	36,536	43,614
中学校	40,246	35,683	33,073	30,148	28,702	29,320	28,518
高等学校	8,203	7,091	6,655	6,455	6,308	7,084	6,655
合計	59,345	54,246	56,806	59,444	63,325	72,940	78,787

図 10-1　暴力行為の発生件数の推移

は，小学校と高等学校に比べて多くなっています。また，高等学校の「対人暴力」と「器物損壊」はやや増加しています。

表 10-3　形態別の発生件数

	対教師暴力			生徒間暴力			対人暴力			器物損壊		
年度	2017	2018	2019	2017	2018	2019	2017	2018	2019	2017	2018	2019
小学校	4,662	5,408	6,505	19,846	26,543	32,120	370	473	308	3,437	4,112	4,681
中学校	3,455	3,248	2,921	18,558	19,989	19,413	710	612	601	5,979	5,471	5,583
高等学校	510	478	423	4,201	4,596	4,187	226	251	277	1,371	1,759	1,768
計	8,627	9,134	9,849	42,605	51,128	55,720	1,306	1,336	1,186	10,787	11,342	12,032

 2 | 学校において生じる可能性がある犯罪行為等に関連する法令

　表 10-4 は，「学校において生じる可能性がある犯罪行為等について」（文部科学省，2013）を参考に，暴力行為を含め学校で生じる可能性のある犯罪行為の事例と，それに該当する

刑罰法規例です。また，刑罰に該当する可能性のあるいじめの態様と対応させて記していします。どのような行為が刑罰法規に該当するかについて，教員は理解を深めておく必要があります。同様に，児童生徒に対しても，刑罰法規に該当する行為について，身近な事例を示しながら具体的に理解できるようにしておくことも大切です。

表 10-4　学校において生じる可能性がある犯罪行為等について

いじめの態様	刑罰法規及び事例	
ひどくぶつかられたり，叩かれたり，蹴られたりする。	暴行（刑法第208条）	暴行を加えた者が人を傷害するに至らなかったときは，2年以下の懲役若しくは30万円以下の罰金又は拘留若しくは科料に処する。
	事例：	同級生の腹を繰り返し殴ったり蹴ったりする。
	傷害（刑法204条）	人の身体を傷害した者は，15年以下の懲役又は50万円以下の罰金に処する。
	事例：	顔面を殴打しあごの骨を折るケガを負わせる。
軽くぶつかられたり，遊ぶふりをして叩かれたり，蹴られたりする。	暴行（刑法第208条）	暴行を加えた者が人を傷害するに至らなかったときは，2年以下の懲役若しくは30万円以下の罰金又は拘留若しくは科料に処する。
	事例：	プロレスと称して同級生を押さえつけたり投げたりする。
嫌なことや恥ずかしいこと，危険なことをされたり，させられたりする。	強要（刑法第223条）	生命，身体，自由，名誉若しくは財産に対し害を加える旨を告知して脅迫し，又は暴行を用いて，人に義務のないことを行わせ，又は権利の行使を妨害した者は，3年以下の懲役に処する。2　親族の生命，身体，自由，名誉又は財産に対し害を加える旨を告知して脅迫し，人に義務のないことを行わせ，又は権利の行使を妨害した者も，前項と同様とする。3　前2項の罪の未遂は，罰する。
	事例：	断れば危害を加えると脅し，汚物を口にいれさせる。
	強制わいせつ（刑法第176条）	13歳以上の男女に対し，暴行又は脅迫を用いてわいせつな行為をした者は，6月以上10年以下の懲役に処する。13歳未満の男女に対し，わいせつな行為をした者も，同様とする。
	事例：	断れば危害を加えると脅し，性器を触る。
金品をたかられる。	恐喝（刑法第249条）	人を恐喝して財物を交付させた者は，10年以下の懲役に処する。2　前項の方法により，財産上不法の利益を得，又は他人にこれを得させた者も，同項と同様とする。
	事例：	断れば危害を加えると脅し，現金等を巻き上げる。
金品を隠されたり，盗まれたり，壊されたり，捨てられたりする。	窃盗（刑法第235条）	他人の財物を窃取した者は，窃盗の罪とし，10年以下の懲役又は50万円以下の罰金に処する。
	事例：	教科書等の所持品を盗む。
	器物損壊等（刑法第261条）	前3条に規定するもの（公用文書等毀棄，私用文書等毀棄，建造物等損壊及び同致死傷）のほか，他人の物を損壊し，又は傷害した者は，3年以下の懲役又は30万円以下の罰金若しくは科料に処する。
	事例：	自転車を故意に破損させる。

冷やかしやからかい，悪口や脅し文句，嫌なことを言われる。	脅迫（刑法第222条）	生命，身体，自由，名誉又は財産に対し害を加える旨を告知して人を脅迫した者は，2年以下の懲役又は30万円以下の罰金に処する。 2　親族の生命，身体，自由，名誉又は財産に対し害を加える旨を告知して人を脅迫した者も，前項と同様とする。
	事例：	学校に来たら危害を加えると脅す。
	名誉毀損（刑法第230条）	公然と事実を摘示し，人の名誉を毀損した者は，その事実の有無にかかわらず，3年以下の懲役若しくは禁錮又は50万円以下の罰金に処する。 2　死者の名誉を毀損した者は，虚偽の事実を摘示することによってした場合でなければ，罰しない。
	侮辱（刑法231条）	事実を摘示しなくても，公然と人を侮辱した者は，拘留又は科料に処する。
	事例：	校内や地域の壁や掲示板に実名を挙げて，「万引きをしていた」，気持ち悪い，うざい，などと悪口を書く。
パソコンや携帯電話等で，誹謗中傷や嫌なことをされる。	脅迫（刑法第222条）	生命，身体，自由，名誉又は財産に対し害を加える旨を告知して人を脅迫した者は，2年以下の懲役又は30万円以下の罰金に処する。 2　親族の生命，身体，自由，名誉又は財産に対し害を加える旨を告知して人を脅迫した者も，前項と同様とする。
	事例：	学校に来たら危害を加えると脅すメールを送る。
	名誉毀損（刑法第230条）	公然と事実を摘示し，人の名誉を毀損した者は，その事実の有無にかかわらず，3年以下の懲役若しくは禁錮又は50万円以下の罰金に処する。 2　死者の名誉を毀損した者は，虚偽の事実を摘示することによってした場合でなければ，罰しない。
	侮辱（刑法231条）	事実を摘示しなくても，公然と人を侮辱した者は，拘留又は科料に処する。
	事例：	特定の人物を誹謗中傷するため，インターネット上のサイトに実名を挙げて「万引きをしていた」，気持ち悪い，うざい，などと悪口を書く。
パソコンや携帯電話等で，誹謗中傷や嫌なことをされる。	児童ポルノ所持，提供等（児童買春，児童ポルノに係る行為等の規制及び処罰並びに児童の保護等に関する法律：第7条）	第7条（略） 2　児童ポルノを提供した者は，3年以下の懲役又は300万円以下の罰金に処する。電気通信回線を通じて第2条第3項各号のいずれかに掲げる児童の姿態を視覚により認識することができる方法により描写した情報を記録した電磁的記録その他の記録を提供した者も，同様とする。 3　前項に掲げる行為の目的で，児童ポルノを製造し，所持し，運搬し，本邦に輸入し，又は本邦から輸出した者も，同項と同様とする。同項に掲げる行為の目的で，同項の電磁的記録を保管した者も，同様とする。 4～5（略） 6　児童ポルノを不特定若しくは多数の者に提供し，又は公然と陳列した者は，5年以下の懲役若しくは500万円以下の罰金に処し，又はこれを併科する。（略） 7　前項に掲げる行為の目的で，児童ポルノを製造し，所持し，運搬し，本邦に輸入し，又は本邦から輸出した者も，同項と同様とする。同項に掲げる行為の目的で，同項の電磁的記録を保管した者も，同様とする。 8（略）
	事例：	携帯電話で児童生徒の性器の写真を撮り，インターネット上のサイトに掲載する。

2　学校において生じる可能性がある犯罪行為等に関連する法令

3 ｜ 教員による暴言，不適切な言動

（1）教員による暴言等の事例

　次に取り上げるのは，教員による暴言や不適切な言動などにより，児童生徒が被害を受けた3つの事例です。いずれも近年，報道されたものです。

①　小学校教員の事例

　1年生担任の女性教諭が「赤ちゃん」「脳みそ使えよ」などと複数の児童に暴言を発していた。校長は取材に対し暴言の事実は認め，「子供たちの尊厳を傷つけ，恐怖心を与える言葉。児童や保護者の苦しみを考えると大変申し訳ない」と謝罪した。

　市教委によると，暴言は，学校に行きたがらない児童がいるのを不審に思った保護者がボイスレコーダーで教室内のやりとりを録音したことで発覚。トイレに行きたいと申し出た児童に「漏れる？　じゃあ漏らすー？　…幼稚園生！」などと強い口調で責める声も記録されていた。市教委の担当者は「入学したばかりの1年生はまだ発達段階で，畏縮させるような言葉は不適切。全小中学校で発達段階に即した丁寧な指導対応をするよう呼びかけたい」と話した。

②　校長の事例

　小学校の校長が女子児童に「あほか」「ろくな大人にならない」などと暴言を吐いていた。児童はその後，体調が悪くなり，登校できなくなっている。市教委によると出張中の担任に代わり授業を行っていた男性校長が4年生の女子児童に対し，宿題ができていないことをごまかそうとしたとして「あほか」「ろくな大人にならない」などと叱責し，保護者から市教委に連絡があり発覚した。女子児童は急性ストレス反応と診断され学校を休んでいる。市教委は「スクールカウンセラーによる心のケアなどを行い，1日も早く児童が登校できるよう対応したい」としている。

③　中学校教員の事例

　福島県の男性教諭が授業中，黒板に「（生徒の名前）が調子にのっているからみんなでいじめよう」と，生徒のいじめを助長するような文言を書いていた。県教委は，教諭を減給6か月の懲戒処分にした。県教委はこの言動が一因で生徒が不登校状態になったとしている。

　県教委によると，教諭は3年生の男子生徒に対し，国語の授業中に整髪料の付け過ぎだと口頭で注意した後，黒板の「1日の行動目標」の欄に同記述を書いたという。その後に生徒の欠席が増え，1〜2月はすべて学校を休み，卒業式も出席しなかった。教諭は「生徒とは信頼関係があり，冗談のつもりだった。軽率な行動だった」と話しているという。県教委は，保護者への説明や教育委員会への報告などが遅れ，事態悪化や不登校状態の長期化を招いたとして，同校の校長も戒告の懲戒処分とした。

　①の事例では，児童であれ，大人であれ，誰に対しても，不適切な発言は，厳しい指摘

を受けることを示唆しています。誰に聞かれても，見られても，表に出ても問題ないという基準で児童生徒に関わることが求められます。

②の事例では，校長としては叱責をしたとしているようですが，「あほか」「ろくな大人にならない」という暴言を発し，その結果，当該児童は急性ストレス反応と診断され学校を休まざるを得ない状態になりました。不適切な言動や当該児童の状況から，叱責ではないことは明らかです。叱責と称する逸脱指導は許されません。

③の事例では，当該生徒は不登校状態になり，教員は懲戒処分を受けています。教員からみて「生徒とは信頼関係がある」と感じていたとしても，生徒に対する不適切な言動は「冗談のつもり」で済むものではないことを認識する必要があります。

（2）暴言等と懲戒処分

上記（1）の3つの事例に共通する内容として，教員による暴言等の不適切な言動によって，それを受けた児童生徒が学校を欠席する状態になっています。「不登校児童生徒への支援の在り方について（通知）」（文部科学省，2019）では，教職員の不適切な言動や指導が不登校の原因となっている場合について，次の内容を示しています。教職員の不適切な言動や指導が不登校の原因となっている場合は，懲戒処分も含めた厳正な対応が必要であることを示しています。

> 「不登校児童生徒への支援の在り方について（通知）」（抜粋）
> 2　学校等の取組の充実　（2）不登校が生じないような学校づくり
> 2．いじめ，暴力行為等問題行動を許さない学校づくり
> いじめや暴力行為を許さない学校づくり，問題行動へのき然とした対応が大切であること。また教職員による体罰や暴言等，不適切な言動や指導は許されず，教職員の不適切な言動や指導が不登校の原因となっている場合は，懲戒処分も含めた厳正な対応が必要であること。

また，「教職員の主な非行に対する標準的な処分量定」（東京都教育委員会，2020）には，教職員による「体罰等」と「停職，減給，戒告」の規定として次の内容を示しています。そこでは，暴言に加えて，威嚇についても記しています。

> ・暴言又は威嚇を行った場合で，児童・生徒の苦痛の程度が重いとき（欠席・不登校等）
> ・常習的に暴言又は威嚇を繰り返した場合
> ・暴言又は威嚇の内容が悪質である場合
> ・暴言又は威嚇の隠ぺい行為を行った場合

 ## 4 ｜ 体罰と懲戒

（1）教員による体罰の事例

次に取り上げるのは，教員による体罰に関する2つの事例です。いずれも近年，報道されたものです。

①　高等学校の事例

　高校のサッカー部で，監督の男性教諭が生活態度の悪い部員への「指導」として丸刈りを命じていたことが学校への取材で明らかになった。学校側も把握していたが，県に匿名で相談があるまで事実上，黙認していた。学校は「監督は懲罰でなく激励のつもりだったが，改めて体罰と判断した」としている。

　学校によると，監督は宿題を忘れたり言葉遣いが悪かったりして学校や寮などでの生活態度に問題があると判断した部員に対し，丸刈りを命令。部員が自らバリカンを使って髪の毛を切るなどしていた。「指導」は数年前に始まったとみられ，昨年度は9人が丸刈りになったという。教頭は「部員が納得しているのであれば問題ないという認識だったが，髪の毛も身体の一部なので体罰と捉えた」と話している。

②　小学校の事例

　男性教諭が男子児童を叩き，暴行罪で簡易裁判所から罰金5万円の略式命令を受けたと明らかにした。町教委によると，教諭は担任として受け持っていた男児に教室で指導する際，1回，頬に平手打ちを加えた。男児にけがはなかったが，保護者が県警に被害届を出した。町教委の調べに対して教諭は「児童に話を聞こうとしたが，応じなかったために手を出してしまった」と話した。

　①の事例では，「部員が納得しているのであれば問題ないという認識」とする学校（管理職）があることを示しています。学校として体罰に関連する法や通知などを正確に理解していない可能性がうかがえます。

　②の事例では，「1回，頬に平手打ちを加えた」という行為によって，罰金5万円の略式命令を受け，「前科」がついたことになります。その現実に目を向ける必要があります。学校における体罰は，目撃証言などが得やすく，被害届提出により刑罰を受ける可能性が十分にあります。

（2）体罰に関する規定

　学校教育法第11条では，「校長及び教員は，教育上必要があると認めるときは，文部科学大臣の定めるところにより，児童，生徒及び学生に懲戒を加えることができる。ただし，体罰を加えることはできない。」と示すように，校長及び教員による体罰を禁止しています。また，文部科学省では，「体罰の禁止及び児童生徒理解に基づく指導の徹底について（通知）」を発出し，「2懲戒と体罰の区別について」において，次のように示しています。

> (1) 教員等が児童生徒に対して行った懲戒行為が体罰に当たるかどうかは，当該児童生徒の年齢，健康，心身の発達状況，当該行為が行われた場的及び時間的環境，懲戒の態様等の諸条件を総合的に考え，個々の事案ごとに判断する必要がある。この際，単に，懲戒行為をした教員等や，懲戒行為を受けた児童生徒・保護者の主観のみにより判断するのではなく，諸条件を客観的に考慮して判断すべきである。

> (2) (1) により，その懲戒の内容が身体的性質のもの，すなわち，身体に対する侵害を内容とするもの（殴る，蹴る等），児童生徒に肉体的苦痛を与えるようなもの（正座・直立等特定の姿勢を長時間にわたって保持させる等）に当たると判断された場合は，体罰に該当する。

　体罰に該当するものとして「身体に対する侵害を内容とするもの」と「肉体的苦痛を与えるようなもの」を示していますが，児童生徒の年齢，健康，心身の発達状況，当該行為が行われた場所的・時間的環境，懲戒の態様等の諸条件を総合的に考え，個々の事案ごとに判断する必要があることも示しています。なお，上記通知の別紙「学校教育法第11条に規定する児童生徒の懲戒・体罰等に関する参考事例」には，学校現場の参考に資するよう，体罰と懲戒についての具体的な事例について，表10-5のように示しています。

表 10-5　体罰と懲戒についての参考事例

体罰（通常，体罰と判断されると考えられる行為）
　　○ 身体に対する侵害を内容とするもの
　　　・体育の授業中，危険な行為をした児童の背中を足で踏みつける。
　　　・帰りの会で足をぶらぶらさせて座り，前の席の児童に足を当てた児童を，突き飛ばして転倒させる。
　　　・授業態度について指導したが反抗的な言動をした複数の生徒らの頬を平手打ちする。
　　　・立ち歩きの多い生徒を叱ったが聞かず，席につかないため，頬をつねって席につかせる。
　　　・生徒指導に応じず，下校しようとしている生徒の腕を引いたところ，生徒が腕を振り払ったため，当該生徒の頭を平手で叩（たた）く。
　　　・給食の時間，ふざけていた生徒に対し，口頭で注意したが聞かなかったため，持っていたボールペンを投げつけ，生徒に当てる。
　　　・部活動顧問の指示に従わず，ユニフォームの片づけが不十分であったため，当該生徒の頬を殴打する。
　　○ 被罰者に肉体的苦痛を与えるようなもの
　　　・放課後に児童を教室に残留させ，児童がトイレに行きたいと訴えたが，一切，室外に出ることを許さない。
　　　・別室指導のため，給食の時間を含めて生徒を長く別室に留め置き，一切室外に出ることを許さない。
　　　・宿題を忘れた児童に対して，教室の後方で正座で授業を受けるよう言い，児童が苦痛を訴えたが，そのままの姿勢を保持させた。

認められる懲戒（通常，懲戒権の範囲内と判断されると考えられる行為）（ただし肉体的苦痛を伴わないものに限る。）
　　※　学校教育法施行規則に定める退学・停学・訓告以外で認められると考えられるものの例
　　　・放課後等に教室に残留させる。
　　　・授業中，教室内に起立させる。
　　　・学習課題や清掃活動を課す。
　　　・学校当番を多く割り当てる。
　　　・立ち歩きの多い児童生徒を叱って席につかせる。
　　　・練習に遅刻した生徒を試合に出さずに見学させる。

正当な行為（通常，正当防衛，正当行為と判断されると考えられる行為）
　　○ 児童生徒から教員等に対する暴力行為に対して，教員等が防衛のためにやむを得ずした有形力の行使
　　　・児童が教員の指導に反抗して教員の足を蹴ったため，児童の背後に回り，体をきつく押さえる。
　　○ 他の児童生徒に被害を及ぼすような暴力行為に対して，これを制止したり，目前の危険を回避するためにやむを得ずした有形力の行使
　　　・休み時間に廊下で，他の児童を押さえつけて殴るという行為に及んだ児童がいたため，この児童の両肩をつかんで引き離す。

・全校集会中に，大声を出して集会を妨げる行為があった生徒を冷静にさせ，別の場所で指導するため，別の場所に移るよう指導したが，なおも大声を出し続けて抵抗したため，生徒の腕を手で引っ張って移動させる。
・他の生徒をからかっていた生徒を指導しようとしたところ，当該生徒が教員に暴言を吐きつばを吐いて逃げ出そうとしたため，生徒が落ち着くまでの数分間，肩を両手でつかんで壁へ押しつけ，制止させる。
・試合中に相手チームの選手とトラブルになり，殴りかかろうとする生徒を，押さえつけて制止させる。

　体罰は，学校教育法第11条により禁止される違法行為であるのみならず，児童生徒の心身に深刻な影響を与え，教員及び学校への信頼を失墜させる行為です。そして，場合によっては，行政責任・刑事責任・民事責任を求められることも想定されます。文部科学省では，「体罰根絶に向けた取組の徹底について（通知）」を発出し，「事案に応じた厳正な処分等」について，次のように示しています。

> 教育委員会は，体罰を行ったと判断された教員等については，客観的な事実関係に基づき，厳正な処分等を行うこと。特に，以下の場合は，より厳重な処分を行う必要があること。
> 1　教員等が児童生徒に傷害を負わせるような体罰を行った場合
> 2　教員等が児童生徒への体罰を常習的に行っていた場合
> 3　体罰を起こした教員等が体罰を行った事実を隠蔽した場合等

（3）懲戒に関する規定

　学校教育法第11条で規定するように，校長及び教員には児童生徒に懲戒を加えることは認められています。また，学校教育法施行規則第26条第1項では，校長及び教員が児童生徒に懲戒を加えるに当たっては，「児童等の心身の発達に応ずる等教育上必要な配慮をしなければならない」と懲戒における留意点を規定しています。

　なお，「懲戒を加える」には2種類があります。それは，「法的効果を伴う懲戒」と「法的効果を伴わない懲戒（事実行為としての懲戒）」になります。

　1つめの「法的効果を伴う懲戒」には，たとえば，学校教育法施行規則第26条第2項に示すように，「校長が行う退学，停学及び訓告」があります。在学関係にある児童生徒にその身分を喪失させ，学校における教育を受ける権利を剥奪する（退学処分）や，教育を受ける権利を一定期間停止する（停学処分）ものです。しかし，公立の義務教育諸学校では，退学処分，停学処分のいずれも禁止されています（学校教育法施行規則第26条第3，4項）。

　2つめの「法的効果を伴わない懲戒（事実行為としての懲戒）」には，たとえば，注意，叱責，居残り，別室指導，起立，宿題，清掃，当番の割り当て，文書指導などがあります。上記の「学校教育法第11条に規定する児童生徒の懲戒・体罰等に関する参考事例」で示す具体例が参考になります。

（4）児童生徒の出席停止

　性行不良であって他の児童生徒の教育に妨げがあると認める児童生徒については，出席

停止の制度が設けられています（学校教育法第35，49条）。この制度は，懲戒という観点からではなく，学校秩序を維持し，他の児童生徒の義務教育を受ける権利を保障するという観点から設けられています。

　なお，出席停止の要件としては，次の4つの行為類型に該当する行為の1つ又は2つ以上を「繰り返し」行うことが示されています。そして，市町村教育委員会が，その保護者に児童生徒の出席停止を命じます。

○ 他の児童（生徒）に傷害，心身の苦痛又は財産上の損失を与える行為
○ 職員に傷害又は心身の苦痛を与える行為
○ 施設又は設備を損壊する行為
○ 授業その他の教育活動の実施を妨げる行為

 ## 5 ｜ 児 童 虐 待

　近年，児童相談所における児童虐待の相談件数は増加傾向にあります。子供の生命が奪われる事案も後を絶ちません。学校及び学校の教職員は，関連する法律や文部科学省が示す手引きなどの最新の動向について理解を深め，適切に児童虐待に対応できることが求められています。

（1）児童虐待の事例

　父親（41）から長女（10）が「意識や呼吸がない」と110番があり，駆け付けた救急隊員が浴室で倒れているのを見つけた。長女は現場で死亡していた。父親は長女に暴行を加えた後，すぐに通報せず数時間放置していた疑いのあることがわかった。
　市は，当時長女が通っていた小学校が実施したいじめに関するアンケートの回答の写しを公表した。自由記述欄に「お父さんにぼう力を受けています。夜中に起こされたり，起きているときにけられたりたたかれたりされています」と記入し，大きな字で「先生，どうにかできませんか」とSOSを発信していた。アンケートには「ひみつをまもりますので，しょうじきにこたえてください」と記載され匿名での回答も認めたが，長女は氏名を記入していた。しかし，父親は学校を訪問し，「（アンケートの）実物を見せろ」と要求。その後，市教育委員会の担当課長らが独断でコピーを渡していたことが明らかになった。

　この事案では，児童虐待が疑われる情報を得た場合や，親から「アンケートの開示」に関する要求があった場合に，学校として法律に基づく対応の必要性がうかがえます。

（2）児童虐待の防止等に関する法律

　学校及び学校の教職員は，児童虐待への対応に向けて，「児童虐待の防止等に関する法律」（以下，児童虐待防止法）について理解を深めておく必要があります。その中で，学校及び学校の教職員が特に留意する必要のある条文を取り上げると，表10-6のとおりです。

表 10-6　児童虐待防止法の主な条文

法律の目的	第1条	この法律は，児童虐待が児童の人権を著しく侵害し，その心身の成長及び人格の形成に重大な影響を与えるとともに，我が国における将来の世代の育成にも懸念を及ぼすことにかんがみ，児童に対する虐待の禁止，児童虐待の予防及び早期発見その他の児童虐待の防止に関する国及び地方公共団体の責務，児童虐待を受けた児童の保護及び自立の支援のための措置等を定めることにより，児童虐待の防止等に関する施策を促進し，もって児童の権利利益の擁護に資することを目的とする。
児童虐待の定義	第2条	この法律において，「児童虐待」とは，保護者（親権を行う者，未成年後見人その他の者で，児童を現に監護するものをいう。以下同じ。）がその監護する児童（18歳に満たない者をいう。以下同じ。）について行う次に掲げる行為をいう。
	(1)	児童の身体に外傷が生じ，又は生じるおそれのある暴行を加えること。
	(2)	児童にわいせつな行為をすること又は児童をしてわいせつな行為をさせること。
	(3)	児童の心身の正常な発達を妨げるような著しい減食又は長時間の放置，保護者以外の同居人による前二号又は次号に掲げる行為と同様の行為の放置その他の保護者としての監護を著しく怠ること。
	(4)	児童に対する著しい暴言又は著しく拒絶的な対応，児童が同居する家庭における配偶者に対する暴力（配偶者（婚姻の届出をしていないが，事実上婚姻関係と同様の事情にある者を含む。）の身体に対する不法な攻撃であって生命又は身体に危害を及ぼすもの及びこれに準ずる心身に有害な影響を及ぼす言動をいう。第16条において同じ。）その他の児童に著しい心理的外傷を与える言動を行うこと。
児童に対する虐待の禁止	第3条	何人も，児童に対し，虐待をしてはならない。
児童虐待の早期発見等	第5条	学校，児童福祉施設，病院，都道府県警察，婦人相談所，教育委員会，配偶者暴力相談支援センターその他児童の福祉に業務上関係のある団体及び学校の教職員，児童福祉施設の職員，医師，歯科医師，保健師，助産師，看護師，弁護士，警察官，婦人相談員その他児童の福祉に職務上関係のある者は，児童虐待を発見しやすい立場にあることを自覚し，児童虐待の早期発見に努めなければならない。
	2	前項に規定する者は，児童虐待の予防その他の児童虐待の防止並びに児童虐待を受けた児童の保護及び自立の支援に関する国及び地方公共団体の施策に協力するよう努めなければならない。
	3	第1項に規定する者は，正当な理由がなく，その職務に関して知り得た児童虐待を受けたと思われる児童に関する秘密を漏らしてはならない。
	4	前項の規定その他の守秘義務に関する法律の規定は，第2項の規定による国及び地方公共団体の施策に協力するように努める義務の遵守を妨げるものと解釈してはならない。
	5	学校及び児童福祉施設は，児童及び保護者に対して，児童虐待の防止のための教育又は啓発に努めなければならない。
児童虐待に係る通告	第6条	児童虐待を受けたと思われる児童を発見した者は，速やかに，これを市町村，都道府県の設置する福祉事務所若しくは児童相談所又は児童委員を介して市町村，都道府県の設置する福祉事務所若しくは児童相談所に通告しなければならない。
	2	前項の規定による通告は，児童福祉法第25条第1項の規定による通告とみなして，同法の規定を適用する。
	3	刑法（明治40年法律第45号）の秘密漏示罪の規定その他の守秘義務に関する法律の規定は，第1項の規定による通告をする義務の遵守を妨げるものと解釈してはならない。

通告をした者を特定させるものを漏らしてはならない	第7条	市町村，都道府県の設置する福祉事務所又は児童相談所が前条第1項の規定による通告を受けた場合においては，当該通告を受けた市町村，都道府県の設置する福祉事務所又は児童相談所の所長，所員その他の職員及び当該通告を仲介した児童委員は，その職務上知り得た事項であって当該通告をした者を特定させるものを漏らしてはならない。
資料又は情報の提供	第13条の4	地方公共団体の機関及び病院，診療所，児童福祉施設，学校その他児童の医療，福祉又は教育に関係する機関（地方公共団体の機関を除く。）並びに医師，歯科医師，保健師，助産師，看護師，児童福祉施設の職員，学校の教職員その他児童の医療，福祉又は教育に関連する職務に従事する者は，市町村長，都道府県の設置する福祉事務所の長又は児童相談所長から児童虐待に係る児童又はその保護者の心身の状況，これらの者の置かれている環境その他児童虐待の防止等に係る当該児童，その保護者その他の関係者に関する資料又は情報の提供を求められたときは，当該資料又は情報について，当該市町村長，都道府県の設置する福祉事務所の長又は児童相談所長が児童虐待の防止等に関する事務又は業務の遂行に必要な限度で利用し，かつ，利用することに相当の理由があるときは，これを提供することができる。ただし，当該資料又は情報を提供することによって，当該資料又は情報に係る児童，その保護者その他の関係者又は第三者の権利利益を不当に侵害するおそれがあると認められるときは，この限りでない。
親権の行使に関する配慮等	第14条	児童の親権を行う者は，児童のしつけに際して，体罰を加えることその他民法（明治29年法律第89号）第820条の規定による監護及び教育に必要な範囲を超える行為により当該児童を懲戒してはならず，当該児童の親権の適切な行使に配慮しなければならない。
	2	児童の親権を行う者は，児童虐待に係る暴行罪，傷害罪その他の犯罪について，当該児童の親権を行う者であることを理由として，その責めを免れることはない。

（3）条文の概要

　第1条では，法律の目的が児童（18歳に満たない者）の権利利益の擁護に資することであるとしています。また，児童虐待の影響については，児童の人権を著しく侵害し，心身の成長及び人格の形成に重大な影響を与えるとともに，我が国における将来の世代の育成にも懸念を及ぼすとしています。

　第2条では，児童虐待について4種類を示しています。1つめは，身体的虐待です。たとえば，殴る，蹴る，投げ落とす，激しく揺さぶる，やけどを負わせる，溺れさせる，首を絞める，縄などにより一室に拘束するなどです。2つめは，性的虐待です。子供への性的行為，性的行為を見せる，性器を触る又は触らせる，ポルノグラフィの被写体にするなどです。3つめは，ネグレクトです。家に閉じ込める，食事を与えない，ひどく不潔にする，自動車の中に放置する，重い病気になっても病院に連れて行かないなどです。4つめは，心理的虐待です。言葉による脅し，無視，きょうだい間での差別的扱い，子供の目の前で家族に対して暴力をふるうなどです。全国の児童相談所の相談対応件数をみると，2019年度は19万3,780件で，1990年度からの調査開始以来，29年連続で増加し，2018年度（前年度）から3万3,942件増加しています。4種類の虐待の中で最も多いのは，心理的虐待で全体の56.3%となっています。

第5条には，学校及び教職員は発見しやすい立場にあることを自覚し，早期発見に努めることを示しています。また，国及び地方公共団体の施策に協力するよう努めることと，守秘義務はあるが国及び地方公共団体の施策に協力するように努める義務の遵守を妨げるものではないことを示し，児童及び保護者に対して，児童虐待の防止のための教育又は啓発に努めることも示しています。

第6条では，通告はすべての国民に課せられた義務であることを示しています。また，虐待に関する通告や情報提供は，守秘義務に違反しないとしています。なお，「虐待かもしれない」段階で通告すべきであるとされ，児童相談所は通告を受けたなら，48時間以内に（子供の）安全確認を行うことになっています。

第7条では，通告者に関する情報について保護者を含めて対外的に明かすことはないことを示しています。第13条では，児童相談所長等から資料又は情報の提供を求められたときは提供することができるとしています。

第14条では，親権者等による体罰禁止を示しています。2019年6月に児童虐待防止法等の改正法が成立し，親権者等による体罰禁止が法定化されました（2020年4月施行）。厚生労働省は2020年2月に，体罰の範囲やその禁止に関する考え方等について解説した「体罰等によらない子育てのために ～みんなで育児を支える社会に～」を取りまとめ，その中で，たとえしつけのためだと親が思っても，身体に，何らかの苦痛を引き起こし，又は不快感を意図的にもたらす行為（罰）である場合は，どんなに軽いものであっても体罰に該当するとし，体罰の例を次のように示しています。

・言葉で3回注意したけど言うことを聞かないので，頰を叩いた
・大切なものにいたずらをしたので，長時間正座をさせた
・友達を殴ってケガをさせたので，同じように子どもを殴った
・他人のものを取ったので，お尻を叩いた
・宿題をしなかったので，夕ご飯を与えなかった
・掃除をしないので，雑巾を顔に押しつけた
　加えて，子どもをけなしたり，辱めたり，笑いものにするような言動は，子どもの心を傷つける行為で子どもの権利を侵害する。

（4）保護者への対応

学校は保護者から虐待を認知するに至った経緯や通告元に関する情報を求められことがあります。「学校・教育委員会向け虐待対応の手引き」（文部科学省，2020）には，保護者への対応について示しています。その中から「守秘義務と個人情報の取扱い」と「保護者からの問い合わせや要求への対応」について，主なポイントは，表10-7と表10-8の通りです。

表 10-7 守秘義務と個人情報の取扱いのポイント

○ 保護者から虐待を認知するに至った端緒や経緯などの情報に関する開示の求めがあった場合，保護者に伝えないこととするとともに，児童相談所等と連携して対応する。

○ 教職員，教育委員会等は，虐待を受けたと思われる幼児児童生徒について通告したことや児童相談所や市町村との連絡内容等を，その保護者に対してであれ，漏らしてはいけない。

○ 児童相談所や市町村（虐待対応担当課）に虐待に係る通告や相談等を行う場合は，守秘義務違反にならない（児童虐待防止法第6条第3項）。また，市町村や児童相談所から幼児児童生徒や保護者に関する情報・資料を求められた場合は，提供することができる（児童虐待防止法第13条の4）が，これも守秘義務違反や個人情報保護条例等の違反にはならない。

○ 要保護児童対策地域協議会において学校や教育委員会が資料や情報の提供，説明等を行う場合は児童福祉法第25条の3の規定により，守秘義務違反にはならない。

○ 児童虐待防止法第7条において，通告を受けた児童相談所や市町村の職員は，通告した者を特定させるものを漏らしてはならないとしていることから，学校や教職員が通告者であることは，基本的に保護者には知られない。

○ 学校間の文書の提供について，本人や保護者の同意を得ずに第三者に提供していると保護者が主張する事案も報告されている。しかし，虐待に関する個人情報は，虐待を防止し幼児児童生徒の生命，身体等を守るために，転校先・進学先の学校が必要とする情報であり，子供本人の利益となるものであることから，各学校に適用される個人情報の保護に関する法令に基づき，本人や保護者の同意を得ずに他の学校に提供できる。

表 10-8 保護者からの問い合わせや要求への対応のポイント

○ 通告したことについて，保護者が名誉棄損だと主張してくる場合でも，児童虐待防止法の趣旨に基づく通告はそれが誤りであったとしても，基本的に刑事上，民事上の責任を問われることはないことを踏まえ，毅然とした対応をする。

○ 保護者が学校等に押しかけて（一時保護に関して）「学校が言いつけた」「先生を信じていたのに裏切られた」などと言ってくることも考えられる。そのような場合，「一時保護は児童相談所の判断であり，学校が決定したものではない」など，一時保護は専門機関の権限や責任で行われたことを明確に伝える。

○ 虐待に係る暴行罪，傷害罪その他の犯罪について，親権者であることを理由に免責されるものではなく（児童虐待防止法第14条第2項），「親権」を理由に保護者が威圧的，拒絶的な態度をとる場合でも，学校はひるまず子供の命を守り抜く姿勢で毅然とした対応をする。

○ 学校や教育委員会等設置者に対して保護者が不満を持った結果，子供を学校に通学・通園させないという事案も発生している。学齢児童生徒であれば，このような場合は就学義務違反に当たる可能性が高いことから，小学校・中学校等の校長は学校教育法施行令第20条に基づき，市町村の教育委員会に適切に通知するとともに，教育委員会は学校教育法施行令第21条に基づく出席の督促などを適正に行う。

【引用・参考文献】

国立教育政策研究所生徒指導研究センター 2009 生徒指導資料第1集（改訂版）——生徒指導上の諸問題の推移とこれからの生徒指導——中学校・高等学校編 ぎょうせい

文部科学省暴力行為のない学校づくり研究会 2011 暴力行為のない学校づくりについて（報告書）
https://www.mext.go.jp/b_menu/shingi/chousa/shotou/079/houkou/1310369.htm

文部科学省 2013 体罰の禁止及び児童生徒理解に基づく指導の徹底について（通知）
https://www.mext.go.jp/a_menu/shotou/seitoshidou/1331907.htm

文部科学省　2013　体罰の禁止及び児童生徒理解に基づく指導の徹底について（通知）　別紙　学校教育法第 11 条に規定する児童生徒の懲戒・体罰等に関する参考事例
　　https://www.mext.go.jp/a_menu/shotou/seitoshidou/1331908.htm

文部科学省　2013　平成 25 年 5 月 16 日　早期に警察へ相談・通報すべきいじめ事案について（通知）別紙 1　学校において生じる可能性がある犯罪行為等について
　　https://www.mext.go.jp/a_menu/shotou/seitoshidou/1335369.htm

文部科学省　2013　体罰根絶に向けた取組の徹底について（通知）
　　https://www.mext.go.jp/a_menu/shotou/seitoshidou/1338620.htm

沖縄タイムス　2017　女性教諭が小 1 児童に暴言「脳みそ使えよ」石垣市内の小学校
　　http://www.okinawatimes.co.jp/articles/-/132021（2017 年 8 月 24 日）

毎日新聞　2018　生活態度悪いと丸刈り命じる　帝京第五高サッカー部
　　https://mainichi.jp/articles/20181024/k00/00m/040/083000c（2018 年 10 月 23 日）

文部科学省　2019　児童生徒の問題行動・不登校等生徒指導上の諸課題に関する調査——用語の解説——
　　https://www.mext.go.jp/b_menu/toukei/chousa01/shidou/yougo/1267642.htm

時事ドットコムニュース　2019　特集　千葉・野田市の小 4 女児が死亡
　　https://www.jiji.com/jc/v7?id=201902nodashi（2019 年 2 月 9 日）

文部科学省　2019　不登校児童生徒への支援の在り方について（通知）
　　https://www.mext.go.jp/a_menu/shotou/seitoshidou/1422155.htm

福島民友ニュース　2019　中学教諭が黒板に「みんなでいじめよう」卒業まで生徒不登校
　　http://www.minyu-net.com/news/news/FM20190518-378382.php20190601（2019 年 5 月 18 日）

文部科学省　2020　令和元年度 児童生徒の問題行動・不登校等生徒指導上の諸課題に関する調査結果について
　　https://www.mext.go.jp/content/20201015-mext_jidou02-100002753_01.pdf

共同通信社　2020　校長が児童に「あほか」　愛媛・四国中央の市立小
　　https://this.kiji.is/687180139776623713（2020 年 10 月 9 日）

東京都教育委員会　2020　教職員の主な非行に対する標準的な処分量定
　　https://www.kyoiku.metro.tokyo.lg.jp/staff/personnel/duties/culpability_assessment.html

厚生労働省　2020　体罰等によらない子育てのために 〜みんなで育児を支える社会に〜
　　https://www.mhlw.go.jp/content/11920000/minnadekosodate.pdf

文部科学省　2020　学校・教育委員会向け虐待対応の手引き
　　https://www.mext.go.jp/content/20200629-mxt_jidou02-100002838.pdf

Chapter 11 キャリア教育・進路指導の定義

学習指導要領では，児童生徒が学ぶことと将来とのつながりを見通しながら，社会的・職業的な自立に向けて必要な基盤となる資質・能力を身につけられるものとなるよう，キャリア教育の充実が小学校，中学校，高等学校のすべての総則に明記されました。一方，これまでの学習指導要領の中心には進路指導がありました。

本章では，文部科学省の通知や資料を通して，学校教育におけるキャリア教育と進路指導の定義や推移などを取り上げます。また，「キャリア教育とは何か」「進路指導とは何か」について理解を深めます。

1 キャリア教育の推移

（1）「キャリア教育」の登場

我が国において「キャリア教育」という文言が公的に登場し，その必要性が提唱されたのは，1999年12月，中央教育審議会答申の「初等中等教育と高等教育との接続の改善について」（以下，1999年中教審答申）です。同審議会は「キャリア教育を小学校段階から発達段階に応じて実施する必要がある」とし，さらに「キャリア教育の実施に当たっては家庭・地域と連携し，体験的な学習を重視するとともに，各学校で目的を設定し，教育課程に位置付けて計画的に行う必要がある」と提言しました。

この答申を受け，キャリア教育に関する調査研究が進められ，2002年11月に，国立教育政策研究所・生徒指導研究センターが「児童生徒の職業観・勤労観を育む教育の推進について（調査研究報告書）」を報告しました。同報告書は，子供たちの進路・発達をめぐる環境の変化について数々のデータを基に分析し，「職業観・勤労観の育成が不可欠な「時代」を迎えた」とし，さらに，学校段階における職業的（進路）発達課題について解説するとともに，「職業観・勤労観を育む学習プログラムの枠組み（例）」を示しました。

一方，学校における教育活動において，「生きること」や「働くこと」の取り組みが十分ではないという指摘を踏まえ，2002年に，文部科学省内に「キャリア教育の推進に関する総合的調査研究協力者会議」を設置し，2004年1月に，その報告書「児童生徒一人一人の勤労観，職業観を育てるために」（以下，2004年報告書）を示しました。

（2）国のキャリア教育の推進に向けた動き

国としては，文部科学大臣，厚生労働大臣，経済産業大臣，経済財政政策担当大臣の関係閣僚による「若者自立・挑戦戦略会議」が，2003年6月に「若者自立・挑戦プラン」を策定しました。そこでは，目指すべき社会として，「若者が自らの可能性を高め，挑戦し，活躍できる夢のある社会」と「生涯にわたり，自立的な能力向上・発揮ができ，やり直しがきく社会」をあげ，政府，地方自治体，教育界，産業界が一体となった取り組みが必要であるとし，キャリア教育の推進は，その重要な柱として位置付けられました。

その後2006年には，内閣官房長官，農林水産大臣，少子化・男女共同参画担当大臣も加え，「若者の自立・挑戦のためのアクションプラン（改訂）」を策定し，キャリア教育のさらなる充実を図ることとしました。また，2018年に「第3期教育振興基本計画」を閣議決定し，2018年度から2022年度に取り組むべき教育政策の目標の一つとして「社会的・職業的自立に向けた能力・態度の育成」を明記し，「各学校段階における産業界とも連携したキャリア教育・職業教育の推進」を示しました。

2 キャリア教育の定義

（1）文部科学省関連で初めて示されたキャリア教育の定義

「1999年中教審答申」では，文部科学省関連の審議会で，初めて文言としてキャリア教育の定義について，次のように示しています。

> 望ましい職業観・勤労観及び職業に関する知識や技能を身に付けさせるとともに，自己の個性を理解し，主体的に進路を選択する能力・態度を育てる教育。

（2）キャリア教育元年時の定義

「2004年報告書」では，2004年をキャリア教育元年と位置付けながら，キャリア教育の定義について，次のように示しています。なお，端的には，「児童生徒一人一人の勤労観・職業観を育てる教育」としています。

> 児童生徒一人一人のキャリア発達を支援し，それぞれにふさわしいキャリアを形成していくために必要な意欲・態度や能力を育てる教育。

（3）キャリアの定義（中央教育審議会，2011）

2011年の中央教育審議会による「今後の学校におけるキャリア教育・職業教育の在り方について（答申）」（以下，2011年中教審答申）では，上記の（2）にみられる「勤労観・職業観の育成」に焦点が絞られてしまい，社会的・職業的自立のために必要な能力の育成が軽視されていたという課題を踏まえ，キャリア教育の定義について，次のように示しています。なお，これは現行でも定義として用いられています。

> 一人一人の社会的・職業的自立に向け，必要な基盤となる能力や態度を育てることを通して，キャリア発達を促す教育。

ここでは，「社会的・職業的自立に向けたキャリア発達」，「必要な基盤となる能力や態度の育成」が強調されています。また，「2011年中教審答申」では，「キャリア発達」の定義について，次のように示しています。

> 社会の中で自分の役割を果たしながら，自分らしい生き方を実現していく過程。

子供の心と体は，発達の階段を一歩一歩上っていきながら成長していきます。そうした発達過程にある子供たち一人一人が，それぞれの段階に応じて，適切に自己と働くこととの関係付けを行い，自立的に自己の人生を方向付けていく過程，言い換えると自己の知的，身体的，情緒的，社会的な特徴を一人一人の生き方として統合していく過程が「キャリア発達」です。

上記のキャリア教育の定義に「キャリア発達」と「必要な基盤となる能力」（後述の4で取り上げる4つの能力）で示す内容を加えて，キャリア教育について要点を整理すると，図11-1のとおりです。

キャリア教育とは

> 一人一人の社会的・職業的自立に向け，**必要な基盤となる能力**や態度を育てることを通して，**キャリア発達**を促す教育

4つの能力
「人間関係形成・社会形成能力」
「自己理解・自己管理能力」
「課題対応能力」
「キャリアプランニング能力」

○ 社会の中で自分の役割を果たしながら，自分らしい生き方を実現していく過程
・ 自己の諸特徴を一人一人の生き方として統合していく過程
・ 発達過程の各段階に応じて，自己と働くこととの関係付けを行い，自立的に自己の人生を方向付けていく過程

図11-1　キャリア教育の定義の要点整理

図11-1より，学校におけるキャリア教育について要約すると，次のとおりです。

> 児童生徒一人一人の社会的・職業的自立に向けて，4つの能力（人間関係形成・社会形成能力，自己理解・自己管理能力，課題対応能力，キャリアプランニング能力）を育成することなどを通して，児童生徒が自己と働くこととの関係付けを行うとともに，社会の中での自分の役割を果たしながら，自立的に自己の人生を方向付け，自分らしい生き方を実現していく過程を促す教育。

3 キャリアとは

「キャリア」（career）という言葉は，それぞれの時代や立場，場面などによって多様に用いられています。「キャリア」の語源は，中世ラテン語の「車道」を起源とし，英語で競馬場や競技場のコースやトラック（行路，足跡）を意味するものでした。そこから，人が

たどる行路やその足跡，経歴，遍歴なども意味するようになりました。しかし，20世紀後半の産業構造のあらたな変革期を迎え，「キャリア」は，特定の職業や組織の中での働き方にとどまらず，広く「働くこととのかかわりを通した個人の体験のつながりとしての生き様」を指すようになりました。

　文部科学省（2019）の「『キャリア・パスポート』例示資料等について（事務連絡）」（以下，キャリア・パスポート例示資料）には，「キャリア」について次のように示しています。

> 　人は，他者や社会とのかかわりの中で，職業人，家庭人，地域社会の一員等，様々な役割を担いながら生きています。これらの役割は，生涯という時間的な流れの中で変化しつつ積み重なり，つながっていくものです。また，このような役割の中には，所属する集団や組織から与えられたものや日常生活の中で特に意識せず習慣的に行っているものもありますが，人はこれらを含めた様々な役割の関係や価値を自ら判断し，取捨選択や創造を積み重ねながら取り組んでいます。
> 　人は，このような自分の役割を果たして活動すること，つまり「働くこと」を通して，人や社会にかかわることになり，そのかかわり方の違いが「自分らしい生き方」となっていくものです。このように，人が，生涯の中で様々な役割を果たす過程で，自らの役割の価値や自分と役割との関係を見いだしていく連なりや積み重ねが，「キャリア」の意味するところです。

　以上に示すとおり，学校教育では，「キャリア」について，次のように捉えることになります。

> 　人が，生涯の中で様々な役割を果たす過程で，自らの役割の価値や自分と役割との関係を見いだしていく連なりや積み重ね。

 4 ｜ キャリア教育で育成すべき力
—基礎的・汎用的能力—

（1）4つの基礎的・汎用的能力

　「2011年中教審答申」では，社会的・職業的自立のために必要な基盤となる基礎的・汎用的能力を「仕事に就くこと」に焦点を当て，「実際の行動として表れるという観点」から整理して4つの能力を示しています。それは，「人間関係形成・社会形成能力」「自己理解・自己管理能力」「課題対応能力」「キャリアプランニング能力」です。それら4つの能力について，「キャリア・パスポート例示資料」では，小学校，中学校，高等学校ごとに，表11-1のとおり示しています。

（2）キャリア教育の基礎的・汎用的能力に関する
　　自己点検アンケート（高校生）

　資料11-1の「キャリア教育の基礎的・汎用的能力に関する自己点検アンケート」は，表11-1で示す高校生の4つの能力に対応し作成しています。質問①②③は「人間関係形成・社会形成能力」に関するものです。質問④⑤⑥は「自己理解・自己管理能力」，質問⑦⑧⑨は「課題対応能力」，質問⑩⑪⑫は「キャリアプランニング能力」です。

表 11-1　社会的・職業的自立のために必要な基盤となる４つの基礎的・汎用的能力

	人間関係形成・社会形成能力	自己理解・自己管理能力	課題対応能力	キャリアプランニング能力
小学校	低学年 ○自分の気持ちを，友だちにわかりやすく伝えること。 高学年 ○友達や家の人の話を聞くとき，その人の考えや気持ちを分かろうとすること。 ○自分の考えや気持ちを，相手にわかりやすく伝えようと気を付けること。	低学年 ○しらべたいことや知りたいことがあるとき，自分から進んで先生にしつもんしたり，本でしらべたりすること。 高学年 ○委員会，係，当番活動などで，自分から仕事を見つけたり，役割分担したりしながら，力を合わせて行動すること。 ○好きでないことや苦手なことでも，自分から進んで取り組むこと。	低学年 ○クラスや友だちのために，進んで行どうしたり，協力したりすること。 高学年 ○調べたいことや知りたいことがあるとき，自分から進んで資料や情報を集めたり，誰かに質問したりすること。 ○何かをするとき，計画を立てて進めたり，途中でやり方に工夫したり，見直したりすること。	低学年 ○しょうらいのゆめや目ひょうに向かってがんばったり，べんきょうや生活のし方をくふうしたりすること。 高学年 ○自分の夢や目標に向かって，生活や勉強の仕方を工夫すること。

	人間関係形成・社会形成能力	自己理解・自己管理能力	課題対応能力	キャリアプランニング能力
中学校	多様な他者の考えや立場を理解し，相手の意見を聴いて自分の考えを正確に伝えることができるとともに，自分の置かれている状況を受け止め，役割を果たしつつ他者と協力・協働して社会に参画し，今後の社会を積極的に形成することができる力。 例示： ○他者の個性を理解する力，他者に働きかける力，コミュニケーション・スキル，チームワーク，リーダーシップなど。	自分が「できること」「意義を感じること」「したいこと」について，社会と相互関係を保ちつつ，今後の自分自身の可能性を含めた肯定的な理解に基づき主体的に行動すると同時に，自らの感情を律し，かつ，今後の成長のために進んで学ぼうとする力。 例示： ○自己の役割の理解，前向きに考える力，自己の動機付け，忍耐力，ストレスマネジメント，主体的行動など。	仕事をする上での様々な課題を発見・分析し，適切な計画を立ててその課題を処理し，解決することができる能力。 例示： ○情報の理解・選択・処理等，本質の理解，原因の追究，課題発見，計画立案，実行力，評価・改善など。	「働くこと」を担う意義を理解し，自らが果たすべき様々な立場や役割との関連を踏まえて「働くこと」を位置付け，多様な生き方に関する様々な情報を適切に取捨選択・活用しながら，自ら主体的に判断してキャリアを形成していく力。 例示： ○学ぶこと・働くことの意義や役割の理解，多様性の理解，将来設計，選択，行動と改善など。

	人間関係形成・社会形成能力	自己理解・自己管理能力	課題対応能力	キャリアプランニング能力
高等学校	多様な他者の考えや立場を理解し，相手の意見を聴いて自分の考えを正確に伝えることができるとともに，自分の置かれている状況を受け止め，役割を果たしつつ他者と協力・協働して社会に参画し，今後の社会を積極的に形成することができる力。	自分が「できること」「意義を感じること」「したいこと」について，社会と相互関係を保ちつつ，今後の自分自身の可能性を含めた肯定的な理解に基づき主体的に行動すると同時に，自らの感情を律し，かつ，今後の成長のために進んで学ぼうとする力。	仕事をする上での様々な課題を発見・分析し，適切な計画を立ててその課題を処理し，解決することができる能力。	「働くこと」を担う意義を理解し，自らが果たすべき様々な立場や役割との関連を踏まえて「働くこと」を位置付け，多様な生き方に関する様々な情報を適切に取捨選択・活用しながら，自ら主体的に判断してキャリアを形成していく力。

例示：	例示：	例示：	例示：
○友達や家の人の意見を聞くとき，相手の立場を考慮して，その人の考えや気持ちを受け止めようとする。	○自分を振り返り，長所や短所を把握して，良いところを伸ばし，悪いところを克服しようとする。	○調べたいことがある時，自ら進んで資料や情報を収集し，信ぴょう性が高く，かつ，必要な情報を取捨選択しながら活用できる。	○学ぶことや働くことの意義について考えたり，様々な働き方や生き方があることを理解したり，今学校で学んでいることと自分の将来とのつながりを考えたりしている。
○自分の考えや気持ちを整理し，相手が理解しやすいよう工夫して，伝えようとする。	○自分がすべきことがあるときに，喜怒哀楽の感情に流されず行動を適切に律し，それに取り組もうとする。	○何か問題が起こったとき，次に同じような問題が起こらないようにするために，原因を調べ，課題を発見し，解決のための工夫ができる。	○自らの将来について具体的な目標をたて，社会の現実を視野におさめながら，その実現のための方法について考えている。
○人と何かをするとき，自分がどのような役割や仕事を果たすべきか考え，分担しながら，力を合わせて行動しようとする。	○不得意なことでも，自ら進んで，取り組もうとする。	○何かをするとき，見通しをもって計画し，評価・改善を加えながら行動ができる。	○将来の目標の実現に向けて具体的な行動を起こしたり，それを振り返って改善したりする。

　質問項目を読むことで４つの能力について具体的にイメージができるようになります。また，実際にアンケートに回答してみると理解が深まります。それではアンケートに回答してみましょう。

　アンケートに回答した後は，各質問項目で選択した４，３，２，１の数字に注目します。たとえば，①②③は「人間関係形成・社会形成能力」に関する質問でしたが，そこで選択した数字の合計（①②③の合計）を計算し，資料11-2の「①②③の合計値」の欄に記入します。その合計が９であれば，その欄の右に示す状況をみて，「10～9　まずまずの状況です（まずまず行っている）」に該当します。同様に，④⑤⑥，⑦⑧⑨，⑩⑪⑫についても行います。

資料 11-1 キャリア教育の基礎的・汎用的能力に関する自己点検アンケート（高校生）

　現在の自分の気持ちや行動に，一番近い数字に○をつけてください。なお，数字には，次のような意味があります。　4：いつもしている，3：時々している，2：あまりしていない，1：ほとんどしていない

○で囲む

① 友達や家の人の意見を聞くとき，相手の立場を考慮して，その人の考えや気持ちを受け止めようとしている。　4－3－2－1

② 自分の考えや気持ちを整理し，相手が理解しやすいよう工夫して，伝えようとしている。　4－3－2－1

③ 人と何かをするとき，自分がどのような役割や仕事を果たすべきか考え，分担しながら，力を合わせて行動しようとしている。　4－3－2－1

④ 自分を振り返り，長所や短所を把握して，良いところを伸ばし，悪いところを克服しようとしている。　4－3－2－1

⑤ 自分がすべきことがある時に，喜怒哀楽の感情に流されず行動を適切に律し，それに取り組もうとしている。　4－3－2－1

⑥ 不得意なことでも，自ら進んで，取り組もうとしている。　4－3－2－1

⑦ 調べたいことがある時，自ら進んで資料や情報を収集し，信ぴょう性が高く，かつ，必要な情報を取捨選択しながら活用できている。　4－3－2－1

⑧ 何か問題が起こったとき，次に同じような問題が起こらないようにするために，原因を調べ，　　4－3－2－1
課題を発見し，解決のための工夫ができている。

⑨ 何かをするとき，見通しをもって計画し，評価・改善を加えながら行動ができている。　　　　4－3－2－1

⑩ 学ぶことや働くことの意義について考えたり，様々な働き方や生き方があることを理解した　4－3－2－1
り，今学校で学んでいることと自分の将来とのつながりを考えたりしている。

⑪ 自らの将来について具体的な目標をたて，社会の現実を視野におさめながら，その実現のた　4－3－2－1
めの方法について考えている。

⑫ 将来の目標の実現に向けて具体的な行動を起こしたり，それを振り返って改善したりしてい　4－3－2－1
る。

資料 11-2　キャリア教育の基礎的・汎用的能力に関する自己点検評価結果

①②③の合計値	人間関係形成・社会形成能力の状況	④⑤⑥の合計値	自己理解・自己管理能力の状況
12～11	とてもよい状況です（とても　行っている）	12～11	とてもよい状況です（とても　行っている）
10～9	まずまずの状況です（まずまず　行っている）	10～9	まずまずの状況です（まずまず　行っている）
8～7	少し努力が必要な状況です（どちらともいえない）	8～7	少し努力が必要な状況です（どちらともいえない）
6～5	努力が必要な状況です（あまり　行っていない）	6～5	努力が必要な状況です（あまり　行っていない）
4～3	とても努力が必要な状況です（ほとんど　行っていない）	4～3	とても努力が必要な状況です（ほとんど　行っていない）
⑦⑧⑨の合計値	課題対応能力の状況	⑩⑪⑫の合計値	キャリアプランニング能力の状況
12～11	とてもよい状況です（とても　行っている）	12～11	とてもよい状況です（とても　行っている）
10～9	まずまずの状況です（まずまず　行っている）	10～9	まずまずの状況です（まずまず　行っている）
8～7	少し努力が必要な状況です（どちらともいえない）	8～7	少し努力が必要な状況です（どちらともいえない）
6～5	努力が必要な状況です（あまり　行っていない）	6～5	努力が必要な状況です（あまり　行っていない）
4～3	とても努力が必要な状況です（ほとんど　行っていない）	4～3	とても努力が必要な状況です（ほとんど　行っていない）

5 ┊ キャリア教育推進の法的根拠

　2006 年 12 月に改正された教育基本法では，第 2 条（教育の目標）の第 2 号において「個人の価値を尊重して，その能力を伸ばし，創造性を培い，自主及び自律の精神を養うとともに，職業及び生活との関連を重視し，勤労を重んずる態度を養うこと」を規定し，教育目標の一部としてキャリア教育を位置づけました。また，同法第 5 条（義務教育）の第 2 項では「義務教育として行われる普通教育は，各個人の有する能力を伸ばしつつ社会にお

いて自立的に生きる基礎を培い，また，国家及び社会の形成者として必要とされる基本的な資質を養うことを目的として行われるものとする」と定めました。

　教育基本法改正の翌年，2007年に学校教育法が改正されました。その第21条（義務教育の目標）において，第1号「学校内外における社会的活動を促進し，自主，自律及び協同の精神，規範意識，公正な判断力並びに公共の精神に基づき主体的に社会の形成に参画し，その発展に寄与する態度を養うこと」，第4号「家族と家庭の役割，生活に必要な衣，食，住，情報，産業その他の事項について基礎的な理解と技能を養うこと」を規定しました。そして，あらたに第10号「職業についての基礎的な知識と技能，勤労を重んずる態度及び個性に応じて将来の進路を選択する能力を養うこと」を定め，小学校からの体系的なキャリア教育実践に対する明示的な法的根拠を示しました。

6 ｜ 進路指導とは

　今回の改訂学習指導要領では，「キャリア教育の充実」を明記しましたが，これまでは「進路指導」の文言が学習指導要領の中心にありました。ここでは，これまでの進路指導について概観します。

（1）進路指導の定義
① 進路指導と職業指導

　進路指導は，昭和30年代前半まで「職業指導」と呼ばれていました。「職業指導の手びき－管理・運営編」（文部省，1955）には，進路指導への呼称変更の直前の職業指導の定義について，次のように示しています。

> 学校における職業指導は，個人資料，職業・学校情報，啓発的経験および相談を通じて，生徒みずからが将来の進路の選択，計画をし，就職または進学して，さらにその後の生活によりよく適応し，進歩する能力を伸長するように，教師が教育の一環として，組織的，継続的に援助する過程である。

　また，「進路指導の手引－中学校学級担任編」（文部省，1961）には，職業指導から進路指導への呼称変更後の定義について，次のように示しています。

> 進路指導とは，生徒の個人資料，進路情報，啓発的経験および相談を通じて，生徒みずから，将来の進路の選択，計画をし，就職または進学して，さらにその後の生活によりよく適応し，進歩する能力を伸長するように，教師が組織的，継続的に援助する過程である。

　このように，職業指導と進路指導の定義がほぼ同じ内容を示していることから，「進路指導」は「職業指導」の語義を引き継ぐ概念とされていたことがうかがえます。なお，上記の「さらにその後の生活によりよく適応し，進歩する能力を伸長する」の解釈について，「進路指導の手引——中学校学級担任編（改訂版）日本進路指導協会」（文部省，1983）

では，「将来の生活における職業的自己実現に必要な能力や態度を育成する」という広い理念を意味するものとあらたな解釈を加えています。

② 進路指導と「生き方」の視点

一方，1983年の「進路指導の手引——高等学校ホームルーム担任編日本進路指導協会」（文部省）では，「職業的自己実現」とともに「社会的自己実現」を包含するとの見方について，次のように示しています。

> 進路指導は，生徒の一人ひとりが，自分の将来の生き方への関心を深め，自分の能力・適性等の発見と開発に努め，進路の世界への知見を広くかつ深いものとし，やがて自分の将来への展望を持ち，進路の選択・計画をし，卒業後の生活によりよく適応し，社会的・職業的自己実現を達成していくことに必要な，生徒の自己指導能力の伸長を目指す，教師の計画的，組織的，継続的な指導・援助の過程。

ここでは，進路指導が，生徒の成長や発達を強く意識し，卒業後の社会生活・職業生活でのさらなる成長を願い，社会的・職業的に自己実現を達成していくことに必要な生徒の自己指導能力の伸長を目指す，というねらいを明記しています。また，進路指導は，進路選択のみならず，どのような人間になり，どのように生きていくことがよりよいのかといった展望に立って指導・援助するということから，「生き方」の教育活動を含むものであり，その視点を明記していることにも注目する必要があります。

（2）教育課程における進路指導の位置付け

進路指導の教育課程における位置付けについて，昭和と平成に整理して概観します。

① 昭　　　　和

1947（昭和22）年に学校教育法が制定され，同年に文部省は「学習指導要領一般編」（試案），「学習指導要領職業指導編」（試案）を示し，1949（昭和24）年には，「中学校・高等学校職業指導の手引き」において職業指導の指針を示しました。さらに同年には，職業・家庭科の中に職業指導を位置付け，体系的な内容を定めました。また，1951（昭和26）年の学習指導要領改訂では，ホームルームにおいて，生徒指導とともに職業選択の指導を行うことを示しました。

1958（昭和33）年の中学校学習指導要領，1961年（昭和36）年の高等学校学習指導要領改訂では，職業・家庭科を廃止し技術・家庭科を設けるとともに，職業・家庭科の中で扱われていた職業指導を進路指導に改め，特別教育活動に位置付けました。進路指導は，学校教育活動全体で，教育課程の全領域を通じて行い，それらを補充，深化，総合する場として学級活動を位置付け，中学校では学級活動を進路指導の基本的な場としました。高等学校でも，ホームルームの目標及び内容に進路指導について明記し，ホームルームを中心に進路指導を扱うよう位置付けました。また，1961（昭和36）年には，進路指導の定義を「中学校・高等学校進路指導の手引き　中学校学級担任編」で示しました。

1969（昭和44）年の中学校学習指導要領改訂及び1970（昭和45）年の高等学校学習指導要領改訂では，総則に進路指導を位置づけ，また，進路指導は「特別活動」における学級

活動・ホームルーム活動を中核的な場面としつつ，学校の教育活動全体を通じて進路指導を計画的に行うものとしました。なお，このような「教育活動全体を通じた進路指導」の実践と，中核的な場面としての「学級活動・ホームルーム活動」の位置付けは，2008年の中学校学習指導要領改訂及び2009年の高等学校学習指導要領改訂においても堅持しました。

② 平　成

平成に入り，1989（平成元）年の学習指導要領改訂では，「生徒が自らの生き方を考え主体的に進路を選択することができるよう学校教育活動全体を通じて計画的，組織的に進路指導を行うこと」「人間としての生き方についての自覚を深め，自己を生かす能力を養うこと」など，生き方（高等学校では在り方生き方）の指導としての進路指導を強調しました。2008（平成20）年に改訂された中学校学習指導要領の総則には「生徒が自らの生き方を考え主体的に進路を選択することができるよう，学校の教育活動全体を通じ，計画的，組織的な進路指導を行うこと」及び「生徒が学校や学級での生活によりよく適応するとともに，現在及び将来の生き方を考え行動する態度や能力を育成することができるよう，学校の教育活動全体を通じ，ガイダンスの機能の充実を図ること」をそれぞれ定めました。

また，中核的な実践の場面となる特別活動の「学級活動」では，「（3）学業と進路」が進路指導と深く関連した内容であり，「ア学ぶことと働くことの意義の理解」「イ自主的な学習態度の形成と学校図書館の利用」「ウ進路適性の吟味と進路情報の活用」「エ望ましい勤労観・職業観の形成」「オ主体的な進路の選択と将来設計」を示しました。同じく「（2）適応と成長及び健康安全」の「イ自己及び他者の個性の理解と尊重」「ウ社会の一員としての自覚と責任」「エ男女相互の理解と協力」「オ望ましい人間関係の確立」は，進路指導とも深く関連した内容であり，生徒の自主的，実践的な態度を育成するよう十分に配慮しつつ，系統的な指導計画を作成することを求めました。

なお，2009（平成21）年の高等学校学習指導要領改訂では，総則において「学校の教育活動全体を通じ，計画的，組織的な進路指導を行い，キャリア教育を推進すること」と「キャリア教育」の推進を明示しましたが，2008（平成20）年の中学校学習指導要領改訂では「学校の教育活動全体を通じ，計画的，組織的な進路指導を行うこと」と定め，中学校学習指導要領では「キャリア教育」という文言を明示的には使用しませんでした。そして，2017（平成29）年，2018（平成30）年の学習指導要領改訂では，小学校，中学校，高等学校において，キャリア教育の充実を図るよう総則に明記しました。

7 ｜ キャリア教育と進路指導との関係

「2004年報告書」では，「進路指導は，生徒が自らの生き方を考え，将来に対する目的意識を持ち，自らの意志と責任で進路を選択決定する能力・態度を身に付けることができ

るよう，指導・援助することである」としながら，キャリア教育との関連については，「定義・概念としては，キャリア教育との間に大きな差異は見られず，進路指導の取り組みは，キャリア教育の中核をなすということができる」と示し，キャリア教育と進路指導との間には概念的に大きな差異はないと指摘しています。また，「2011年中教審答申」においても，高等学校における進路指導を事例としながら，「進路指導のねらいは，キャリア教育の目指すところとほぼ同じ」との見解を示しています。

　「中学校キャリア教育の手引き（改訂版）」（文部科学省，2011）では，キャリア教育は，就学前段階から初等中等教育・高等教育を貫き，また学校から社会への移行に困難を抱える若者を支援する様々な機関においても実践される一方，進路指導は，理念・概念やねらいにおいてキャリア教育と同じものであるが，中学校・高等学校に限定される教育活動であり，このようなキャリア教育と進路指導との関係を整理すると，図11-2のようになるとしています。

図11-2　キャリア教育と進路指導との関係

【引用・参考文献】

文部省　1955　職業指導の手びき−管理・運営編

文部省　1961　進路指導の手引−中学校学級担任編　日本職業指導協会

文部省　1983　進路指導の手引−中学校学級担任編（改訂版）　日本進路指導協会

文部省　1983　進路指導の手引−高等学校ホームルーム担任編　日本進路指導協会

中央教育審議会　1999　初等中等教育と高等教育との接続の改善について（答申）
　　https://www.nier.go.jp/shido/centerhp/20kyariasiryou/20kyariasiryou.　hp/2-01.pdf

国立教育政策研究所生徒指導研究センター　2002　児童生徒の職業観・勤労観を育む教育の推進について
　　（調査研究報告書）　https://www.nier.go.jp/shido/centerhp/sinro/1hobun.pdf

文部科学省　2004　キャリア教育の推進に関する総合的調査研究協力者会議報告書──児童生徒一人一人
　　の勤労観，職業観を育てるために──
　　https://www.mext.go.jp/b_menu/shingi/chousa/shotou/023/toushin/04012801/002.htm

文部科学省　2008　中学校学習指導要領　東山書房

文部科学省　2009　高等学校学習指導要領　東山書房

文部科学省　2011　中学校キャリア教育の手引き
　　https://www.mext.go.jp/component/a_menu/education/detail/__icsFiles/afieldfile/2011/06/16/
　　1306818_06.pdf

中央教育審議会　2011　今後の学校におけるキャリア教育・職業教育の在り方について（答申）
　　https://www.nier.go.jp/shido/centerhp/30career_shiryoushu/2-4-2.pdf

中央教育審議会　2016　幼稚園、小学校、中学校、高等学校及び特別支援学校の学習指導要領等の改善及び必要
　　な方策等について（答申）　https://www.mext.go.jp/b_menu/shingi/chukyo/chukyo0/toushin/__icsFiles/
　　afieldfile/2017/01/10/1380902_0.pdf

文部科学省　2018　第3期教育振興基本計画　閣議決定
　　https://www.mext.go.jp/content/1406127_002.pdf

文部科学省　2019　「キャリア・パスポート」例示資料等について（事務連絡）
　　https://www.nier.go.jp/shido/centerhp/30career_shiryoushu/1-4.pdf
国立教育政策研究所生徒指導・進路指導研究センター　2019　「キャリア教育」資料集――文部科学省・
　　国立教育政策研究所――研究・報告書・手引編　平成 30 年度版　　https://www.nier.go.jp/shido/
　　centerhp/30career_shiryoushu/all_ver.pdf

Chapter
12

キャリア教育の充実
——学習指導要領総則——

　学習指導要領の総則には，小学校，中学校，高等学校のすべてに「キャリア教育の充実」が初めて明示されました。その内容は，学校教育におけるキャリア教育の基準となります。小学校，中学校，高等学校の各校種の段階で求められる内容を整理し，計画的にキャリア教育の充実に取り組む必要があります。

　本章では，学習指導要領及びその解説の「キャリア教育の充実」の内容を整理して取り上げます。また，学校教育におけるキャリア教育の充実に向けて計画的に取り組む必要のある内容について考えます。

1 │ 学習指導要領総則の「キャリア教育の充実」の内容

　小学校，中学校，高等学校の各学習指導要領総則の「児童の発達の支援」及び「生徒の発達の支援」の中で示す「キャリア教育の充実」の内容は，表 12-1 のとおりです。小学校から高等学校まで，特別活動を要としつつ，学ぶことと自己の将来とのつながりを見通しながら，社会的・職業的自立に向けて必要な基盤となる資質・能力を身に付けていくことができるよう，キャリア教育の充実を図ることを示しています。

　中学校と高等学校については，内容はほぼ同じです。小学校では，中学校と高等学校の内容にみられる「生徒が自らの生き方（高等学校は在り方生き方）を考え主体的に進路を選択

表 12-1 「児童の発達の支援」及び「生徒の発達の支援」の「キャリア教育の充実」

小学校	中学校	高等学校
児童が，学ぶことと自己の将来とのつながりを見通しながら，社会的・職業的自立に向けて必要な基盤となる資質・能力を身に付けていくことができるよう，特別活動を要としつつ各教科等の特質に応じて，キャリア教育の充実を図ること。	生徒が，学ぶことと自己の将来とのつながりを見通しながら，社会的・職業的自立に向けて必要な基盤となる資質・能力を身に付けていくことができるよう，特別活動を要としつつ各教科等の特質に応じて，キャリア教育の充実を図ること。その中で，生徒が自らの生き方を考え主体的に進路を選択することができるよう，学校の教育活動全体を通じ，組織的かつ計画的な進路指導を行うこと。	生徒が，学ぶことと自己の将来とのつながりを見通しながら，社会的・職業的自立に向けて必要な基盤となる資質・能力を身に付けていくことができるよう，特別活動を要としつつ各教科・科目等の特質に応じて，キャリア教育の充実を図ること。その中で，生徒が自己の在り方生き方を考え主体的に進路を選択することができるよう，学校の教育活動全体を通じ，組織的かつ計画的な進路指導を行うこと。
総則・第1章第4の1の (3)	総則・第1章第4の1の (3)	総則・第1章総則第5款の1の (3)

することができるよう，学校の教育活動全体を通じ，組織的かつ計画的な進路指導を行うこと」という文言がありません。

2 | 学習指導要領解説・総則編の 「キャリア教育の充実」の内容

　学習指導要領解説・総則編では，小学校の第3章第4節（3），中学校の第3章第4節（3），高等学校の第6章第1節3に，「キャリア教育の充実」の項目を設けています。また，小学校，中学校，高等学校ともに，5段落構成で内容を示しています。

　ここでは，各段落の内容を次の（1）から（4）に示します。なお，中学校内容を基準にして，その内容と異なる小学校と高等学校の内容については，（　）で挿入する形で示しています。

第1段落

　学校教育においては，キャリア教育の理念が浸透してきている一方で，これまで学校の教育活動全体で行うとされてきた意図が十分に理解されず，指導場面が曖昧にされてしまい，また，狭義の意味での「進路指導」と混同され，（小：混同により，特に特別活動において進路に関連する内容が存在しない小学校においては，体系的に行われてこなかったという課題もある。また，将来の夢を描くことばかりに力点が置かれ，）「働くこと」の現実や必要な資質・能力の育成につなげていく指導が軽視されていたりするのではないか，といった指摘もある。

第2段落・第3段落

　こうした指摘等を踏まえて，キャリア教育を効果的に展開していくためには，特別活動の学級活動（高：ホームルーム活動）を要としながら，総合的な学習の時間（高：総合的な探究の時間）や学校行事，道徳科や各教科における学習（高等学校：公民科に新設された科目「公共」をはじめとする各教科・科目における学習），個別指導としての教育相談等の機会を生かしつつ，学校の教育活動全体を通じて必要な資質・能力の育成を図っていく取組が重要になる。

　さらに，本改訂では（小：キャリア教育の要となる）特別活動の学級活動（高：ホームルーム活動）の内容に（3）一人一人のキャリア形成と自己実現を設けている。その実施に際しては次の2点に留意することが重要である。

第4段落

　一つ目は，総則において，特別活動が学校教育全体で行うキャリア教育の要としての役割を担うことを位置付けた趣旨を踏まえることである。キャリア教育の要としての役割を担うこととは，キャリア教育が学校教育全体を通して行うものであるという前提のもと，これからの学びや人間としての生き方（小：自己の生き方，高：在り方生き方）を見通し，これまでの活動を振り返るなど，教育活動全体の取組を自己の将来や社会づくりにつなげていくための役割を果たすことである。この点に留意して学級活動の指導にあたることが重要である。

> 二つ目は，学級活動（高：ホームルーム活動）の（3）の内容は，キャリア教育の視点からの小・中・高等学校のつながりが明確になるよう整理したということである（小：整理することにより設けたものであるということである）。ここで扱う内容については，将来に向けた自己実現に関わるものであり，一人一人の主体的な意思決定を大切にする活動である。小学校から高等学校（小：中学校，高等学校）へのつながりを考慮しながら，中学校段階（小：小学校段階，高：高等学校段階）として適切なものを内容として設定している。キャリア教育は，教育活動全体の中で基礎的・汎用的能力を育むものであることから職場体験活動（小：夢を持つことや職業調べ）などの固定的な活動だけに終わらないようにすることが大切である。

3 ｜「キャリア教育の充実」の要点整理

　上記の2では，学習指導要領解説・総則編の「キャリア教育の充実」の内容を段落ごとに示しました。それらの内容について要点を整理すると，（1）から（3）になります。

（1）これまでのキャリア教育の課題

　これまでのキャリア教育の課題の例を示しています。またその中で，学校の教育活動全体で行うとされてきた意図が十分に理解されず指導場面が曖昧にされていた点と，出口指導に関連するような狭義の意味での「進路指導」と混同され，「働くこと」の現実や必要な資質・能力の育成につなげていく指導が軽視されていた点を指摘しています。

（2）キャリア教育を効果的に展開していくために重要となる取り組みと改訂点

　キャリア教育を効果的に展開していくために重要となる取り組みと改訂点を示しています。具体的には，特別活動の学級活動・ホームルーム活動を要としながら，各教科等，個別指導としての教育相談などの機会を生かしつつ，学校の教育活動全体を通じて必要な資質・能力の育成を図っていく取り組みの重要性です。また，キャリア教育の要となる特別活動の学級活動・ホームルーム活動の内容に「一人一人のキャリア形成と自己実現」を設けた点です。

（3）「一人一人のキャリア形成と自己実現」の実施に際しての留意点

　「一人一人のキャリア形成と自己実現」の実施に際しての留意点を示しています。具体的には，これからの学びや在り方生き方などを見通し，これまでの活動を振り返るなど，教育活動全体の取り組みを自己の将来や社会づくりにつなげていくための役割を果たすようにする点です。また，キャリア教育の視点からの小・中・高等学校のつながりを考慮しながら，一人一人の主体的な意思決定を大切にする活動を通じて，教育活動全体の中で基礎的・汎用的能力を育むようにする点です。

4 | # キャリア教育に関連する
学習指導要領総則の記載内容

　これまでに取り上げた「キャリア教育の充実」を含め，学習指導要領総則のキャリア教育に関連する内容について，小学校，中学校，高等学校ごとに示します。なお，キャリア教育の充実の要とされる特別活動における内容については，第13章で取り上げます。

表12-2　小学校学習指導要領総則のキャリア教育に関連する内容

前文
児童が学ぶことの意義を実感できる環境を整え，一人一人の資質・能力を伸ばせるようにしていくことは，教職員をはじめとする学校関係者はもとより，家庭や地域の人々も含め，様々な立場から児童や学校に関わる全ての大人に期待される役割である。幼児期の教育の基礎の上に，中学校以降の教育や生涯にわたる学習とのつながりを見通しながら，児童の学習の在り方を展望していくために広く活用されるものとなることを期待して，ここに小学校学習指導要領を定める。
第1章総則・第3教育課程の実施と学習評価 1　主体的・対話的で深い学びの実現に向けた授業改善 (4)　児童が学習の見通しを立てたり学習したことを振り返ったりする活動を，計画的に取り入れるように工夫すること。
第1章総則・第4児童の発達の支援（表12-1の再掲） 1児童の発達を支える指導の充実 (3)　児童が，学ぶことと自己の将来とのつながりを見通しながら，社会的・職業的自立に向けて必要な基盤となる資質・能力を身に付けていくことができるよう，特別活動を要としつつ各教科等の特質に応じて，キャリア教育の充実を図ること。
第1章総則・第5　学校運営上の留意事項 2家庭や地域社会との連携及び協働と学校間の連携 ア　学校がその目的を達成するため，学校や地域の実態等に応じ，教育活動の実施に必要な人的又は物的な体制を家庭や地域の人々の協力を得ながら整えるなど，家庭や地域社会との連携及び協働を深めること。また，高齢者や異年齢の子供など，地域における世代を越えた交流の機会を設けること。 イ　他の小学校や，幼稚園，認定こども園，保育所，中学校，高等学校，特別支援学校などとの間の連携や交流を図るとともに，障害のある幼児児童生徒との交流及び共同学習の機会を設け，共に尊重し合いながら協働して生活していく態度を育むようにすること。
第1章総則・第6道徳教育に関する配慮事項 3　学校や学級内の人間関係や環境を整えるとともに，集団宿泊活動やボランティア活動，自然体験活動，地域の行事への参加などの豊かな体験を充実すること。

表12-3　中学校学習指導要領総則のキャリア教育に関連する内容

前文
生徒が学ぶことの意義を実感できる環境を整え，一人一人の資質・能力を伸ばせるようにしていくことは，教職員をはじめとする学校関係者はもとより，家庭や地域の人々も含め，様々な立場から生徒や学校に関わる全ての大人に期待される役割である。幼児期の教育及び小学校教育の基礎の上に，高等学校以降の教育や生涯にわたる学習とのつながりを見通しながら，生徒の学習の在り方を展望していくために広く活用されるものとなることを期待して，ここに中学校学習指導要領を定める。

第1章総則・第3教育課程の実施と学習評価

1 主体的・対話的で深い学びの実現に向けた授業改善

(4) 生徒が学習の見通しを立てたり学習したことを振り返ったりする活動を，計画的に取り入れるように工夫すること。

第1章総則・第4生徒の発達の支援（表12-1の再掲）

1 生徒の発達を支える指導の充実

(3) 生徒が，学ぶことと自己の将来とのつながりを見通しながら，社会的・職業的自立に向けて必要な基盤となる資質・能力を身に付けていくことができるよう，特別活動を要としつつ各教科等の特質に応じて，キャリア教育の充実を図ること。その中で，生徒が自らの生き方を考え主体的に進路を選択することができるよう，学校の教育活動全体を通じ，組織的かつ計画的な進路指導を行うこと。

第1章総則・第5学校運営上の留意事項

2 家庭や地域社会との連携及び協働と学校間の連携

ア 学校がその目的を達成するため，学校や地域の実態等に応じ，教育活動の実施に必要な人的又は物的な体制を家庭や地域の人々の協力を得ながら整えるなど，家庭や地域社会との連携及び協働を深めること。また，高齢者や異年齢の子供など，地域における世代を越えた交流の機会を設けること。

イ 他の中学校や，幼稚園，認定こども園，保育所，小学校，高等学校，特別支援学校などとの間の連携や交流を図るとともに，障害のある幼児児童生徒との交流及び共同学習の機会を設け，共に尊重し合いながら協働して生活していく態度を育むようにすること。

第1章総則・第6道徳教育に関する配慮事項

3 学校や学級内の人間関係や環境を整えるとともに，職場体験活動やボランティア活動，自然体験活動，地域の行事への参加などの豊かな体験を充実すること。

表12-4 高等学校学習指導要領総則のキャリア教育に関連する内容

前文

　生徒が学ぶことの意義を実感できる環境を整え，一人一人の資質・能力を伸ばせるようにしていくことは，教職員をはじめとする学校関係者はもとより，家庭や地域の人々も含め，様々な立場から生徒や学校に関わる全ての大人に期待される役割である。幼児期の教育及び義務教育の基礎の上に，高等学校卒業以降の教育や職業，生涯にわたる学習とのつながりを見通しながら，生徒の学習の在り方を展望していくために広く活用されるものとなることを期待して，ここに高等学校学習指導要領を定める。

第1章総則・第1款高等学校教育の基本と教育課程の役割

4 学校においては，地域や学校の実態等に応じて，就業やボランティアに関わる体験的な学習の指導を適切に行うようにし，勤労の尊さや創造することの喜びを体得させ，望ましい勤労観，職業観の育成や社会奉仕の精神の涵養に資するものとする。

第1章総則・第2款教育課程の編成・3教育課程の編成における共通的事項

(1) 各教科・科目及び単位数等

オ 学校設定教科

（イ）学校においては，学校設定教科に関する科目として「産業社会と人間」を設けることができる。この科目の目標，内容，単位数等を各学校において定めるに当たっては，産業社会における自己の在り方生き方について考えさせ，社会に積極的に寄与し，生涯にわたって学習に取り組む意欲や態度を養うとともに，生徒の主体的な各教科・科目の選択に資するよう，就業体験活動等の体験的な学習や調査・研究などを通して，次のような事項について指導することに配慮するものとする。

㋐ 社会生活や職業生活に必要な基本的な能力や態度及び望ましい勤労観，職業観の育成

㋑ 我が国の産業の発展とそれがもたらした社会の変化についての考察

㋒ 自己の将来の生き方や進路についての考察及び各教科・科目の履修計画の作成

第1章総則・第2款教育課程の編成・3教育課程の編成における共通的事項

(7) キャリア教育及び職業教育に関して配慮すべき事項

ア 学校においては，第5款の1に示すキャリア教育及び職業教育を推進するために，生徒の特性や進路，学校や地域の実態等を考慮し，地域や産業界等との連携を図り，産業現場等における長期間の実習を取り入れるなどの就業体験活動の機会を積極的に設けるとともに，地域や産業界等の人々の協力を積極的に得るよう配慮するものとする。

イ 普通科においては，生徒の特性や進路，学校や地域の実態等を考慮し，必要に応じて，適切な職業に関する各教科・科目の履修の機会の確保について配慮するものとする。

ウ 職業教育を主とする専門学科においては，次の事項に配慮するものとする。

(ア) 職業に関する各教科・科目については，実験・実習に配当する授業時数を十分確保するようにすること。

(イ) 生徒の実態を考慮し，職業に関する各教科・科目の履修を容易にするため特別な配慮が必要な場合には，各分野における基礎的又は中核的な科目を重点的に選択し，その内容については基礎的・基本的な事項が確実に身に付くように取り扱い，また，主として実験・実習によって指導するなどの工夫をこらすようにすること。

エ 職業に関する各教科・科目については，次の事項に配慮するものとする。

(ア) 職業に関する各教科・科目については，就業体験活動をもって実習に替えることができること。この場合，就業体験活動は，その各教科・科目の内容に直接関係があり，かつ，その一部としてあらかじめ計画し，評価されるものであることを要すること。

(イ) 農業，水産及び家庭に関する各教科・科目の指導に当たっては，ホームプロジェクト並びに学校家庭クラブ及び学校農業クラブなどの活動を活用して，学習の効果を上げるよう留意すること。この場合，ホームプロジェクトについては，その各教科・科目の授業時数の10分の2以内をこれに充てることができること。

(ウ) 定時制及び通信制の課程において，職業に関する各教科・科目を履修する生徒が，現にその各教科・科目と密接な関係を有する職業（家事を含む。）に従事している場合で，その職業における実務等が，その各教科・科目の一部を履修した場合と同様の成果があると認められるときは，その実務等をもってその各教科・科目の履修の一部に替えることができること。

第1章総則・第3款教育課程の実施と学習評価

1 主体的・対話的で深い学びの実現に向けた授業改善

(4) 生徒が学習の見通しを立てたり学習したことを振り返ったりする活動を，計画的に取り入れるように工夫すること。

第1章総則・第5款生徒の発達の支援（表12-1の再掲）

(3) 生徒が，学ぶことと自己の将来とのつながりを見通しながら，社会的・職業的自立に向けて必要な基盤となる資質・能力を身に付けていくことができるよう，特別活動を要としつつ各教科・科目等の特質に応じて，キャリア教育の充実を図ること。その中で，生徒が自己の在り方生き方を考え主体的に進路を選択することができるよう，学校の教育活動全体を通じ，組織的かつ計画的な進路指導を行うこと。

第1章総則・第6款学校運営上の留意事項

2 家庭や地域社会との連携及び協働と学校間の連携

　教育課程の編成及び実施に当たっては，次の事項に配慮するものとする。

ア 学校がその目的を達成するため，学校や地域の実態等に応じ，教育活動の実施に必要な人的又は物的な体制を家庭や地域の人々の協力を得ながら整えるなど，家庭や地域社会との連携及び協働を深めること。また，高齢者や異年齢の子供など，地域における世代を越えた交流の機会を設けること。

イ 他の高等学校や，幼稚園，認定こども園，保育所，小学校，中学校，特別支援学校及び大学などとの間の連携や交流を図るとともに，障害のある幼児児童生徒との交流及び共同学習の機会を設け，共に尊重し合いながら協働して生活していく態度を育むようにすること。

3 学校やホームルーム内の人間関係や環境を整えるととともに，就業体験活動やボランティア活動，自然体験活動，地域の行事への参加などの豊かな体験を充実すること。また，道徳教育の指導が，生徒の日常生活に生かされるようにすること。その際，いじめの防止や安全の確保等にも資することとなるように留意すること。

【引用・参考文献】

文部科学省　2018　小学校学習指導要領（平成 29 年告示）　東洋館出版社

文部科学省　2018　中学校学習指導要領（平成 29 年告示）　東山書房

文部科学省　2018　高等学校学習指導要領（平成 30 年告示）　東山書房

文部科学省　2018　小学校学習指導要領（平成 29 年告示）解説総則編　東洋館出版社

文部科学省　2018　中学校学習指導要領（平成 29 年告示）解説総則編　東山書房

文部科学省　2019　高等学校学習指導要領（平成 30 年告示）解説総則編　東洋館出版社

Chapter 13 特別活動における キャリア教育

学習指導要領総則では，特別活動を「キャリア教育の要」と位置付けています。また，特別活動の中でも，学級活動・ホームルーム活動は，「キャリア教育を効果的に展開していく要」と位置付けています。その中心は，学級活動・ホームルーム活動の内容に設けられた「一人一人のキャリア形成と自己実現」です。

本章では，「一人一人のキャリア形成と自己実現」について学習指導要領とその解説に示された内容の要点を整理し，キャリア教育を展開していくための基本事項を明確にします。

 ## 1 特別活動の目標

「キャリア教育の要」と位置づけられた特別活動の小学校，中学校，高等学校の目標は，表13-1のとおりです。校種により異なる箇所には下線を引いてあります。この目標

表 13-1 特別活動の目標

	小学校	中学校	高等学校
	集団や社会の形成者としての見方・考え方を働かせ，様々な集団活動に自主的，実践的に取り組み，互いのよさや可能性を発揮しながら集団や自己の生活上の課題を解決することを通して，次のとおり資質・能力を育成することを目指す。		
知識・技能	(1) 多様な他者と協働する様々な集団活動の意義や活動を行う上で必要となることについて理解し，行動の仕方を身に付けるようにする。	小学校と同じ	小学校と同じ
思考力・判断力・表現力等	(2) 集団や自己の生活，人間関係の課題を見いだし解決するために話し合い合意形成を図ったり，意思決定したりすることができるようにする。	小学校と同じ	小学校と同じ
学びに向かう力・人間性等	(3) 自主的，実践的な集団活動を通して身に付けたことを生かして，集団や社会における生活及び人間関係をよりよく形成するとともに，自己の生き方についての考えを深め，自己実現を図ろうとする態度を養う。	(3) 自主的，実践的な集団活動を通して身に付けたことを生かして，集団や社会における生活及び人間関係をよりよく形成するとともに，人間としての生き方についての考えを深め，自己実現を図ろうとする態度を養う。	(3) 自主的，実践的な集団活動を通して身に付けたことを生かして，主体的に集団や社会に参画し，生活及び人間関係をよりよく形成するとともに，人間としての在り方生き方についての自覚を深め，自己実現を図ろうとする態度を養う。

は，学級活動・ホームルーム活動，児童会活動・生徒会活動及び学校行事，そしてクラブ活動（小学校のみ）の目標を総括する目標になります。

　目標は，３つの育成を目指す資質・能力ごとに示しています。表の（１）は「知識・技能」の目標です。同様に（２）は「思考力・判断力・表現力等」，（３）は「学びに向かう力・人間性等」です。各校種を比べると，「学びに向かう力・人間性等」に関する内容に違いがみられます。たとえば，小学校では「自己の生き方」と示していますが，中学校では「人間としての生き方」，高等学校では「人間としての在り方生き方」と校種に応じた内容になっています。

2　学級活動・ホームルーム活動の目標及び内容

　特別活動の中でも，キャリア教育を効果的に展開していく要とされている学級活動・ホームルーム活動の目標と内容をみてみます。学習指導要領では，学級活動・ホームルーム活動のところで，「目標」「内容」「内容の取り扱い」を示しています。小学校，中学校，高等学校の内容は，次の（１）（２）（３）のとおりです。

（１）学級活動・ホームルーム活動の目標

　学級活動・ホームルーム活動の目標は，次のとおりです。高等学校はホームルームとなりますが，それ以外は，小学校から高等学校まで同じ内容を示しています。なお，ここで記されている「第１の目標に掲げる資質・能力」とは，表13-1の内容になります。

> 学級（ホームルーム）や学校での生活をよりよくするための課題を見いだし，解決するために話し合い，合意形成し，役割を分担して協力して実践したり，学級（ホームルーム）での話合いを生かして自己の課題の解決及び将来の生き方を描くために意思決定して実践したりすることに，自主的，実践的に取り組むことを通して，第１の目標に掲げる資質・能力を育成することを目指す。

（２）学級・ホームルーム活動の内容

　学級活動・ホームルーム活動の内容は，表13-2のとおりです。キャリア教育を効果的に展開していく要とされている学級活動・ホームルーム活動の中で，その中心となる（３）「一人一人のキャリア形成と自己実現」とその項目のアからウ（高等学校はアからエ）には，特に留意する必要があります。

（３）学級活動・ホームルーム活動の内容の取扱い

　表13-2の内容（３）の「一人一人のキャリア形成と自己実現」について，その指導に関して，次のように示しています。なお，ここで記されている「児童生徒が活動を記録し蓄積する教材等を活用」は，具体的には「キャリア・パスポートの活用」を指しています。それについては，第14章で取り上げます。

表 13-2　学級活動・ホームルーム活動の内容

特別活動の目標に掲げる資質・能力を育成するため，全ての学年において，次の各活動を通して，それぞれの活動の意義及び活動を行う上で必要となることについて理解し，主体的に考えて実践できるよう指導する。

小学校	中学校	高等学校
(1)　学級や学校における生活づくりへの参画 ア　学級や学校における生活上の諸問題の解決 イ　学級内の組織づくりや役割の自覚 ウ　学校における多様な集団の生活の向上	(1)　学級や学校における生活づくりへの参画 ア　学級や学校における生活上の諸問題の解決 イ　学級内の組織づくりや役割の自覚 ウ　学校における多様な集団の生活の向上	(1)　ホームルームや学校における生活づくりへの参画 ア　ホームルームや学校における生活上の諸問題の解決 イ　ホームルーム内の組織づくりや役割の自覚 ウ　学校における多様な集団の生活の向上
(2)　日常の生活や学習への適応と自己の成長及び健康安全 ア　基本的な生活習慣の形成 イ　よりよい人間関係の形成 ウ　心身ともに健康で安全な生活態度の形成 エ　食育の観点を踏まえた学校給食と望ましい食習慣の形成	(2)　日常の生活や学習への適応と自己の成長及び健康安全 ア　自他の個性の理解と尊重，よりよい人間関係の形成 イ　男女相互の理解と協力 ウ　思春期の不安や悩みの解決，性的な発達への対応 エ　心身ともに健康で安全な生活態度や習慣の形成 オ　食育の観点を踏まえた学校給食と望ましい食習慣の形成	(2)　日常の生活や学習への適応と自己の成長及び健康安全 ア　自他の個性の理解と尊重，よりよい人間関係の形成 イ　男女相互の理解と協力 ウ　国際理解と国際交流の推進 エ　青年期の悩みや課題とその解決 オ　生命の尊重と心身ともに健康で安全な生活態度や規律ある習慣の確立
(3)　一人一人のキャリア形成と自己実現 ア　現在や将来に希望や目標をもって生きる意欲や態度の形成 イ　社会参画意識の醸成や働くことの意義の理解 ウ　主体的な学習態度の形成と学校図書館等の活用	(3)　一人一人のキャリア形成と自己実現 ア　社会生活，職業生活との接続を踏まえた主体的な学習態度の形成と学校図書館等の活用 イ　社会参画意識の醸成や勤労観・職業観の形成 ウ　主体的な進路の選択と将来設計	(3)　一人一人のキャリア形成と自己実現 ア　学校生活と社会的・職業的自立の意義の理解 イ　主体的な学習態度の確立と学校図書館等の活用 ウ　社会参画意識の醸成や勤労観・職業観の形成 エ　主体的な進路の選択決定と将来設計

　「一人一人のキャリア形成と自己実現」の指導に当たっては，学校，家庭及び地域における学習や生活の見通しを立て，学んだことを振り返りながら，新たな学習や生活への意欲につなげたり，将来の生き方を考えたりする活動を行うこと。その際，児童生徒が活動を記録し蓄積する教材等を活用すること。

3 ｜ 「キャリア形成」と「自己実現」

　「一人一人のキャリア形成と自己実現」の「キャリア形成」と「自己実現」について，学習指導要領解説・特別活動編に示している内容をみてみます。学習指導要領解説・特別

活動編の学級活動・ホームルーム活動の「一人一人のキャリア形成と自己実現」で，「キャリア形成」については，次のように示しています。

> 「キャリア形成」とは，社会の中で自分の役割を果たしながら，自分らしい生き方を実現していくための働きかけ，その連なりや積み重ねを意味する。

また，学習指導要領解説・特別活動編の「特別活動の目標」において，「人間関係形成」「社会参画」「自己実現」とは，特別活動において育成する資質・能力における重要な要素であり，資質・能力を育成する学習の過程においても重要な意味をもつ視点であると示しています。その中で，「自己実現」については，次のように示しています。

> 「自己実現」は，一般的には様々な意味で用いられるが，特別活動においては，集団の中で，現在及び将来の自己の生活の課題を発見しよりよく改善しようとする視点である。自己実現のために必要な資質・能力は，自己の理解を深め，自己のよさや可能性を生かす力，自己の在り方や生き方を考え設計する力など，集団の中において，個々人が共通して当面する現在及び将来に関わる課題を考察する中で育まれるものと考えられる。

4 「一人一人のキャリア形成と自己実現」の要点

学習指導要領解説・特別活動編の「一人一人のキャリア形成と自己実現」の内容について要点を整理すると，次のとおりです。

個々の児童生徒の将来に向けた自己実現に関わるものであり，一人一人の主体的な意思決定に基づく実践活動にまでつなげることをねらいとしています。また，個々の児童生徒の将来に向けた自己の実現に関わる内容であり，一人一人の主体的な意思決定に基づく実践につなげる活動になります。

ここで扱う活動内容は，児童生徒の現在及び将来の生き方を考える基盤になるものであり，学校の教育活動全体を通して行うキャリア教育や個に応じた指導，支援，相談などとの関連を図ることが大切になります。一人一人が，学ぶこと，働くこと，そして生きることについて考え，それらの結び付きを理解し，多様な他者と協働しながら，自分なりの人生をつくっていく力を育むことが必要になります。

活動の過程を記述し振り返ることができる教材等の作成とその活用を通して，児童生徒自身が自分の成長や変容を把握し，主体的な学びの実現や今後の生活の改善に生かしたり，将来の生き方を考えたりする活動が求められます。これは，本章の2（3）で取り上げた「内容の取り扱い」に関連する内容です。また，学級活動・ホームルーム活動の内容の（3）「一人一人のキャリア形成と自己実現」においては，たとえば，表13-3の資質・能力を育成することを示しています。

表 13-3　「一人一人のキャリア形成と自己実現」で育成を目指す資質・能力

	小学校	中学校	高等学校
知識・技能	働くことや学ぶことの意義を理解するとともに，自己のよさを生かしながら将来への見通しをもち，自己実現を図るために必要なことを理解し，行動の在り方を身に付けるようにする。	社会の中で自分の役割を果たしながら，自分らしい生き方を実現していくことの意義や，現在の学習と将来の社会・職業生活とのつながりを考えるために，必要な知識及び技能を身に付けるようにする。	中学校と同じ
思考力・判断力・表現力	自己の生活や学習の課題について考え，自己への理解を深め，よりよく生きるための課題を見いだし，解決のために話し合って意思決定し，自己のよさを生かしたり，他者と協力したりして，主体的に活動することができるようにする。	現在の自己の学習と将来の生き方や進路についての課題を見いだし，主体的に学習に取り組み，働くことや社会に貢献することについて，適切な情報を得ながら考え，自己の将来像を描くことができるようにする。	現在の自己の学習と将来の生き方や進路についての課題を見いだし，主体的に学習に取り組み，働くことや社会に貢献することについて，適切な情報を得ながら考え，自己の将来像を描くとともに自らの意思と責任で進路の選択決定ができるようにする。
学びに向かう力・人間性等	現在及び将来にわたってよりよく生きるために，自分に合った目標を立て，自己のよさを生かし，他者と協働して目標の達成を目指しながら主体的に行動しようとする態度を養う。	将来の生き方を描き，現在の生活や学習の在り方を振り返るとともに，働くことと学ぶことの意義を意識し，社会的・職業的自立に向けて自己実現を図ろうとする態度を養う。	中学校と同じ

　この内容の指導に当たっては，特に次の２点を踏まえることが大切であるとしています。１つめは，総則において，特別活動を学校におけるキャリア教育の要としつつ，学校の教育活動全体で行うこととされた趣旨を踏まえることです。キャリア教育の要としての役割を担うこととは，キャリア教育が学校教育全体を通して行われるものであるという前提のもと，これからの学びや自己の生き方を見通し，これまでの活動を振り返るなど，教育活動全体の取り組みを自己の将来や社会づくりにつなげていくための役割を果たすということです。

　２つめは，学級活動・ホームルーム活動（３）の内容が，キャリア教育の視点からの小・中・高等学校のつながりが明確になるよう整理されたということです。ここで扱う内容については，将来に向けた自己実現に関わるものであり，一人一人の主体的な意思決定を大切にする活動です。キャリア教育は，教育活動全体の中で基礎的・汎用的能力を育むものであることから，職場体験活動などの固定的な活動だけにならないようにすることが大切です。

5 「一人一人のキャリア形成と自己実現」の内容

　学級活動・ホームルーム活動の内容（3）の「一人一人のキャリア形成と自己実現」の項目ア，イ，ウ，エの各概要は，表13-4のとおりです。

　小学校と中学校はア〜ウ，高等学校はア〜エになります。「一人一人のキャリア形成と自己実現」の内容の学習指導案を作成する際に，項目のアからエを選択し記述することになります。なお，学習指導案については，第15章で取り上げます。

表13-4　「一人一人のキャリア形成と自己実現」の項目とそのねらい

小学校	中学校	高等学校
ア　現在や将来に希望や目標をもって生きる意欲や態度の形成 　学級や学校での生活づくりに主体的に関わり，自己を生かそうとするとともに，希望や目標をもち，その実現に向けて日常の生活をよりよくしようとすること。	ア　社会生活，職業生活との接続を踏まえた主体的な学習態度の形成と学校図書館等の活用 　現在及び将来の学習と自己実現とのつながりを考えたり，自主的に学習する場としての学校図書館等を活用したりしながら，学ぶことと働くことの意義を意識して学習の見通しを立て，振り返ること。	ア　学校生活と社会的・職業的自立の意義の理解 　現在及び将来の生活や学習と自己実現とのつながりを考えたり，社会的・職業的自立の意義を意識したりしながら，学習の見通しを立て，振り返ること。
イ　社会参画意識の醸成や働くことの意義の理解 　清掃などの当番活動や係活動等の自己の役割を自覚して協働することの意義を理解し，社会の一員として役割を果たすために必要となることについて主体的に考えて行動すること。	イ　社会参画意識の醸成や勤労観・職業観の形成 　社会の一員としての自覚や責任をもち，社会生活を営む上で必要なマナーやルール，働くことや社会に貢献することについて考えて行動すること。	イ　主体的な学習態度の確立と学校図書館等の活用 　自主的に学習する場としての学校図書館等を活用し，自分にふさわしい学習方法や学習習慣を身に付けること。
ウ　主体的な学習態度の形成と学校図書館等の活用 　学ぶことの意義や現在及び将来の学習と自己実現とのつながりを考えたり，自主的に学習する場としての学校図書館等を活用したりしながら，学習の見通しを立て，振り返ること。	ウ　主体的な進路の選択と将来設計 　目標をもって，生き方や進路に関する適切な情報を収集・整理し，自己の個性や興味・関心と照らして考えること。	ウ　社会参画意識の醸成や勤労観・職業観の形成 　社会の一員としての自覚や責任をもち，社会生活を営む上で必要なマナーやルール，働くことや社会に貢献することについて考えて行動すること。
		エ　主体的な進路の選択決定と将来設計 　適性やキャリア形成などを踏まえた教科・科目を選択することなどについて，目標をもって，在り方生き方や進路に関する適切な情報を収集・整理し，自己の個性や興味・関心と照らして考えること。

学級活動・ホームルーム活動において，「一人一人のキャリア形成と自己実現」の授業を実施する場合には，ア〜ウ（高等学校はア〜エ）の項目に照らして計画することになります。また，学習指導要領解説に示す各項目（ア，イ，ウ）の内容を確認し，授業実践のポイントを具体的にしていきます。

　参考までに，表13-5，13-6，13-7は，小学校の項目のア，イ，ウについて，学習指導要領解説・特別活動編に示す内容を整理したものです。同様に，表13-8，13-9，13-10は，中学校の項目です。授業実践のポイントを確認するためのチェックリストとして活用することができます。

表 13-5 「ア　現在や将来に希望や目標をもって生きる意欲や態度の形成」のチェックリスト

（1）　育成を目指す資質・能力
①　自己への理解を深め，日常生活について実現可能で具体的な目標を立て，意思決定し，自己のよさを生かして主体的に活動することができること。
②　現在や将来に希望や目標をもって，日常の生活をよりよくしていこうという態度を養うこと。
（2）　自分自身の興味・関心やよさなどの個性を理解し，将来に明るい希望や目標をもって現在及び将来の生活や学習に進んで取り組み，自己のよさや可能性を生かそうとする意欲や態度を育てること。
（3）　学級や学校生活における不安や心配の解決のための目標を立てて行動することにより，現在の生活をよりよくすることの大切さについて理解できるようにすること。
（4）　学級での話合いを通して，友達の意見などを参考にしながら自己のよさや実現できそうな目標を具体的に考えたりすることができるようにすること。
（5）　学級や学校生活に希望や目標をもち，日常生活での不安や悩みの解決に向けた個人の目標を設定したり，個性の伸長を図るために自己を理解したりして，よりよく意思決定できるようにすること。
（6）　児童の思いや保護者の願い，教師の思いを盛り込んだ学級目標の実現を目指し，児童一人一人がこれからの学習への取り組み方や生活の仕方などについて意思決定できるようにすること。
（7）　自分への気付きや意思決定を促す適切な情報・資料を提供するとともに，心の健康の保持増進やよりよい人間関係の形成を図ること。

表 13-6 「イ　社会参画意識の醸成や働くことの意義の理解」のチェックリスト

（1）　育成を目指す資質・能力
①　学級や学校のために友達と力を合わせて働くことの意義を理解し，工夫しながら自己の役割を果たすことができるようにすること。
②　社会の一員として，責任をもって主体的に行動しようとする態度を養うこと。
（2）　多様性を認め合いながら，他の児童と力を合わせて働くことの大切さや自分のよさを生かすことについて考えることができるようにすること。
（3）　自分の仕事に対して工夫しながら役割を果たすことができるようにすること。
（4）　学級全員で分担する清掃や給食，交替しながら行う日直，飼育，栽培等の当番活動や係活動，学校内外でのボランティア活動など，学級，学校や地域のために一生懸命働く活動を取り上げること。
（5）　（4）は，学級活動の授業時数を充てない朝や帰りの時間，当番活動を行っている時間などに行うことが中心となるが，学級活動においても適切に取り上げ，計画的に指導する必要があること。
（6）　日常の積み重ねを通して働くことの大切さや意義を理解させていくことによって，学級・学校生活の向上に寄与する活動などの充実につなげるとともに，公共の精神を養い，望ましい勤労観・職業観，社会性の育成を図ることにもつながるようにすること。
（7）　道徳教育や学校行事の勤労生産・奉仕的行事，総合的な学習の時間などで行うボランティア体験などと関連させて指導したり，地域全体で児童の社会的・職業的自立に向けた基盤づくりができるよう，地域との連携・協働を進めたりすること。

表 13-7 「ウ　主体的な学習態度の形成と学校図書館等の活用」のチェックリスト

（1）　育成を目指す資質・能力
①　学習することの楽しさや価値に気付き，学習の見通しや振り返りの大切さを理解したり，学校図書館等を日々の学習に効果的に活用するなど，自分に合った効果的な学習の方法や，学ぶことが将来の自己実現にどうつながっていくかについて考えたりして，主体的に学習することができるようにすること。
②　生涯にわたって主体的に学び続けようとする態度を養うこと。
（2）　学ぶことに興味や関心をもち，自ら進んで学習に取り組むことや，自己のキャリア形成と関連付けながら，見通しをもって粘り強く取り組むこと，学習活動を振り返って次に生かす主体的な学びの実現につながるようにすること。
（3）　様々な情報が得られ，自主的な学習を深める場としての学校図書館の効果的な活用や，日常の読書指導と関連するようにすること。
（4）　各教科等を学習する意義や学習習慣の定着に向けた取組や学習を深めるための資料の活用など，主体的に学ぶための方法や工夫などについても意思決定できるようにすること。
（5）　各教科等の学習と関連して指導したり，内容によって司書教諭や，学校図書館司書，ICT に関わるボランティアなどの協力を得て，実際に学校図書館の仕組みの理解や利用の仕方に関する実践的な活動を行ったりするなど，指導に具体性と変化をもたせること。

表 13-8 「ア　社会生活，職業生活との接続を踏まえた主体的な学習態度の形成と学校図書館等の活用」

（1）育成を目指す資質・能力
①　現在の学習が将来の社会・職業生活の基盤になることや他者との関わりを通して自己の将来に関する考えを深めることの大切さを理解すること。
②　自己を見つめ，これまでの活動を振り返りながら主体的に新たな学習に取り組むことができるようになること。
③　自己実現を目指した努力と改善を積み重ね，生涯にわたって学び続けようとする態度を育てること。
（2）　学校における個々の学習が，それぞれのキャリア形成にどのようにつながっていくのかということや，なぜ学ぶのかといった学ぶことの本質的な意義に気付き，個々の生徒の学習意欲が高まり，主体的に学習が進められるようにすること。
（3）　生徒が自分にふさわしい学習方法を見いだしたり，学習に意欲をもって主体的に取り組んだりする上で，自主的な学習を深める場としての学校図書館等を積極的に活用する態度を養うこと。
（4）　学級経営の充実を図り，学習活動の基盤としての学級における学習環境を整え，生徒の学びへの積極的関与と深い理解を促すような指導を充実し，生徒が自他の個性を尊重しつつ，互いに高め合うような学級づくりを進めていくこと。
（5）　充実した人生と学習，学ぶことや働くことの楽しさと価値，学ぶことと職業などについての題材を設定し，保護者や卒業生など自分の身の回りの人，地域の職業人などの体験談などを取り入れながら，自分なりの考えをまとめ，発表したり，互いに話し合ったりすること。
（6）　学習意欲と学習習慣，自ら学ぶ意義や方法などについて題材を設定すること。
（7）　小学校から現在までのキャリア教育に関わる諸活動について，学びの過程を記述し振り返ることができるポートフォリオの作成と活用を通して，自身の成長や変容を自己評価したり，将来の社会生活や職業生活を展望したりする活動をすること。
（8）　学校図書館等を活用して学習を振り返り，自主的な学習を深め，多様な情報を収集して進路選択や自己実現につなぐ場としての意義や役割に気付き，積極的に活用する態度を養うこと。
（9）　各教科等の学習と関連して指導したり，内容によって司書教諭や，学校図書館司書，学校図書館や ICT に関わるボランティアなどの協力を得て，実際に学校図書館の仕組みの理解や利用の仕方に関する実践的な活動を行ったりするなど，小学校までの経験を生かしつつ，中学生にふさわしく指導に具体性と変化をもたせること。

表 13-9 「イ　社会参画意識の醸成や勤労観・職業観の形成」のチェックリスト

（1）育成を目指す資質・能力
①　他者と協力し合いながら，自らの能力や適性を生かして仕事や役割を担うことが社会づくりにつながることなど，勤労や職業について理解を深めること。
②　勤労や職業と自己実現との関係について考え，自分なりの勤労観・職業観を醸成していくことができるようになること。
③　社会の形成者として，自らを生かした責任ある行動を取り，社会生活における課題の改善に向けて貢献しようとする態度を養うこと。
（2）様々な役割や職業がどのように社会を支えているのかに気付くとともに，集団や社会での役割を果たすことやその過程で能力を適正に生かすことの意義について実感させること。
（3）勤労観・職業観を育み，集団や社会の形成者として，社会生活におけるルールやマナーについて考え，日常の生活や自己の在り方を主体的に改善しようとしたり，将来を思い描き，自分にふさわしい生き方や職業を主体的に考え，選択しようとしたりすることができるようにすること。
（4）自分の役割と生きがい，働く目的と意義，身近な職業と職業選択などの題材を設定し，調査やインタビューを基に話し合ったり，発表やディベートを行ったりなどの活動をすること。
（5）学校行事として実施する職場体験活動，介護体験，あるいは職業人や福祉団体関係者を招いての講話等との関連を図りながら，それらの事前，事後の指導として，調査や体験の振り返りをもとに話し合い，感想文の作成，発表などの活動の展開をすること。
（6）働くことを通じて，適性や能力がどのように発揮され，社会における自分をどのように評価するのかといった自己有用感や自己肯定感などについて理解できるようにすること。

表 13-10 「ウ　主体的な進路の選択と将来設計」のチェックリスト

（1）育成を目指す資質・能力
①　中学校卒業後の進路や社会生活に関する幅広い情報を理解し，自分を見つめ，目指すべき自己の将来像を描くことができるようになること。
②　生涯にわたって段階的な目標の達成と，自らの社会的・職業的自立に向けて努力しようとする態度を育てること。
（2）生き方や進路に関する各種の情報を収集して活用するとともに，自分自身の興味・関心などの個性を理解した上で，自分の将来の生き方や生活について見通しをもち，進路選択を行うようにすること。
（3）中学校卒業後も，様々なことを学んだり，職業経験を積んだりしながら，自分自身の生き方や生活をよりよくするため，常に将来設計を描き直したり，目標を段階的に修正して，自己実現に向けて努力していくようにすること。
（4）高等学校などの進路に関する情報だけでなく，職業や働き方，生き方に関する情報などを活用する活動や，自分の夢や希望，人生と生きがい，将来設計などについての題材を設定し，自分の将来を見通すようにすること。
（5）夢や希望を描くことが難しい生徒への配慮し，また，地域の職業人や福祉団体関係者の講話や感想文等を活用した展開や，体験に基づく発表，話合いなどを行うこと。
（6）将来の生活における職業人，家庭人，地域社会の形成者などとしての役割や活動を知り，生徒が将来の生活を具体的に描き，進路計画として立案するようにすること。
（7）目指すべき自己の将来像を暫定的に描くには，生き方や進路に関する情報を収集して活用するとともに，これまでや現在の自分を振り返り，自己の興味・関心や適性を把握するようにすること。
（8）進路計画の実現を目指して，生徒が卒業後の進路選択の問題を，自分自身の課題として受け止め，自ら解決するために，何を知り，どのように考え，いかに行動すべきかなどについて検討するようにすること。
（9）自らの興味・関心や適性などを生かすには，特定の職業や生き方に限定されないように，選択の幅を広げることが大切であり，将来の目標となる夢や希望とのつながりを見通すようにすること。

（10）　人はその人生において，進学・就職を含めて何回ものキャリアの選択を迫られるようになっており，キャリアを自ら形づくっていく時代を迎えていると言えることから，将来の生き方や生活につながる主体的な進路の選択を実現する資質・能力の育成すること。

（11）　進路選択に関しては，生徒の家庭の経済状況などで進学を断念することのないよう，奨学金等の制度について正しく理解した上で積極的に活用できるよう必要な助言を行うこと。

【引用・参考文献】

文部科学省　2018　小学校学習指導要領（平成 29 年告示）　東洋館出版社

文部科学省　2018　中学校学習指導要領（平成 29 年告示）　東山書房

文部科学省　2019　高等学校学習指導要領（平成 30 年告示）　東山書房

文部科学省　2018　小学校学習指導要領（平成 29 年告示）解説特別活動編　東洋館出版社

文部科学省　2018　中学校学習指導要領（平成 29 年告示）解説特別活動編　東山書房

文部科学省　2019　高等学校学習指導要領（平成 30 年告示）解説特別活動編　東京書籍

キャリア・パスポート
の活用

「キャリア・パスポート」とは何でしょうか。学習指導要領により，小学校，中学校，高等学校では，キャリア・パスポートの活用が求められています。「キャリア教育を効果的に展開する要」となる学級活動・ホームルーム活動において，学習や生活の見通しを立て，学んだことを振り返りながら，あらたな学習や生活への意欲につなげたり，将来の在り方生き方を考えたりする活動を行い，その際，児童生徒が活動を記録し蓄積する教材（キャリア・パスポート）を活用することが示されています。

　本章では，文部科学省の例示資料と実際のワークシート例を取り上げながら，担任教員としてキャリア・パスポートを活用し授業が実施できるように理解を深めます。

 ## 1 ｜ 「キャリア・パスポート」とは

　文部科学省（2019）の「『キャリア・パスポート』例示資料について（事務連絡）」（以下，キャリア・パスポート例示資料）には，「キャリア・パスポート」の様式及び指導上の留意事項を示しています。その内容を整理すると，次の（1）から（7）になります。「キャリア・パスポート」についての基本的な理解を深めることができます。

（1）「キャリア・パスポート」の必要性と背景

　2016年12月に中央教育審議会は，「幼稚園，小学校，中学校，高等学校及び特別支援学校の学習指導要領等の改善及び必要な方策について（答申）」を取りまとめ，その中の特別活動ワーキンググループにおいては，キャリア教育の中核的な指導場面として特別活動が大きな役割を果たすべきとの議論がありました。また，総則・評価特別部会においても，小学校・中学校・高等学校において発達の段階を踏まえたキャリア教育の推進を総則に位置付けることを検討しました。

　このような中で特別活動がキャリア教育においてどのような役割を果たすべきかを明確に示す必要があるとしました。そして，小学校から高等学校までの特別活動をはじめとしたキャリア教育に関わる活動について，学びのプロセスを記述し振り返ることができるポートフォリオ的な教材（「キャリア・パスポート」）を作成し，活用することが効果的ではないかとの提案を示しました。

　そういった検討を踏まえ，2017年3月に小学校及び中学校学習指導要領，同年4月に

特別支援学校小学部・中学部学習指導要領，2018年3月に高等学校学習指導要領，2019年2月に特別支援学校高等部学習指導要領を公示し，それと並行して「キャリア・パスポート」導入に向けた調査研究協力者会議を置いて，その内容などについて検討をしてきました。

（2）「キャリア・パスポート」の定義

「キャリア・パスポート例示資料」では，「キャリア・パスポート」の定義について，次のように示しています。

> 「キャリア・パスポート」とは，児童生徒が，小学校から高等学校までのキャリア教育に関わる諸活動について，特別活動の学級活動及びホームルーム活動を中心として，各教科等と往還し，自らの学習状況やキャリア形成を見通したり振り返ったりしながら，自身の変容や成長を自己評価できるよう工夫されたポートフォリオのことである。

なお，その記述や自己評価の指導に当たっては，教師が対話的に関わり，児童生徒一人一人の目標修正などの改善を支援し，個性を伸ばす指導へとつなげながら，学校，家庭及び地域における学びを自己のキャリア形成に生かそうとする態度を養うよう努める必要があります。

また，「キャリア・パスポート」について，学習指導要領特別活動の「第2学級活動・ホームルーム活動」の「3内容の取扱い」では，次のように示しています。なお，(2)2の(3)とは，学級活動・ホームルーム活動の内容の「(3) 一人一人のキャリア形成と自己実現」を指します。

> (2)2の(3)の指導に当たっては，学校，家庭及び地域における学習や生活の見通しを立て，学んだことを振り返りながら，新たな学習や生活への意欲につなげたり，将来の生き方を考えたりする活動を行うこと。その際，児童生徒が活動を記録し蓄積する教材等を活用すること。(下線は筆者による)

ここで示す児童生徒が活動を記録し蓄積する教材等が，キャリア・パスポートを指しています。ただし，都道府県や設置者，各校において独自の名称で呼ぶことは可能です。なお，特別支援学校における特別活動については，小・中学校及び高等学校に準ずることとしています。

（3）目的，内容，指導上の留意点

小学校，中学校，高等学校の学習指導要領，及び特別支援学校学習指導要領に明記している「キャリア・パスポート」の内容などを踏まえ，「キャリア・パスポート」の目的について，次のように示しています。

> 小学校から高等学校を通じて，児童生徒にとっては，自らの学習状況やキャリア形成を見通したり，振り返ったりして，自己評価を行うとともに，主体的に学びに向かう力を育み，自己実現につなぐもの。教師にとっては，その記述をもとに対話的にかかわることによって，児童生徒の成長を促し，系統的な指導に資するもの。

「キャリア・パスポート」の内容については，表14-1の①から⑨のとおりです。たとえば，①②をみると，「教科学習」と「教科外学習」と「学校外活動」の視点から「見通し」と「振り返り」ができるワークシートを示しています。また，①③⑤をみると，記録の蓄積が可能な範囲として各学年5枚以内で，記述が容易な様式を求めています。表14-1を確認すると，「キャリア・パスポート」に求められる内容がみえてきます。「キャリア・パスポート」の指導上の留意点については，表14-2の①から⑨のとおりです。指導状況を確認する際のチェックリストとして活用することができます。

表14-1 「キャリア・パスポート」の内容

① 児童生徒自らが記録し，学期，学年，入学から卒業までの学習を見通し，振り返るとともに，将来への展望を図ることができるものとします。なお，児童生徒が記録する日常のワークシートや日記，手帳や作文等は，「キャリア・パスポート」を作成する上での貴重な基礎資料となりますが，それをそのまま蓄積することは不可能かつ効果的ではなく，基礎資料を基に学年もしくは入学から卒業等の中・長期的な振り返りと見通しができる内容とします。

② 学校生活全体及び家庭，地域における学びを含む内容とします。なお，教科・科目のみ，学校行事等のみの自己評価票とならないように留意し，「教科学習」，「教科外活動（学校行事，児童会活動・生徒会活動やクラブ活動，部活動など教科学習以外の学校内での活動）」，「学校外の活動（ボランティア等の地域活動，家庭内での取組，習い事などの活動）」の3つの視点で振り返り，見通しが持てるような内容とします。また，特別活動を要としつつ各教科・科目等と学びが往還していることを児童生徒が認識できるように工夫するようにします。

③ 学年，校種を越えて持ち上がることができるものとします。なお，小学校入学から高等学校卒業までの記録を蓄積する前提の内容とします。また，各シートはA4判（両面使用可）に統一し，各学年での蓄積は数ページ（5枚以内）とします。

④ 大人（家族や教師，地域住民等）が対話的に関わることができるものとします。なお，家族や教師，地域住民等の負担が過剰にならないように配慮しつつも，児童生徒が自己有用感の醸成や自己変容の自覚に結び付けられるような対話を重視します。

⑤ 詳しい説明がなくても児童生徒が記述できるものとします。

⑥ 学級活動・ホームルーム活動で「キャリア・パスポート」を取り扱う場合には，その内容及び実施時間数にふさわしいものとします。なお，学習指導要領解説特別活動編を必ず確認するようにします。

⑦ カスタマイズする際には，保護者や地域などの多様な意見も参考にするようにします。

⑧ 通常の学級に在籍する発達障害を含む障害のある児童生徒については，児童生徒の障害の状態や特性及び心身の発達の段階等に応じて指導するようにします。また，障害のある児童生徒の将来の進路については，幅の広い選択の可能性があることから，指導者が障害者雇用を含めた障害のある人の就労について理解するとともに，必要に応じて，労働部局や福祉部局と連携して取り組むようにします。

⑨ 特別支援学校においては，個別の教育支援計画や個別の指導計画等により「キャリア・パスポート」の目的に迫ることができると考えられる場合は，児童生徒の障害の状態や特性及び心身の発達の段階等に応じた取組や適切な内容とします。

2020年4月より，すべての小学校，中学校，高等学校において実施することとされています。ただし，準備が整っていたり，既存の取組で代替できたりする場合は2019年4月より先行実施できるものとし，先行実施に当たっては都道府県や設置者一律でなくとも各学校の判断で行うことができることとしています。

表14-2　キャリア・パスポートの指導上の留意点と管理（チェックリスト）

① キャリア教育は学校教育活動全体で取り組むことを前提に，「キャリア・パスポート」やその基礎資料となるものの記録や蓄積が，学級活動・ホームルーム活動に偏らないように留意すること。
　・　学級活動・ホームルーム活動以外の教科・科目や学校行事，帰りの会やショートホームルーム等での記録も十分に考えられること。

② 学級活動・ホームルーム活動で「キャリア・パスポート」を取り扱う場合には，学級活動・ホームルーム活動の目標や内容に即したものとなるようにすること。
　・　記録の活動のみに留まることなく，記録を用いて話し合い，意思決定を行うなどの学習過程を重視すること。

③ 「キャリア・パスポート」は，学習活動であることを踏まえ，日常の活動記録やワークシートなどの教材と同様に指導上の配慮を行うこと。
　・　児童生徒個々の状況を踏まえ，本人の意思とは反する記録を強いたり，無理な対話に結び付けたりしないように配慮すること。
　・　うまく書けない児童生徒への対応や学級（ホームルーム）・学年（学科）間格差解消等も日常の指導に準じること。
　・　特別支援学級に在籍する児童生徒，通級による指導を受ける児童生徒等，特に特別な配慮を要する児童生徒については，個々の障害の状態や特性及び心身の発達の段階等に応じた記録や蓄積となるようにすること。
　・　学習指導要領解説特別活動編にあるように「キャリア・パスポート」は自己評価，学習活動であり，そのまま学習評価とすることは適切でないこと。

④ 「キャリア・パスポート」を用いて，大人（家族や教師，地域住民等）が対話的に関わること。
　・　記録を活用してカウンセリングを行うなど，児童生徒理解や一人一人のキャリア形成に努めること。
　・　学級活動・ホームルーム活動の時間の中で個別の面接・面談を実施することは適切でなく，「キャリア・パスポート」を活用した場合においても同様と考えること。

⑤ 個人情報を含むことが想定されるため「キャリア・パスポート」の管理は，原則，学校で行うものとすること。
　・　個人情報の保護や記録の紛失に十分留意すること。

⑥ 学年，校種を越えて引き継ぎ指導に活用すること。
　・　小学校入学から高等学校卒業までの記録を引き継ぎ学びの振り返りや見通しに生かすこと。

⑦ 学年間の引き継ぎは，原則，教師間で行うこと。

⑧ 校種間の引き継ぎは，原則，児童生徒を通じて行うこと。
　・　小学校，中学校間においては指導要録の写しなどと同封して送付できる場合は学校間で引き継ぐことも考えられること。
　・　校種間の引き継ぎに当たっては，入学式前後の早い段階での提出を求め，児童理解，生徒理解に活用すること。

⑨ 装丁や表紙等についても，設置者において用意すること。その際には，一定の統一性が保たれるよう工夫すること。

2　「キャリア・パスポート」に関連する学習指導要領上の内容

　「キャリア・パスポート」を教材として活用する規定は，第13章で示しましたが，学習指導要領特別活動の「第2学級活動・ホームルーム活動」の「3内容の取り扱い（2）」に示しています。それに関連する学習指導要領解説・特別活動編に示す内容を取り上げます。

中学校の場合には，第3章第1節の4の（2）「学習や生活の見通しを立て，振り返る教材の活用」に示しています。概要は，次の（1）（2）のとおりです。なお，小学校と高等学校についても主とする内容は同じです。

（1）学習や生活の見通しを立て振り返る教材の活用

　「一人一人のキャリア形成と自己実現」の指導においては，学校での教育活動全体や，家庭，地域での生活や様々な活動を含め，学習や生活の見通しを立て，学んだことを振り返りながら，あらたな学習への意欲につなげたり，将来の生き方を考えたりする活動が必要です。「児童生徒が活動を記録し蓄積する教材等を活用する」とは，上述の活動を行うに当たっては，振り返って気付いたことや考えたことなどを，児童生徒が記述して蓄積する，いわゆるポートフォリオ的な教材のようなものを活用することを示しています。特別活動や各教科等における学習の過程に関することはもとより，学校や家庭における日々の生活や，地域における様々な活動等も含めて，教師の適切な指導の下，児童生徒自らが記録と蓄積を行っていく教材になります。

（2）「キャリア・パスポート」活用の意義

　「キャリア・パスポート」のような教材を活用した活動を行うことには，次のような3つの意義があると示しています。

　1つめは，教育活動全体で行うキャリア教育の要としての特別活動の意義が明確になることです。たとえば，各教科等における学習や特別活動において学んだこと，体験したことを振り返り，気付いたことや考えたことなどを適時蓄積し，それらを学級活動・ホームルーム活動においてまとめたり，つなぎ合わせたりする活動を行うことにより，各教科等の学びと特別活動における学びが往還し，教科等の枠を超えて，それぞれの学習が自己のキャリア形成につながっていくことが期待されます。

　2つめは，小学校から中学校，高等学校へと系統的なキャリア教育を進めることに資するということです。ポートフォリオ的な教材等を活用して，小学校，中学校，高等学校の各段階における学習や生活を振り返って蓄積していくことにより，発達の段階に応じた系統的なキャリア教育を充実させることになると考えられます。

　3つめは，児童生徒にとっては自己理解を深めるためのものとなり，教師にとっては児童生徒理解を深めるためのものとなることです。学習や生活の見通しを持ち，振り返ることを積み重ねることにより，児童生徒は，現在に至るまで，どのように成長してきたかを把握することができます。それを基に，教師を含め他者と対話することを通して，多面的・多角的に自己理解を深めることになります。教師にとっては，一人一人の児童生徒の様々な面に気づき，児童生徒理解を深めていくことになります。

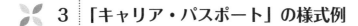

3 「キャリア・パスポート」の様式例

　学習指導要領の総則において，児童生徒が学ぶことと自己の将来とのつながりを見通しながら，社会的・職業的自立に向けて必要となる資質・能力を身に付けていくことができるよう，特別活動を要としつつ各教科等の特質に応じて，キャリア教育の充実を図ることを明示しました。また，学習指導要領の特別活動においては，学校，家庭及び地域における学習や生活への意欲につなげたり，将来の生き方を考えたりする活動を行う際に，児童生徒が活動を記録蓄積する教材等を活用することとしました。なお，その教材等については，小学校から高等学校まで，その後の進路も含め，学校段階を越えて活用できるようなものとなるよう，各地域の実情や各学校及び学級・ホームルームにおける創意工夫を生かした形で活用されることが大切になります。

　文部科学省では，「キャリア・パスポート」の在り方や活用方法について検討し，「キャリア・パスポート例示資料」において学習シートの様式例（小学校，中学校，高等学校）を示しています。それを参考に作成した例示資料は次のとおりです。

資料 14-1　「5年生のみなさんへ」

1　はじめに
　いよいよ高学年の仲間入りですね。みなさんがこれから高学年として学校で経験していくことは，将来，社会の中で役立つことばかりです。自分の可能性をのばし，いろいろな人たちと力を合わせながら，地域や社会で活やくする大人になってほしいと願っています。この学習シート（パスポート）に，みなさんの目標やそのふり返りを書きこむことで，成長の記録としていきます。

2　小学校（高学年）で参考にしてほしい4つの必要な力
　変化の激しい社会をたくましく生きていくために必要な力を4つに整理しました。それは，「人間関係形成・社会形成能力」「自己理解・自己管理能力」「課題対応能力」「キャリアプランニング能力」といいます。小学校生活を送る上で参考にしてください。
　ただし，必要な4つの力は少し難しい言葉になっています。そこで，その必要な力を具体的にしてみると，質問の①〜⑧のようになります。今の自分の気持ちや行動について，①〜⑧の質問に回答しながら，4つの力について自分なりに理解がふかまるようにしてください。
　質問①〜⑧について，自分の気持ちや行動に一番近い数字のところに ○をつけてみましょう。数字には，次のような意味があります。
　4：いつもしている，3：時々している，2：あまりしていない，1：ほとんどしていない
　（1）「人間関係形成・社会形成能力」について
①　友達や家の人の話を聞くとき，その人の考えや気持ちを分かろうとしている。　　4 － 3 － 2 － 1
②　自分の考えや気持ちを，相手にわかりやすく伝えようと気を付けている。　　4 － 3 － 2 － 1
　（2）「自己理解・自己管理能力」について
③　委員会，係，当番活動などで，自分から仕事を見つけたり，役割分担したりしながら，力を合わせて行動している。　　4 － 3 － 2 － 1
④　好きでないことや苦手なことでも，自分から進んで取り組んでいる。　　4 － 3 － 2 － 1
　（3）「課題対応能力」について
⑤　調べたいことや知りたいことがあるとき，自分から進んで資料や情報を集めたり，誰かに質問したりしている。　　4 － 3 － 2 － 1

---

⑥ 何かをするとき，計画を立てて進めたり，途中でやり方に工夫したり，見直したりしている。

4 － 3 － 2 － 1

（4）「キャリアプランニング能力」について

⑦ 自分の夢や目標に向かって，生活や勉強の仕方を工夫している。 4 － 3 － 2 － 1

⑧ 学校で学んでいることと自分の将来とのつながりを考えている。 4 － 3 － 2 － 1

資料 14-2 「5年生が始まりました」

1 今のわたしについて考えてみましょう。
　・自分のよいところ
　・好きなこと・今夢中になっていること
　・将来の夢や目標
2 このような自分になりたい，そのためにすること
　・学習面
　・生活面
　・家庭・地域
　・習い事・資格・好きなことなど
3 5年生としてがんばること（児童会活動・クラブ活動・学校行事・登下校など）
4 先生から
5 家の人などから

資料 14-3 「中学2年生　学年はじめ」

1 今の自分を見つめて
　・今の自分（自分の好きなこと・もの，得意なこと・もの，頑張っていることなど）
　・私の自己ＰＲ（自分のよいところ）
　・こんな大人になりたい（将来の夢），そのためにつけたい力
2 なりたい自分になるために身につけたいこと（目標）と，そのために取り組みたいこと
　・学習面の目標とそのために取り組みたいこと
　・生活面の目標とそのために取り組みたいこと
　・家庭・地域での目標とそのために取り組みたいこと
　・その他（習い事・資格取得など）の目標とそのために取り組みたいこと
3 先生からのメッセージ
4 保護者などからのメッセージ

資料 14-4 「中学2年生　学年末」（2ページ構成）

1 この1年間を振り返って
　①〜⑫の質問に回答しながら，4つの力について自分なりに振り返ってみましょう。
　現在の自分の気持ちや行動に一番近い数字に ○ をつけてみましょう。なお，数字には，次のような
意味があります。　4：いつもしている，3：時々している，2：あまりしていない，1：ほとんどし
ていない

・人間関係形成・社会形成能力について
① 友達や家の人の意見を聞く時，その人の考えや気持ちを受け止めようとしている。 4 － 3 － 2 － 1
② 相手が理解しやすいように工夫しながら，自分の考えや気持ちを伝えようとしている。 4 － 3 － 2 － 1
③ 自分から役割や仕事を見つけ，分担するなど，周りの人と力を合わせて行動しようとして 4 － 3 － 2 － 1
　いる。
・自己理解・自己管理能力について
④ 自分の興味や関心，長所や短所などについて，把握しようとしている。 4 － 3 － 2 － 1
⑤ あまりやる気が起きない物事に対する時でも，自分がすべきことには取り組もうとしている。 4 － 3 － 2 － 1

⑥　不得意なことや苦手なことでも，自ら進んで取り組もうとしている。　4－3－2－1

・課題対応能力について

⑦　分からないことやもっと知りたいことがある時，自分から進んで資料や情報を収集している。　4－3－2－1

⑧　何かをする時，見通しをもって計画的に進めることができている。　4－3－2－1

⑨　何か問題が起きた時，次に同じような問題が起こらないようにするために，何を改善すれ　4－3－2－1
　　ばよいか考えている。

・キャリアプランニング能力について

⑩　今学校で学んでいることと自分の将来とのつながりを考えるなど，学ぶことや働くことの　4－3－2－1
　　意義について考えている。

⑪　自分の将来について具体的な目標を立て，その実現のための方法について考えている。　4－3－2－1

⑫　自分の将来の目標に向かって，生活や勉強の仕方を工夫するなど，努力している。　4－3－2－1

2　この1年間を振り返って，頑張ったこと（成長できたと思うこと）とその理由

・学習面　　　　　　　　　　　　　　　　その理由

・生活面　　　　　　　　　　　　　　　　その理由

・家庭や地域　　　　　　　　　　　　　　その理由

・その他（習い事・資格取得）など　　　　その理由

3　なりたい自分になるために身についたと思う力と，その理由

4　3年生になる自分への応援メッセージ

5　将来の自分（30歳の私）を想像しよう

・30歳のとき，どんな自分になっていたいか

・そんな30歳のあなたがしていること（仕事の内容など）

・そう思った理由やきっかけ

・そのために，どのようなことをしたらよいか

6　先生からのメッセージ

7　保護者などからのメッセージ

8　メッセージを読んで気付いたこと，考えたこと

資料14-5　「1年のはじめ」と「1年の振り返り」

1　1年のはじめ　自分のどのような力を伸ばしたいかを考えよう。

・人間関係形成・社会形成能力　　　・その理由

・自己理解・自己管理能力　　　　　・その理由

・課題対応能力　　　　　　　　　　・その理由

・キャリアプランニング能力　　　　・その理由

2　1年間を振り返って　一番心に残っていることをまとめよう。

・授業　　　　　　　　なにが　　　　　　　どうして（理由）

・行事　　　　　　　　なにが　　　　　　　どうして（理由）

・部活等　　　　　　　なにが　　　　　　　どうして（理由）

3　1年間を振り返って，自分自身の成長をまとめよう。

・人間関係形成・社会形成能力　　　（成長できたところ，成長したいところ）

・自己理解・自己管理能力　　　　　（成長できたところ，成長したいところ）

・課題対応能力　　　　　　　　　　（成長できたところ，成長したいところ）

・キャリアプランニング能力　　　　（成長できたところ，成長したいところ）

4　将来の自分自身を想像しよう。

・1年後の私　　（どのようになっていたいか，そのために今から何をするか）

・30歳の私　　（どのようになっていたいか，そのために今から何をするか）

5　（　　　　　　　　）からのメッセージ

6　先生からのメッセージ

7　先生からのメッセージを読んで気づいたこと，考えたこと

資料 14-6 「就業体験・インターンシップについて（働くことに関して）」

---

1 事　前
　・「働くこと」についての今の考え（「働く」ということにもつイメージや考え）
　・受入先，体験先選定の理由
　・就業体験・インターンシップを通じて，どんなことを得たいのか
　・就業体験・インターンシップを通してなりたい自分のイメージ（どう成長したいのか）
2 事　後
　・就業体験・インターンシップを通じて学んだこと（気づき，よかったこと，反省など）
　・受入先から自分の将来に向けてどのようなアドバイスをもらったか
　・「働くこと」についての今の考え（どのように考えが変わったか・変わらなかったか）
　・今，考えている自分の進路（○○に進学・○○業に就職・迷っている）とその理由
3 受入先からのアドバイス
4 先生からのメッセージ
5 受入先からのアドバイス・先生からのメッセージを読んで考えたこと

【引用・参考文献】

文部科学省　2016　幼稚園，小学校、中学校、高等学校及び特別支援学校の学習指導要領等の改善及び必要な方策等について（答申）　中央教育審議会　https://www.mext.go.jp/b_menu/shingi/chukyo/chukyo0/toushin/__icsFiles/afieldfile/2017/01/10/1380902_0.pdf

文部科学省　2018　小学校学習指導要領（平成 29 年告示）解説特別活動編　東洋館出版社

文部科学省　2018　中学校学習指導要領（平成 29 年告示）解説特別活動編　東山書房

文部科学省　2019　高等学校学習指導要領（平成 30 年告示）解説特別活動編　東京書籍

文部科学省　2019　「キャリア・パスポート」例示資料等について（事務連絡）
　　https://www.nier.go.jp/shido/centerhp/30career_shiryoushu/1-4.pdf

国立教育政策研究所生徒指導・進路指導研究センター　2019　「キャリア教育」資料集――文部科学省・国立教育政策研究所――研究・報告書・手引編　平成 30 年度版　https://www.nier.go.jp/shido/centerhp/30career_shiryoushu/all_ver.pdf

キャリア教育の学習指導案
――学級活動・ホームルーム活動の時間――

　学級活動・ホームルーム活動のキャリア教育の学習指導案は，どのような項目で構成されるのでしょうか。学習指導要領には，特別活動を要としてキャリア教育の充実を図ることと，キャリア教育を効果的に展開していくために，特別活動の学級活動・ホームルーム活動を要とすることが明記されています。また，小学校，中学校，高等学校の学級活動・ホームルーム活動の内容に，「一人一人のキャリア形成と自己実現」が新設されています。このように，キャリア教育の授業は，学級活動・ホームルーム活動の時間で行われることが中心となります。

　本章では，学級活動・ホームルーム活動のキャリア教育の学習指導案の基本項目や具体例を取り上げ，指導案を作成し授業を実施するための理解を深めます。

 1 ｜ キャリア教育の授業の学習過程

　学習指導要領解説・特別活動編では，学級活動・ホームルーム活動におけるキャリア教育を通して育成を目指す資質・能力が，次のような学習過程の中で育まれるとしています。それは，「問題の発見・確認」→「解決方法等の話合い」→「解決方法の決定」→「決めたことの実践」→「振り返り」→「次の課題解決」です。

　学習指導案で記載する指導計画については，学級活動・ホームルーム活動に単元という扱いがないため，1つの題材ごとに「事前の指導」→「本時の展開（指導）」→「事後の指導」の展開で立てます。そこで，指導計画（事前・本時・事後）に，上述の学習過程を対応させると，図15-1のとおりです。なお，中学校と高等学校の学習指導要領解説・特別活動編には，学習過程について同じ内容を示しているため，小学校と中学校・高等学校の2つに分けて示しています。

指導計画 （事前→本時→事後）	学習過程（1→6）	
事前の指導 **本時の展開（指導）**	**1．問題の発見・確認**	
	小	日常生活における共通の問題から教師が設定した題材について知り，自己も現状を理解したり，解決すべき自己の課題や将来に向けた自己の生き方に関する課題を見いだしたりする。
	中 高	日常生活や自己の課題，目標，キャリア形成や自己実現に関する内容について，教師が設定した「題材」や問題を確認し，課題と解決の見通しをもつ。
	2．解決方法等の話合い	
	小	題材について，共通の問題について確認し合い，原因や改善の必要性を探ったり，具体的な解決方法などを見つけたりするために話し合う。
	中 高	設定された題材や自分の問題の状況を把握し，原因や課題解決に向けた具体的な方法などについて話し合う。
	3．解決方法の決定	
	小	話合い活動で見付けた解決方法等を参考にし，自分に合った具体的な解決方法を決めるなど，「意思決定」する。
	中 高	話合い活動で共有化された解決の方向性等を参考にして自分としての解決方法等を「意思決定」する。
事後の指導	**4．決めたことの実践**	
	小	意思決定した解決方法や活動内容について粘り強く実践する。
	中 高	意思決定したこと，解決方法や活動内容を実践する。
	5．振り返り	
	小 中 高	実践を定期的に振り返り，意識化を図るとともに，結果を分析し次の課題解決に生かす。実践の継続や新たな課題の発見につなげる。
	6．次の課題解決へ	

図 15-1 「一人一人のキャリア形成と自己実現」の指導計画と学習過程

2 学習指導案の項目

　学級活動・ホームルーム活動の学習指導案の項目や形式などは，学校や地域によって異なるところがあります。国立教育政策研究所（2019）の特別活動指導資料を基に，学習指導案の基本的な項目をあげると，「題材」「題材について（児童生徒の実態，題材設定の理由）」「評価規準」「事前の指導」「本時のねらい」「本時の展開」「事後の指導」などになります

（資料 15-2 参照）。また，学習指導案に「指導計画」を示す場合には，その中に「事前の指導」と「本時の展開」と「事後の指導」をまとめて記載する方法もあります。

　なお，簡略化した学習指導案である「略案」を作成する場合があります。それについては，「題材」「ねらい」「活動の実際（事前の指導，本時の展開，事後の指導）」の項目を立てて，「育成を目指す資質・能力」や「評価方法・観点」などを「活動の実際」の項目の中で記載する方法があります（資料 15-4，15-5，15-6 参照）。

3 「本時の展開」の概要

　学級活動・ホームルーム活動の「一人一人のキャリア形成と自己実現」の授業では，「本時の展開」において，「つかむ（課題の把握）」→「さぐる（原因の追求，可能性への気付き）」→「見付ける（解決方法等の話合い）」→「決める（個人目標の意思決定）」の４つの段階（資料 15-1）の過程を重視し，一人一人がなりたい自分に向けて，自己の問題の解決方法などや，今，努力することについて，意思決定することができるようにします。４つの段階の内容は，次の（１）から（４）のとおりです。また，学習指導案の基本形の例は，資料15-1 のとおりです。

（1）つかむ（課題の把握）の段階
　本時では，「導入」で行い，学習指導案の「児童生徒の活動」のところには，「１　課題を把握し，話合いのめあてをもつ」のような書き方が考えられます。題材を自分事として捉え，将来と今とのつながりや学習する意義などについての課題をつかむようにする段階です。

（2）さぐる（原因の追求，可能性への気付き）の段階
　本時では，「展開」の前半で行い，学習指導案の「児童生徒の活動」のところには，「２　原因を追求する。可能性をさぐる。」のような書き方が考えられます。これまでの自分を振り返り，「なりたい自分」について自分の願いを持ち，よさや可能性をさぐるようにする段階です。

（3）見付ける（解決方法等の話合い）の段階
　本時では，「展開」の後半で行い，学習指導案の「児童生徒の活動」のところには，「３　解決方法を見付ける。」のような書き方が考えられます。「なりたい自分」を追求するためにできることなどをみんなで出し合いながら見つけていくようにする段階です。

（4）決める（個人目標の意思決定）の段階

本時では、「終末」で行い、学習指導案の「児童生徒の活動」のところには、「4　個人目標の意思を決定する。」のような書き方が考えられます。なりたい自分になるために、自分に合った具体的な個人目標（内容や方法など）を決め、実行への強い決意を持つようにする段階です。

資料 15-1　「本時の展開」の基本形の例

過程	児童生徒の活動	○指導上の留意点	資料	◎目指す児童生徒の姿（観点）【評価方法】
導入　つかむ	1　課題の把握	○調査結果を提示し課題を把握させる。 ○本時のめあてをもたせる。	アンケート、キャリア・パスポートのシート	◎該当する場面ごとに、知識・技能、思考・判断・表現、主体的に取り組む態度の観点で評価する。
展開　さぐる　見つける	2　原因の追求、可能性への気付き 3　解決方法等の話合い	○これまでの自分を振り返るよう促し、「なりたい自分」について自分の願いをもたせたり、よさや可能性を探らせたりする。 ○「なりたい自分」を追求するためにできることを出し合いながら見付けさせる。	データ、文献資料 ワークシート、専門家や先輩等からの情報	
終末　決める	4　個人目標の意思決定	○なりたい自分になるために、自分に合った具体的な個人目標（内容や方法など）を各自で意思決定させる。 ○互いに自分が実践していくことや努力していくことを発表し合うよう促す。	キャリア・パスポートのシート	

 4 ｜ 学習指導案の作成

　学習指導案の全体イメージが具体的になるように学習指導案例を示すと、資料 15-2 のとおりです。ここでは小学校の学習指導案例を示しています。また、資料 15-3 は、学習指導案例で活用する学習シート例です。

第6学年3組　学級活動（3）　指導案

1　題材　「なりたい自分になるための目標や取り組みを考えよう」

　　　　　学級活動（3）　ア　現在や将来に希望や目標をもって生きる意欲や態度の形成

2　題材について

（1）児童の実態

　全国学力学習状況調査・児童質問紙調査の学級活動に関する2つの質問項目を活用した調査結果をみると，1つめの「あなたの学級では，学級生活をよりよくするために学級活動で話し合い，互いの意見のよさを生かして解決方法を決めていると思いますか」（合意形成関連）について，「当てはまる」に回答した割合は 52％（全国平均 30％），「どちらかといえば，当てはまる」は 41％（同 44％）であった。両者を合わせた肯定的な回答の割合は 93％（同 74％）で，全国平均を 19 ポイント上回っていた。

　2つめの質問項目の「学級活動における学級での話合いを生かして，今，自分が努力すべきことを決めて取り組んでいると思いますか」（意思決定関連）について，「当てはまる」に回答した割合は 22％（全国平均 29％），「どちらかといえば，当てはまる」は 30％（同 45％）であった。両者を合わせた肯定的な回答の割合は 52％（同 74％）で，全国平均より 22 ポイント低かった。

　また，5年生の年度末に記述したキャリア学習シート（キャリア・パスポート）の自己評価をみると，「自分自身のよさや可能性を認知し，それを生かそうとしましたか」について，肯定的な回答をした児童は約 50％で，4年生の年度末と同じ割合であった。「自分の夢や目標に向かって，生活や勉強の仕方を工夫できましたか」については，「できた」と回答した児童に比べ，「できなかった」と回答した児童が多かった。さらに，5年生3学期の学級活動時のワークシートの記述や事後の取り組みをみると，自分のよさや必要な努力を具体的に記述できない様子や，自ら決めた学習目標に対する取り組み表の記載やその提出状況に課題がみられた児童が約半数であった。

　以上より，全国学調の質問紙結果からは，学級活動で全体で話し合い，合意形成を図り，解決方法を決めることについては，児童の実感として9割を超える肯定的な回答がみられるが，学級での話合いを通して一人一人が自らの意思決定を行い，そのことに取り組むことについては，肯定的な回答は約半数であり，課題がみられる。また，前年度との比較や児童の様子からは，なりたい自分や目標を具体的に設定して，常日頃の生活や学習とつなげる取り組みについても課題がみられる。

（2）題材設定の理由

　自らの目標や行動について意思決定を行い実行する取り組みや，なりたい自分や目標を具体的に設定し生活や学習とつなげる取り組みに課題がみられた点を踏まえ，学級活動 (3) において，「今の自分」のよさや可能性を見つめ，6年生として「なりたい自分」を設定し，それに向けて「今の自分」が取り組んでいくことを意思決定する授業を実施し，今年度，さらにはその先の将来に向けて希望や目標をもって生きようとする態度の育成を促すことが必要であると考え，本題材を設定した。

　そこで，5年生時のキャリア学習シート（キャリア・パスポート）を活用し，5年生の1年間を想起して，自分の得意なことや経験したことを振り返り，自分のよさや可能性に気付かせながら，自分自身の成長について確認し，クラスメイトと共有できるようにする。そして，今，取り組むことの大切さを理解し，話合いを通して，他者の意見も踏まえて，自分ががんばることを意思決定できるようにする。また，一人一人の「なりたい自分」や取り組む内容は違っていても，ともに努力する仲間として，励まし合って実践を積み重ねていくことを通してさらなる成長を実感できるようにする。

3　評価規準

よりよい生活を築くための知識・技能	集団や社会の形成者としての思考・判断・表現	主体的に生活や人間関係をよりよくしようとする態度
働くことや学ぶことの意義を理解するとともに，自己のよさや可能性を生かしながら，将来への見通しをもち，よりよく計画していくために必要な知識や行動の仕方を身に付けている。	自己の生活や学習への課題について考え，自己理解を深め，よりよく生きるための課題を見いだし，解決のために話し合って意思決定し，自己のよさを生かしたり，他者と協力したりして，主体的に活動している。	現在及び将来にわたってよりよく生きるために，自分に合った目標を立て，自己のよさを生かし，他者と協働して目標の達成を目指しながら，主体的に行動しようとしている。

4 事前の指導

児童の活動	○指導上の留意点	資料	◎目指す児童の姿 （観点）【評価方法】
・自分が５年生年度末に書いたキャリア学習シート（キャリア・パスポート）の自己評価結果について読み返しておく。 ・計画委員は，キャリア学習シートの「５年生で頑張ったこと」と「なりたい自分にどれだけ近づけたか」の項目の学級全体の集計結果を掲示する。	○５年生を振り返るとともに６年生として，「なりたい自分」について考えるように知らせる。 ○学級活動コーナーに題材と集計結果を掲示し，問題意識を高めていく。	学習シート質問紙	◎自分のよさや課題，他者の現状を確認し，６年生でなりたい自分に向けて話し合うことがわかる。（知識・技能）【学習シート，観察】

5 本時のねらい

　なりたい自分になるための目標やこれから取り組むことを考えることを通して，自分に合っためあてを具体的に立てて，主体的に実践できるようにする。

6 本時の展開

過程	児童の活動	○指導上の留意点	資料	◎目指す児童の姿 （観点）【評価方法】
導入 つかむ 5分	1　課題を把握し，話合いのめあてをもつ。 ・５学年の年度末に書いたキャリア学習シート（キャリア・パスポート）を基に，昨年度を振り返り，自分やクラスメイトの成長について話し合う。 ・本時のめあてをもつ。「なりたい自分になるための目標やこれから取り組むことを考えよう」	○　自分の学習や生活の振り返りや他者の振り返りを通して，自他の成長したところと，さらに高めたいことを共有し，これからの１年間成長を重ねていくことの大切さを意識できるようにする。 ○　６年生として，なりたい自分にむけて，今年度の具体的な目標や取り組みを考える気持ちが高まるようにする。	学習シート① 学習シート②	
展開 さぐる 15分 見つける 15分	2　原因を追求する。可能性に気づく。 ・昨年度の将来の夢やなりたい自分を振り返る。 ・将来の夢，６年生でなりたい自分（学習面，生活面，家庭・地域，習い事・資格・好きなこと），できるようになりたいことを発表し合う。 3　解決方法を見付ける。 ・なりたい自分になるために，どんなことに取り組めばよいか話し合う。	○　これまでの自分を振り返るよう促しつつ，互いの思いを尊重し合う雰囲気の中で，考えや意見を共有できるようにする。 ○　小学校卒業後や将来を視野に，「なりたい自分」について自分の願いをもたせたり，よさや可能性を探らせたりする。 ○　クラスメイトと協力して「なりたい自分」を追求するためにできることなどを出し合って見付けさせる。 ○　クラスメイトの経験を参考にして情報を得ることの大切さについて伝えながら，最後は自分の意思で決定することが大切であることを伝える。	学習シート②	◎よりよく生きていくために，自分のよさや可能性に気づき，今できることに努力して取り組むことが大切であることを理解している。（知識・技能）【学習シート・観察】

| 終末 決める 10分 | 4　個人目標の意思を決定する。
・なりたい自分になるための目標やこれから取り組むことを決める。
・意思決定したことを学習シートに記入する。 | ○　話し合ったことを生かして自分に合った具体的な実践内容や行動目標を意思決定することができるようにする。 | 学習シート② | ◎なりたい自分に向けて，自分の目標や取組内容を具体的に書いている。(思考・判断・表現)【学習シート】 |

7　事後の指導

児童の活動	○指導上の留意点	資料	◎目指す児童の姿 (観点)【評価方法】
1　決めたことの実践 ・意思決定した目標や取り組みを実践する。 2　振り返り ・学期に一回，学級全体で定期的に振り返る。	○　生活ノートや活動計画表に実践状況を記述するようにする。 ○　学期に一度，キャリア学習シートで振り返りを行うとともに，帰りの会で，計画委員により，取組状況を共有する機会を設け，グループやペアで振り返り，互いの頑張りや成果を認め合うようにする。	生活ノート，活動計画表，学習シート	◎日常の生活をよりよくするために，決めたことを進んで実践しようとしている。(主体的に取り組む態度)【観察・生活ノート・学習シート】

資料 15-3　本時の学習シート②の例　（6年生の年度はじめ）　※ 項目のみ

記入日　　年　　月　　日
名前＿＿＿＿＿＿＿＿＿＿

「6年生が始まりました」
○今のわたしについて考えてみましょう。
・自分のよいところ
・好きなこと・今夢中になっていること
・将来の夢や目標
○このような自分になりたい
○そのためにすること
・学習面
・生活面
・家庭・地域
・習い事・資格・好きなことなど
○最高学年としてがんばること（児童会活動・クラブ活動・学校行事・登下校など）
○先生から
○家の人などから

 # 5 | 学習指導案の「略案」の作成

（1）「略案」の様式例

　簡略化した学習指導案である「略案」を作成し実施する場合には，「題材」「ねらい」「活動の実際（事前の指導，本時の展開，事後の指導）」の項目を立て，「育成を目指す資質・能力」や「評価方法・観点」などを「活動の実際」の中で記載する方法があります。資料15-4 は「略案」の様式例です。なお，資料の児童生徒という記載については，小学校の指

導案では児童，中学校・高等学校では生徒になります（以下同様）。

資料 15-4　「略案」の様式例

第　　学年　　組　学級活動（3）　指導案（略案）

1　題材

2　ねらい

3　活動の実際
（1）事前の指導

児童生徒の活動	○指導上の留意点	資料	◎目指す児童生徒の姿 （観点）【評価方法】

（2）本時の展開

過程	児童生徒の活動	○指導上の留意点	資料	◎目指す児童生徒の姿 （観点）【評価方法】

（3）事後の指導

児童生徒の活動	○指導上の留意点	資料	◎目指す児童生徒の姿 （観点）【評価方法】

（2）具体例（小学校）

　資料 15-2 で示した小学校の学習指導案例を「略案」にしたものは，資料 15-5 のとおりです。「略案」のイメージづくりに参考にしてください。

資料 15-5　キャリア教育授業の学習指導案例の「略案」（小学校）

第 6 学年 3 組　学級活動（3）　指導案（略案）

1　題材　「なりたい自分になるための目標や取り組みを考えよう」
　　　　　学級活動（3）　ア　現在や将来に希望や目標をもって生きる意欲や態度の形成
2　ねらい
　なりたい自分になるための目標やこれから取り組むことを考えることを通して，自分に合っためあてを具体的に立てて，主体的に実践できるようにする。
3　活動の実際

（1）事前の指導

児童の活動	○指導上の留意点	資料	◎目指す児童の姿 (観点)【評価方法】
・自分が5年生年度末に書いたキャリア学習シート（キャリア・パスポート）の自己評価結果について読み返しておく。 ・計画委員は，キャリア学習シートの「5年生で頑張ったこと」と「なりたい自分にどれだけ近づけたか」の項目の学級全体の集計結果を掲示する。	○5年生を振り返るとともに6年生として，「なりたい自分」について考えるように知らせる。 ○学級活動コーナーに題材と集計結果を掲示し，問題意識を高めていく。	キャリア学習シート，質問紙	◎自分のよさや課題，他者の現状を確認し，6年生でなりたい自分にむけて話し合うことがわかる。(知識・技能)【学習シート，観察】

（2）本時の展開

過程	児童の活動	○指導上の留意点	資料	◎目指す児童の姿 (観点)【評価方法】
導入 つかむ 5分	1　課題を把握し，話合いのめあてをもつ。 ・5学年の年度末に書いたキャリア学習シート（キャリア・パスポート）を基に，昨年度を振り返り，自分やクラスメイトの成長について話し合う。 ・本時のめあてをもつ。「なりたい自分になるための目標やこれから取り組むことを考えよう」	○　自分の学習や生活の振り返りや他者の振り返りを通して，自他の成長したところと，さらに高めたいことを共有し，これからの1年間成長を重ねていくことの大切さを意識できるようにする。 ○6年生として，なりたい自分に向けて，今年度の具体的な目標や取り組みを考える気持ちが高まるようにする。	学習シート① 学習シート②	
展開 さぐる 15分 見つける 15分	2　原因を追求する。可能性に気づく。 ・昨年度の将来の夢やなりたい自分を振り返る。 ・将来の夢，6年生でなりたい自分（学習面，生活面，家庭・地域，習い事・資格・好きなこと），できるようになりたいことを発表し合う。 3　解決方法を見付ける。 ・なりたい自分になるために，どんなことに取り組めばよいか話し合う。	○　これまでの自分を振り返るよう促しつつ，互いの思いを尊重し合う雰囲気の中で，考えや意見を共有できるようにする。 ○　小学校卒業後や将来を視野に，「なりたい自分」について自分の願いをもたせたり，よさや可能性を探らせたりする。 ○　クラスメイトと協力して「なりたい自分」を追求するためにできることなどを出し合って見付けさせる。 ○　クラスメイトの経験を参考にして情報を得ることの大切さについて伝えながら，最後は自分の意思で決定することが大切であることを伝える。	学習シート②	◎よりよく生きていくために，自分のよさや可能性に気づき，今できることに努力して取り組むことが大切であることを理解している。(知識・技能)【学習シート・観察】
終末 決める 10分	4　個人目標の意思を決定する。 ・なりたい自分になるための目標やこれから取り組むことを決める。 ・意思決定したことを学習シートに記入する。	○　話し合ったことを生かして自分に合った具体的な実践内容や行動目標を意思決定することができるようにする。	学習シート②	◎なりたい自分に向けて，自分の目標や取組内容を具体的に書いている。(思考・判断・表現)【学習シート】

（3）事後の指導

児童の活動	○指導上の留意点	資料	◎目指す児童の姿 （観点）【評価方法】
1　決めたことの実践 ・意思決定した目標や取り組みを実践する。 2　振り返り ・学期に一回，学級全体で定期的に振り返る。	○　生活ノートや活動計画表に実践状況を記述するようにする。 ○　学期に一度，キャリア学習シートで振り返りを行うとともに，帰りの会で，計画委員により，取組状況を共有する機会を設け，グループやペアで振り返り，互いの頑張りや成果を認め合うようにする。	生活ノート，活動計画表，学習シート	◎日常の生活をよりよくするために，決めたことを進んで実践しようとしている。（主体的に取り組む態度）【観察・生活ノート・学習シート】

（3）具体例（中学校）

　中学校の学習指導案の「略案」の例は，資料15-6のとおりです。学習指導案のイメージづくりに参考にしてください。

資料15-6　キャリア教育授業の学習指導案の「略案」例（中学校）

第2学年3組　学級活動（3）　指導案（略案）

1　題材　「なりたい自分になるための学習方法を考えよう」

　　　　学級活動（3）　ア　社会生活，職業生活との接続を踏まえた主体的な学習態度の形成と学校図書館等の活用

2　ねらい

　なりたい自分に向けて，学ぶことと働くことの意義を意識するとともに，学習方法を考えることを通して，自分に合っためあてを具体的に立てて，決めたことを主体的に実践できるようにする。

3　活動の実際

（1）事前の指導

生徒の活動	○指導上の留意点	資料	◎目指す生徒の姿 （観点）【評価方法】
・自分が2年生年度はじめに書いた「なりたい自分」と「それに向けた取り組み」について読み返しておく。 ・アンケートに記入する 「効果的な学習の仕方を身に付けていると思いますか」 「学習の仕方をどのようにして知りましたか。または身に付けましたか」 「学習の仕方について，知りたいことや悩んでいることがあれば，おしえてください」 「現在の学習が自らの将来の社会生活や職業生活につながっていると感じるときは，どのようなときですか」 ・計画委員は，アンケート結果の学級全体の集計結果を掲示する。	○　「なりたい自分」に向けた学習の仕方ついて考えるように知らせる。 ○学級活動コーナーに題材と集計結果を掲示し，問題意識を高めていく。	学習シート，アンケート	◎なりたい自分とこれまでの学習方法を確認し，よりよい学習方法について話し合うことがわかる。（知識・技能）【アンケート，観察】

（2）本時の展開

過程	生徒の活動	○指導上の留意点	資料	◎目指す生徒の姿 （観点）【評価方法】
導入 つかむ 5分	1 課題を把握し，話合いのめあてをもつ。 ・2学年のはじめに書いた「なりたい自分」について確認する。 ・事前アンケートを活用して，自他の学習の仕方の状況について話し合う。 ・本時のめあてを持つ。「なりたい自分になるための学習方法を考えよう」	○ 自他のなりたい自分と学習方法の課題を共有し，2つの視点から現在の学習の意義を意識できるようにする。 ○ なりたい自分に向けて，効果的な学習方法を考える気持ちが高まるようにする。	学習シート，アンケート	
展開 さぐる 15分 見つける 15分	2 原因を追求する。可能性に気づく。 ・これまでの自分の学習の仕方を振り返る。 ・現在の学習が自らの将来の社会生活や職業生活につながっていると感じることを発表し合う。 3 解決方法を見付ける。 ・卒業後や将来を意識した効果的な学習の仕方を身に付けるために，どのようなことに取り組めばよいか話し合う。 ・クラスメイトの取組事例や先輩等（卒業生，教師，実習生など）の体験談を基に，効果的な学習の仕方や学習の意義について話し合う。	○これまでの自分を振り返るよう促しつつ，互いの思いを尊重し合う雰囲気の中で，考えや意見を共有できるようにする。 ○卒業後や将来と現在の学習のつながりや大切さを探らせたりする。 ○クラスメイトと協力して効果的な学習方法を追求するためにできることなどを出し合って見付けさせる。 ○他者の経験を参考にして情報を得ることの大切さについて伝えながら，最後は自分の意思で決定することが大切であることを伝える。	学習シート	
終末 決める 10分	4 個人目標の意思を決定する。 ・これから行う学習方法やそれを身に付けるために取り組むことを決める。 ・意思決定したことを学習シートに記入する。	○話し合ったことを生かして自分に合った具体的な実践内容や行動目標を意思決定することができるようにする。	学習シート	◎話し合ったことを生かして，現在の学習と将来の社会・職業生活のつながりについて考えを深めながら，学習方法の実践内容を具体的に書いている。（思考・判断・表現）【ワークシート】

（3）事後の指導

生徒の活動	○指導上の留意点	資料	◎目指す生徒の姿 （観点）【評価方法】
1 決めたことの実践 ・意思決定した目標や取り組みを実践する。 2 振り返り ・学級全体で定期テストの前後に振り返る。	○生活ノートに実践状況を記述するようにさせる。 ○帰りの会で，計画委員により，取組状況を共有する機会を設け，グループやペアで振り返り，互いの頑張りや成果を認め合うようにする。	テスト計画表，学習シート	◎決めた学習方法を進んで実践しようとしている。（主体的に取り組む態度）【観察・生活ノート・学習シート】

5 学習指導案の「略案」の作成　　163

【引用・参考文献】

文部科学省　2018　小学校学習指導要領（平成 29 年告示）解説特別活動編　東洋館出版社

文部科学省　2018　中学校学習指導要領（平成 29 年告示）解説特別活動編　東山書房

文部科学省　2019　高等学校学習指導要領（平成 30 年告示）解説特別活動編　東京書籍

国立教育政策研究所教育課程研究センター　2019　みんなで，よりよい学級・学校生活をつくる特別活動（小学校編）（特別活動指導資料）　文溪堂

国立教育政策研究所教育課程研究センター　2020　「指導と評価の一体化」のための学習評価に関する参考資料　小学校特別活動　東洋館出版社

国立教育政策研究所教育課程研究センター　2020　「指導と評価の一体化」のための学習評価に関する参考資料　中学校特別活動　東洋館出版社

キャリア教育の教材

> 目標設定は，学校教育においてさまざまな機会に活用されています。また，学校教育以外の他の分野・職業でも活用されています。児童生徒に目標設定の方法を伝え，自ら活用できるようにすることは，キャリアを展望し自己実現を図る上で大きな力になります。
>
> 本章では，教育，スポーツ，芸術，ビジネスなど，多方面で注目を集め，キャリア教育の教材として実際に学校現場でも活用されている目標を記述するワークシートを紹介します。

1 目標設定シート（オープンウィンドウ64）の様式

　目標設定の方法は，無数といえるほど存在します。ここでは，教育，スポーツ，芸術，ビジネスなど，多方面で注目を集めている目標設定シートを紹介します。それは「オープンウィンドウ64」（以下，OW64）といいます。詳しくは，開発者である原田隆史氏（原田教育研究所代表）の著書，たとえば「一流の達成力　原田メソッドオープンウィンドウ64」「目標達成ノート」など，多数の文献があるので参考にしてください。

　「OW64」は，8 × 8 ＝ 64 マス（1 – ①から 8 – ⑧）の中に目標を書き込んでいくシートです。様式は資料16-1 のとおりです。

資料 16-1　目標設定シート（OW64）の様式

8-⑧	8-①	8-②	1-⑧	1-①	1-②	2-⑧	2-①	2-②
8-⑦	**8**	8-③	1-⑦	**1**	1-③	2-⑦	**2**	2-③
8-⑥	8-⑤	8-④	1-⑥	1-⑤	1-④	2-⑥	2-⑤	2-④
7-⑧	7-①	7-②	8	1	2	3-⑧	3-①	3-②
7-⑦	**7**	7-③	7	目標	3	3-⑦	**3**	3-③
7-⑥	7-⑤	7-④	6	5	4	3-⑥	3-⑤	3-④
6-⑧	6-①	6-②	5-⑧	5-①	5-②	4-⑧	4-①	4-②
6-⑦	**6**	6-③	5-⑦	**5**	5-③	4-⑦	**4**	4-③
6-⑥	6-⑤	6-④	5-⑥	5-⑤	5-④	4-⑥	4-⑤	4-④

2 | 目標設定シート（OW64）の書き方

　まず，シートの中心に１つ，自分が取り組み達成したい「目標やテーマ」を書きます。そして，その「目標やテーマ」を取り囲む８つのマス（番号１～８のマス）に注目し，１と番号が記されたマスから順に時計回りに，８つのマスに「目標やテーマ」を達成するために必要な柱となる項目や内容を書きます。

　次に，中心の８つのマスの真上に，１および１－①から１－⑧の番号が記された９つのマスがあります。その中心にある１の番号が記されたマスには，「目標やテーマ」のマスを取り囲む８つのマスで，１の番号が記されたマスに書いた項目・内容をそのまま書き写します。その書き写した１のマスを中心に，その番号に書いた項目・内容を達成するために必要な行動目標的な内容を１－①から１－⑧に書きます。同様にして，２から８についても行います。結果として，自分が取り組み達成したい「目標やテーマ」に関連する行動目標的な内容を64個（１－①から８－⑧），書き出すことになります。そうすることで目標達成に向けて，一つ一つの内容が体系的につながりを示すことになります。

　一般的に，何らかの目標やテーマに取り組むときに，まずは拡散的に思考を文字化し関連する内容を書き出してから，次に集約し整理していくプロセスがあります。この目標設定シートは，思考を文字化する有効なツールになります。

3 | 中学校３年生の具体例

　「全国トップクラスの打てて守れて走れる野球選手」を目指す中学生の記述例を紹介します。まず，「OW64」の中心にある８マスの記述内容について取り上げます。資料16-2は，中学３年生の野球部の生徒の記述例です。資料16-1に示す64マスの様式に記述する前に，８マスのシートに記述することに慣れてから，徐々に64マスのシートに記述する進め方があります。この８マスの記述内容を柱にして「OW64」に記述した全体内容は，資料16-3のとおりです。

　前述の原田氏の著書で紹介されていますが，「OW64」は多くの有名人が活用しています。その中でも，現在，ロサンゼルス・エンゼルスで活躍する大谷翔平選手が，高等学校１年生の12月に「OW64」に記述した目標設定シートの内容は，青少年に影響を与えています。資料16-2の中学生の８マスに「運」の記述がありますが，これは大谷選手が高等学校１年

資料 16-2　８マスのシートの記述例

8 身体力	1 打撃力	2 守備力
7 メンタル力	全国トップクラスの打てて守れて走れる野球選手	3 投力
6 生活力	5 運	4 走力

資料 16-3　全国トップクラスの打てて守れて走れる野球選手の目標「OW64」

立ち跳び，ケンケン跳び等で足首のバネを高める	ダッシュ走の反復でスピード持久力を高める	ウエイトトレーニングで大きな筋力を高める	打撃後チームメイトに気づきをもらう	他者の打撃観察をする	自分の打撃の映像を毎日チェックする	守備後チームメイトに気づきをもらう	他者の守備を観察する	自分の守備の映像を毎日チェックする
懸垂，綱のぼり等で上半身の瞬発力を高める	8 身体力	肩と股関節を中心に柔軟性を高めるストレッチ運動をする	気づきや助言をすぐにメモする	1 打撃力	重さを変えた3種類のバットで素振りをする	気づきや助言をできるだけ早くメモする	2 守備力	グローブの手入れを毎日，15分以上は行う
背腹筋を鍛え，腰痛を防止する	クリーン，ジャンピングスピリット等でバネのある下半身の強化を行う。	マッサージを行い身体のケアをする	打撃後すぐに監督に助言を求める	毎日，左右打ちを同じ回数，行う	バットを持つ直前にイメージトレーニングをする	守備後できるだけ早く監督に助言を求める	守備位置を状況に応じてかえる視点で守備を行う	守備につく前にイメージトレーニングをする
音楽を聴き気持ちを高める	目標を明確にする	セルフ・トークを行う	8 身体力	1 打撃力	2 守備力	練習中にスローイングについてチームメイトに気づきをもらう	練習前に肩の柔軟体操を15分以上，行う。	キャッチボールから相手の構えた場所に投げる
チームでサイキングアップを行う	7 メンタル力	状況に応じてポジティブシンキングをする	7 メンタル力	全国トップクラスの打てて守れて走れる野球選手	3 投力	気づきや助言をできるだけ早くメモする	3 投力	守備ではクイック動作で相手の構えた場所に投げる
ストレスマネージメントをする	リラックスの呼吸法を実施する	イメージトレーニングをする	6 生活力	5 運	4 走力	練習中にスローイングについて監督に助言を求める	ウォーミングアップアップ時には左右投げをする	遠投の距離を85mに徐々に近づける
心身ともに健康であるようにする	規則正しい生活をする	何でも前日に準備する	身のまわりの整理整頓をする	感謝を積極的に伝える	あいさつをする	練習中に動きだしやベースランについて監督に助言を求める	他者の動き出しやベースラインを観察する	毎回，ダッシュ練習は全力で行う
自主勉強を毎日90分以上は行う	6 生活力	日誌を書き，一日を振り返る	文句を言わない	5 運	靴をそろえる	気づきや助言をできるだけ早くメモする	4 走力	ベース1周練習で最後までスピードを下げないようにする
早寝，早起きをする	朝ご飯を食べる	家庭のゴミを収集場所に運ぶ役割を果たす	審判に失礼な態度をしない	悪口，陰口を言わない	道具を大切に使う	毎時の練習でベース間の歩数を決めた数で走る	ラダー練習で素早さを高め，最初の一歩の反応を早くする	坂道ダッシュを毎週実施する

生時に記述した「OW64」にみられます。また，資料16-3の「運」を囲むマスの中に「道具を大切に使う」がありますが，これも大谷選手の記述にみられます。本事例の中学生に影響を与えたと考えられます。

　なお，中心に記述した「目標やテーマ」を達成するために必要な柱となる8つの項目や内容は，目標達成を目指す本人がさまざまに勘案しながら選択するものですから，自分なりということになります。柱となる8つのそれぞれの項目を達成するために記述する1－①から8－⑧の行動目標的な内容も，自分なりに設定することになります。

　たとえば，本事例の中学生は，資料16-3をみると，「全国トップクラスの打てて守れて走れる野球選手」になるには，「運」が大切で，それには「道具を大切にする」「あいさつをする」「感謝を積極的に伝える」などが必要な行動目標であると，自分なりに位置づけているということになります。

4 ｜ 将来を思いえがく場合の具体例

　児童生徒が，目標設定シート（「OW64」）を活用し，キャリア形成に向けて将来を思いえがく場合に，まずは，あらかじめ基本項目を設定しておき，それを基に記述を進めていく方法があります。資料16-4は，その場合の8マスの例です。

　中心のマスを「自分の未来」とします。基本となる8つのマスには，「自分のこと（理想の自分・なりたい自分）」「仕事」「健康」「趣味」「教養」「収入・財産・老後」「家族・家庭」「奉仕活動（社会・他のために）」を設定してあります。それを基に記述し，資料16-5のように「OW64」を活用し，全体を思考し記述するように進めます。

資料16-4　将来を思いえがく導入時の8マス例

8 奉仕活動（社会・他のために）	1 自分のこと（理想の自分・なりたい自分）	2 仕事
7 家族・家庭	自分の未来	3 健康
6 収入・財産・老後	5 教養	4 趣味

5 ｜ 部活動指導者の具体例

　部活動指導者の活用例を紹介します。指導者としての指導構想（指導理念及び重点目標）の達成に向けて，必要と思われる取り組み内容を記述した「OW64」の例です。

　資料16-6は，部活動（陸上競技）の指導者として，担当する生徒及びその保護者に，指導構想を説明する際に提示した資料になります。この資料は，「1指導理念」「2指導理念の要点」「3重点目標（本年度）」「4重点事項・具体的取り組み」で構成されています。な

資料 16-5　将来を思いえがく導入時の「OW64」の様式例

8-⑧	8-①	8-②	1-⑧	1-①	1-②	2-⑧	2-①	2-②
8-⑦	8 奉仕活動（社会・他のために）	8-③	1-⑦	1 自分のこと（理想の自分・なりたい自分）	1-③	2-⑦	2 仕事	2-③
8-⑥	8-⑤	8-④	1-⑥	1-⑤	1-④	2-⑥	2-⑤	2-④
7-⑧	7-①	7-②	8 奉仕活動（社会・他のために）	1 自分のこと（理想の自分・なりたい自分）	2 仕事	3-⑧	3-①	3-②
7-⑦	7 家族・家庭	7-③	7 家族・家庭	自分の未来	3 健康	3-⑦	3 健康	3-③
7-⑥	7-⑤	7-④	6 収入・財産・老後	5 教養	4 趣味	3-⑥	3-⑤	3-④
6-⑧	6-①	6-②	5-⑧	5-①	5-②	4-⑧	4-①	4-②
6-⑦	6 収入・財産・老後	6-③	5-⑦	5 教養	5-③	4-⑦	4 趣味	4-③
6-⑥	6-⑤	6-④	5-⑥	5-⑤	5-④	4-⑥	4-⑤	4-④

お，資料 16-6 では「４重点事項・具体的取り組み」の内容を省略し，資料 16-7 で示しています。

　本事例の指導者は自分自身で，「指導理念・重点目標の実現に向けた重点事項・具体的取り組み」を明確にしていく過程で，「OW64」を活用しています（資料 16-7）。２つの資料に記述した内容を基に指導者が説明することで，生徒及び保護者の指導構想（指導指針）についての理解が深まると思われます。また，この資料の構成や記述内容そのものが，部活動指導の参考になります。

　「OW64」は，キャリア教育の教材として活用するのに有用であるとともに，本事例のように，部活動の指導者が自分自身の指導構想の明確化に活用することもできます。また，担任教員が「学級経営構想」を明確にする場合や，児童生徒が自分自身の「今月の目標」や「定期テストの目標」を書き出す場合など，学校教育活動全般で有効活用できる実践的なツールになります。

資料 16-6　部活動指導者の指導構想（指導指針）例

〇〇学校　陸上競技部　指導構想（指導指針）

1　指導理念

　　部活動を通じて，教育目的（教育基本法第1条）の実現を目指しながら，一人ひとりの知・徳・体（学校教育目標）の全面的な成長・発展が実現できるチーム形成を目指し，同時に陸上競技選手として専門性・競技力の向上を目指す。

2　指導理念の要点

（1）　教育目的の実現を目指す。

（2）　一人ひとりの知・徳・体（学校教育目標）の全面的な成長・発展が実現できるチーム形成を目指す。

（3）　陸上競技選手として，専門性・競技力の向上を目指す。

3　重点目標（本年度）

（1）　全国大会のレベルで通用する人間力と専門性を有する選手の育成及び陸上競技チームの形成をする。

（2）　部活動を通じて磨き鍛えた個別的な強みと社会性を発揮し，本校の模範とされる生徒の育成をする。

（3）　陸上競技にかかわる方々から参考にされる選手・生徒及びチームを育成する。

4　指導理念・重点目標の実現に向けた「重点事項・具体的取り組み」

重点事項 （1〜8）	1．指導者姿勢の明確化	2．目標設定・動機づけの推進	3．専門性・競技力の向上	4．チーム形成の充実	5．個々の成長の推進	6．学校教育活動の推進	7．家庭との連携	8．奉仕活動・地域活動の推進
下位項目 （①〜⑧）	1-①	2-①	3-①	4-①	5-①	6-①	7-①	8-①
	1-②	2-②	3-②	4-②	5-②	6-②	7-②	8-②
	1-③	2-③	3-③	4-③	5-③	6-③	7-③	8-③
	1-④	2-④	3-④	4-④	5-④	6-④	7-④	8-④
	1-⑤	2-⑤	3-⑤	4-⑤	5-⑤	6-⑤	7-⑤	8-⑤
	1-⑥	2-⑥	3-⑥	4-⑥	5-⑥	6-⑥	7-⑥	8-⑥
	1-⑦	2-⑦	3-⑦	4-⑦	5-⑦	6-⑦	7-⑦	8-⑦
	1-⑧	2-⑧	3-⑧	4-⑧	5-⑧	6-⑧	7-⑧	8-⑧

資料 16-7　指導理念・重点目標の達成に向けた重点事項・具体的取り組み「OW64」

8-⑧ 思いやる気持ちを育む体験機会を設定する	8-① 地域・奉仕活動の意義理解が深まる指導をする	8-② 生徒が自然に他のため行動ができるよう促す	1-⑧ 指導者自身及び生徒の健康管理に力を入れる	1-① 指導者としての行動指針を示し自ら実行する	1-② 指導者として生徒への禁句の言葉を伝える	2-⑧ 定期に目標に対する点検評価を実施し面談する	2-① 自他・有形無形の視点から目標設定を指導する	2-② 自他・有形無形の視点から動機づけを行う
8-⑦ 知り合いが見ていない状況での親切行動を促す	**8** **奉仕活動・地域活動の推進**	8-③ 生徒による計画的な奉仕活動を促す	1-⑦ 指導者として教師力を高め続ける姿勢を示す	**1** **指導者姿勢の明確化**	1-③ 現象ごとに理想とする内容を生徒に伝える	2-⑦ 期日目標を生徒と共有する	**2** **目標設定・動機づけの推進**	2-③ 現象ごとに自他を評価する観点を示す

8-⑥ 他者が見ていない状況での奉仕行動を促す	8-⑤ 生徒による登下校時のルール遵守行動を促す	8-④ 生徒による地域でのあいさつ行動を促す	1-⑥ 指導者として専門性を高め続ける姿勢を示す	1-⑤ 生徒からみてメンターとなる存在を目指す	1-④ 生徒からみてモデルとなる存在を目指す	2-⑥ 期間目標を生徒と共有する	2-⑤ 成功・失敗の現状分析し課題を整理し指導する	2-④ 生徒相互の目標を相互理解し合うよう指導する
7-⑧ 部活動により勉強が疎かにならない指導をする	7-① 生徒が家族に進んであいさつするよう促す	7-② 生徒が家庭の役割・手伝い取組むよう促す	8 奉仕活動・地域活動の推進	1 指導者姿勢の明確化	2 目標設定・動機づけの推進	3-⑧ 競技記録を調査し整理して生徒に伝える	3-① 生徒の専門性を高める視点で指導する	3-② 生徒の競技力を高める視点で指導する
7-⑦ 生徒が家庭で他者の賞賛等を口にするよう促す	**7 家庭との連携**	7-③ 生徒が練習状況等を家族に報告するよう促す	7 家庭との連携	指導理念重点目標の達成	3 専門性・競技力の向上	3-⑦ 競技会場を事前に訪問し分析する	**3 専門性・競技力の向上**	3-③ 専門性と競技力を区別し取り組む指導をする
7-⑥ 保護者が部活動支援をしやすい雰囲気にする	7-⑤ 生徒自ら部活支援を家族にお願いするよう促す	7-④ 生徒が家庭で規則正しい生活をするよう促す	6 学校教育活動の推進	5 個々の成長の推進	4 チーム形成の充実	3-⑥ ウォーミングアップ計画を自分で作成できる指導をする	3-⑤ 後輩を支援する先輩生徒を評価する指導をする	3-④ 練習メニューを自分で作成できるよう指導する
6-⑧ そうじに熱心に黙々と取り組むよう促す	6-① 授業へは部活動以上の前向きな態度を促す	6-② 学級で役割を担い積極的に活躍するよう促す	5-⑧ グラウンド整備や草とりの主体的な取組を促す	5-① 課題解決に主体変容で取り組むよう促す	5-② 知徳体の調和的な発達を促す	4-⑧ 相互の礼儀・あいさつの積極的な実行を促す	4-① ミーティングを重視しチーム方針の共有を促す	4-② 必要な申し合わせの具体的設定・実行を促す
6-⑦ 行事に主体的に参加するよう促す	**6 学校教育活動の推進**	6-③ 学年のよりよい雰囲気形成に貢献するよう促す	5-⑦ 自分で活力や元気を引き出す取り組みを促す	**5 個々の成長の推進**	5-③ 自らで意味づけして取り組むよう促す	4-⑦ 先輩が率先して練習用具を準備するよう促す	**4 チーム形成の充実**	4-③ 指導指針対応のチーム目標の明確と実行を促す
6-⑥ 他生徒との関係を大切にするよう促す	6-⑤ 各教員との関係を大切にするよう促す	6-④ 生徒会の成員意識を高め貢献するように促す	5-⑥ 日誌記述を通じた今後と課題の明確化を促す	5-⑤ 自分の個性や強みを発揮した取り組みを促す	5-④ 自分以外への影響を意識した社会性向上を促す	4-⑥ 日課的な活動場面別の行動内容の実行を促す	4-⑤ 対話による課題解決を促す	4-④ 部活動適応状況の把握アンケートを実施する

【引用・参考文献】

吉田浩之　2008　部活動における生徒指導（6）どのような目標を確立し明確化していくか　月刊生徒指導　第38巻第11号, 62-65

吉田浩之　2009　保護者の理不尽的要望への予防的対応例（特集 部活動はどう変わるか）月刊生徒指導　第39巻第10号, 32-35

原田隆史・柴山健太郎　2017　一流の達成力──原田メソッド「オープンウィンドウ64」── フォレスト出版

原田隆史　2017　目標達成ノート　ディスカヴァー・トゥエンティワン

原田隆史　2020　書いて鍛えて強くなる！──原田式メンタル教育── 日本経済新聞出版

索　引

著者紹介

吉田　浩之（よしだ　ひろゆき）

群馬大学学術研究院　教授

琉球大学教育学部　准教授
群馬大学学術研究院　准教授
を経て，現職。
著書に，
『学級における生徒指導論』（単著，晃洋書房）
『部活動と生徒指導』（単著，学事出版）
『生徒指導・進路指導の理論と方法』（分担執筆，北樹出版）
『運動部活動の理論と実践』（分担執筆，大修館書店）
など。

学習指導要領対応（令和版）生徒指導・キャリア教育

2021 年 11 月 10 日　初版第 1 刷発行

著　者　吉　田　浩　之
発行者　木　村　慎　也

・定価はカバーに表示

印　刷　モリモト印刷 ／ 製本　モリモト印刷

発行所　株式会社　北　樹　出　版
http://www.hokuju.jp
〒 153-0061　東京都目黒区中目黒 1-2-6
TEL：03-3715-1525（代表）　FAX：03-5720-1488

ISBN　978-4-7793-0670-9

（乱丁・落丁の場合はお取り替えします）